MADEIRA
ENTDECKEN

Praktischer Reiseführer
für Naturliebhaber und
Individualreisende

Über diesen Reiseführer

Bilder sagen mehr als tausend Worte
Madeira, eine Vulkaninsel mit vielen Gesichtern. Ein Paradies für Outdoorfans, für Entdecker, für Blumen- und Naturliebhaber. Aber auch perfekt, um zu entspannen und zu genießen.
Diese Vielfalt verdient es, in einem Reiseführer mit visuellem Anspruch vorgestellt zu werden. So haben wir Wert darauf gelegt, die Texte mit Fotografien zu untermalen. Bilder sagen eben mehr als tausend Worte und gerade die spektakulären Landschaften Madeiras sind manchmal nicht gebürend mit Worten zu beschreiben.

Persönliche Empfehlungen
Egal, ob wenig bekannter Wasserfall, Lieblingscafé, wundervoller Aussichtspunkt oder spaßige Aktivität: Manche Tipps haben uns Einheimische gegeben und alle Empfehlungen kommen von Herzen.

Gute Übersicht
Eine gute Navigation durch den Reiseführer ist uns wichtig. Auf Seite 3 findest du ein paar hilfreiche Tipps, wie du spielend leicht die besten Orte für deine individuelle Reise findest.

Touristen-Hotspots
In diesem Reiseführer haben wir uns bewusst auf das konzentriert, **was sich wirklich lohnt**. Vermeintliche Must-See-Attraktionen erweisen sich häufig als langweilig oder überbewertet. Wir haben sie einfach weggelassen.
Manche überlaufene Touri-Hotspots lohnen sich dagegen, wenn man zur richtigen Zeit aufschlägt. Entsprechende Hinweise geben wir in den Texten.

Es gibt so viel zu entdecken!

Madeira ist eine Insel, die entdeckt werden will. Wir möchten dich ermutigen, über den Inhalt dieses Reiseführers hinweg Neues zu entdecken. Denn eins ist gewiss: In einem Buch kann die Vielfalt Madeiras nicht vollumfänglich abgebildet werden.
Deswegen ist unsere Empfehlung an dich: Gehe und fahre auch einfach mal drauf los, entdecke Ecken der Insel, die sonst niemand ansteuert.

Die aufgeführten Hotels und Gastronomie haben wir mit Freude ausgewählt. Aber auch hier gilt: Verlass dich auch mal auf dein Bauchgefühl. Nur, weil wir die eine Lokalität empfohlen haben, heißt das nicht, dass die daneben schlechter ist!

Inhalt

Inselübersicht

Eine Übersicht über die Insel findest du auf Seite 21.

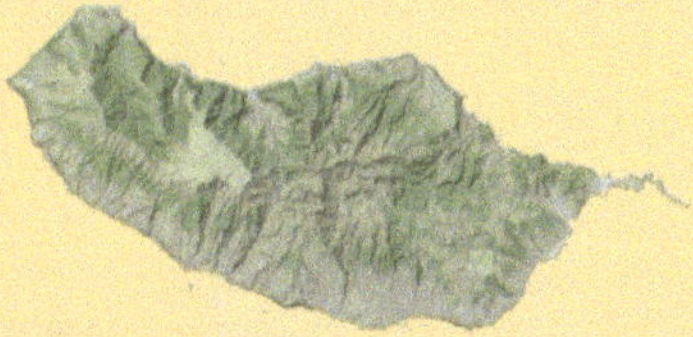

Detaillierte Karten mit eingezeichneten Spots findest du ab Seite 151.

Hilfreiche Tipps

Icons
Schnelle Übersicht mit Symbolen

Madeira hat so viel zu bieten, dass man schnell den Überblick verlieren kann. Damit dir dies nicht geschieht, haben wir **die Sehenswürdigkeiten mit Icons versehen**. So kannst du ganz **schnell und unkompliziert** auf einen Blick finden, was dich interessiert. Rechts sind die Icons für die verschiedenen Orte und Sehenswürdigkeiten aufgelistet. Diese findest du im Übrigen auch in der Online-Karte. Weitere Informationen hierzu auf Seite 19.

> **Befindest du dich z.B. gerade an der Nordküste und hast Lust auf einen Wasserfall?**
> Dann kannst du anhand des farbigen Balkens oben rechts in der Ecke ganz einfach die Region finden und dich in diesem Bereich nach dem Icon für einen Wasserfall umschauen.

Insider-Tipp

Lieblingsort

Unsere Lieblingsorte und die Tipps von Madeirer/innen haben wir mit einem Insider-Tipp-Logo ausgestattet. Manchmal sind es Orte, an die wir unser Herz verloren haben, manchmal super Tipps von Einheimischen.

Touri-Hotspot

Es gibt Orte auf Madeira, die in jedem Reiseführer als Tipp und Must-Do stehen. Meist sind sie auch wirklich sehr schön und lohnenswert, aber wenn man zur "Rush Hour" kommt, ist es übervoll. Dies gilt im Besonderen, wenn große Kreuzfahrtschiffe anliegen und die Tagestouren unterwegs sind. Hier lohnt es sich, früh oder spät aufzubrechen. Häufig hat man die Natur dann ganz für sich allein. Das Icon "Touristen-Hotspot" weißt dich auf diese Umstände hin.

Icons

Bar	Wasserfall
Restaurant	Wanderung
Café	Strand
Unterkunft	Schwimmbad
Sehenswürdigkeit	Panoramastraße
Fotospot	Aktivität
Seilbahn	Museum
Aussichtspunkt	Karte

Weitere Infos hinter QR-Codes

Auf einigen Seiten dieses Reiseführers wirst du QR-Codes finden. Diese bringen dich zu externen Internetseiten, die weiterführende und aktuelle Infos für dich bereithalten.

Und so funktioniert's:
Wenn du deine Smartphone-Kamera auf einen QR-Code ausrichtest, erscheint ein Link, den du antippen kannst. Es öffnet sich die verlinkte Seite. Manche Smartphone-Modelle benötigen eine zusätzliche QR-Scanner-App, die du kostenlos im App-Store findest.
Probiere es gleich aus und scanne den QR-Code!

Beliebteste Orte
Wunderschön und beizeiten überlaufen

Es gibt sie überall: Die **Touristen-Hotspots, die in jedem Reiseführer empfohlen werden**. Dies hat seinen Grund, denn es sind meist Orte, die **landschaftlich, kulturell oder gastronomisch äußerst reizvoll** sind und deshalb in den letzten Jahrzehnten für Touristen erschlossen und leicht zugänglich gemacht wurden.

Diese Orte **lohnen sich - wenn man zur rechten Zeit kommt**. Um den Massen zu entgehen, lohnt es sich, **sehr früh zu starten**, bevor die Touristenbusse ankommen oder **spät**, wenn sie gen Abendessen fahren.

Tipp: Sonnenauf-/untergangszeit (S.14) und Ankunft von Kreuzfahrtschiffen (S.17) checken und los geht's!

Pico Arieiro

Hoch oben über den Wolken zu stehen ist ein erhabenes Gefühl - besonders, wenn am Horizont die glutrote Sonne aufgeht! Besonders am Pico Arieiro, den man ganz einfach per Auto erreicht, ist deswegen zum Sonnenaufgang viel los. Wenn man 15 Minuten in die Berge wandert, sieht es schon wieder ganz anders aus. Da findet man ein ruhiges Plätzchen zum Genießen. > S. 127

Pico Ruivo

Den höchsten Gipfel Madeiras erreicht man vom Parkplatz aus in gut 1.15 Std. Er ist also recht kurz und wegen seines gut ausgebauten Wegs, sehr beliebt. Das Wetter ist hier alles andere als beständig und genau das hat seinen Reiz: Bei jedem Wetterumschwung scheint sich die Umgebung und die Landschaft innerhalb von ein paar Minuten komplett zu ändern. Früh kommen lohnt sich!
> S. 133

Mercado dos Lavradores

Auf Madeira gibt es Früchte ganz frisch ohne große Umwege auf den Märkten zu kaufen. Der Mercado dos Lavradores ist der bekannteste. Einzelne Stände sind gut, aber es besteht die Gefahr, Touristenpreise zu bezahlen.
Eine gute Alternative ist der Biomarkt Mercado de Agricultura Biológica, der allerdings nur mittwochs stattfindet. > S. 27

Lorbeerwald Fanal

Wenn der Nebel durch die uralten knorrigen Bäume zieht, ist es schon fast unheimlich. Als wäre man an einem Set eines Films, der auf einem unbekannten Planeten spielt. Das Gebiet ist nicht allzu klein. Falls hier zufällig eine große Touristentraube unterwegs ist, lohnt es sich, ein wenig zu warten. So kann man die Landschaft alleine erkunden. > S. 147

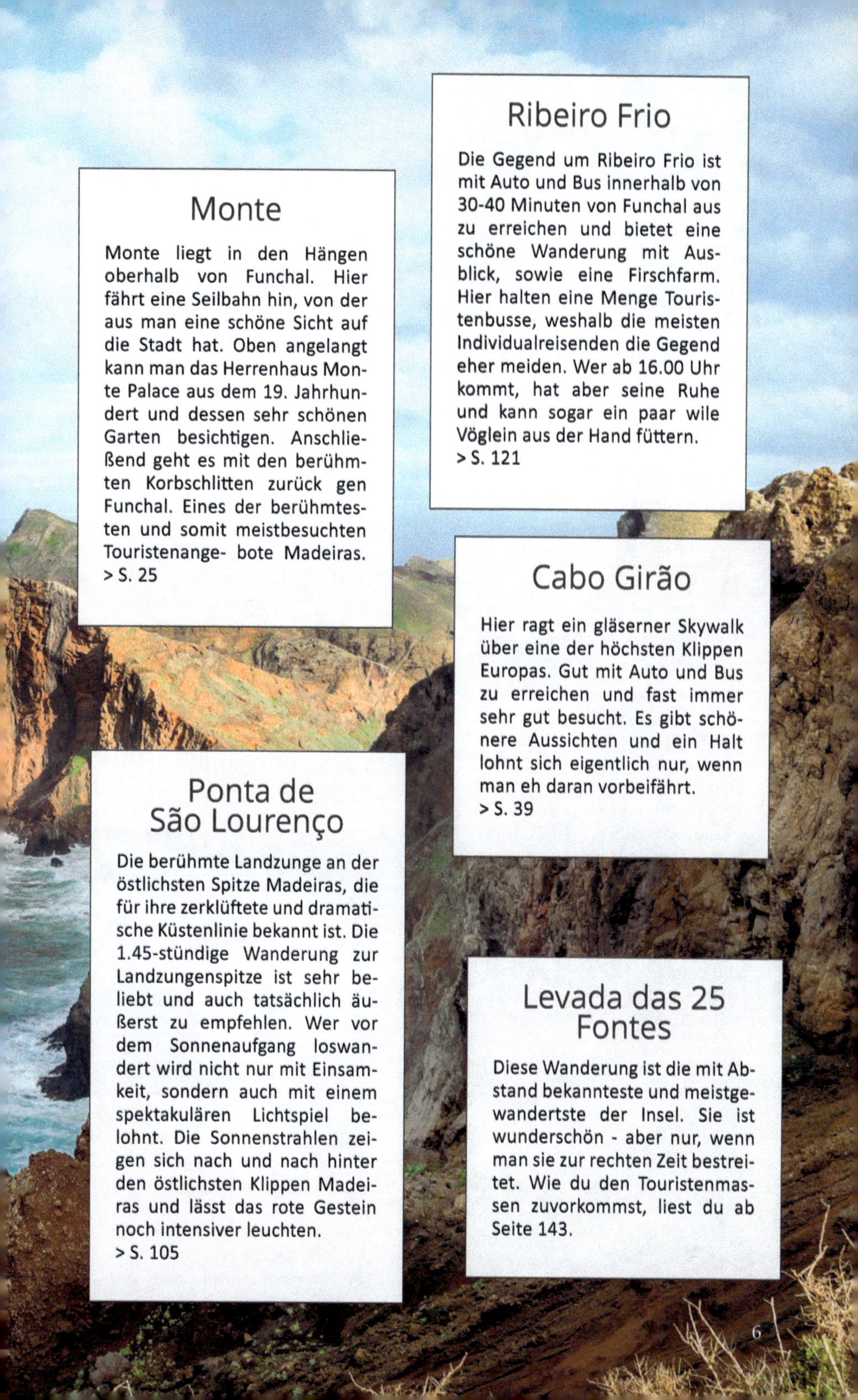

Monte

Monte liegt in den Hängen oberhalb von Funchal. Hier fährt eine Seilbahn hin, von der aus man eine schöne Sicht auf die Stadt hat. Oben angelangt kann man das Herrenhaus Monte Palace aus dem 19. Jahrhundert und dessen sehr schönen Garten besichtigen. Anschließend geht es mit den berühmten Korbschlitten zurück gen Funchal. Eines der berühmtesten und somit meistbesuchten Touristenange- bote Madeiras.

> S. 25

Ribeiro Frio

Die Gegend um Ribeiro Frio ist mit Auto und Bus innerhalb von 30-40 Minuten von Funchal aus zu erreichen und bietet eine schöne Wanderung mit Ausblick, sowie eine Firschfarm. Hier halten eine Menge Touristenbusse, weshalb die meisten Individualreisenden die Gegend eher meiden. Wer ab 16.00 Uhr kommt, hat aber seine Ruhe und kann sogar ein paar wile Vöglein aus der Hand füttern.

> S. 121

Cabo Girão

Hier ragt ein gläserner Skywalk über eine der höchsten Klippen Europas. Gut mit Auto und Bus zu erreichen und fast immer sehr gut besucht. Es gibt schönere Aussichten und ein Halt lohnt sich eigentlich nur, wenn man eh daran vorbeifährt.

> S. 39

Ponta de São Lourenço

Die berühmte Landzunge an der östlichsten Spitze Madeiras, die für ihre zerklüftete und dramatische Küstenlinie bekannt ist. Die 1.45-stündige Wanderung zur Landzungenspitze ist sehr beliebt und auch tatsächlich äußerst zu empfehlen. Wer vor dem Sonnenaufgang loswandert wird nicht nur mit Einsamkeit, sondern auch mit einem spektakulären Lichtspiel belohnt. Die Sonnenstrahlen zeigen sich nach und nach hinter den östlichsten Klippen Madeiras und lässt das rote Gestein noch intensiver leuchten.

> S. 105

Levada das 25 Fontes

Diese Wanderung ist die mit Abstand bekannteste und meistgewandertste der Insel. Sie ist wunderschön - aber nur, wenn man sie zur rechten Zeit bestreitet. Wie du den Touristenmassen zuvorkommst, liest du ab Seite 143.

Lieblingsorte

Die Favoriten der Insider

Genau so, wie es Touristen-Hotspots gibt, existieren diese Orte, die unter dem Radar fliegen. Manche würden sie „Hidden Gems“ oder „Geheimtipps“ nennen. Für einige Madeirer und uns sind es einfach Orte zum Wohlfühlen und Erleben.

Glamping

In der Natur übernachten und trotzdem nicht auf Komfort verzichten: Dieser Trend heißt Glamping (= Glamour + Camping). Man kommt sich vor wie im Paradies, wenn man an der saftig-grünen Steilküste in einem geschmackvoll ausgestatteten, großen Zelt mit echten Betten übernachtet und im Hintergrund ein Wasserfall rauscht. Ein Erlebnis, das verzaubert! > S. 54 & S. 68

Calhau da Lapa

Ein bisher wenig besuchter Ort, der durch seine Ursprünglichkeit fasziniert. Hier haben Fischer vor vielen Jahrzehnten ihr Quartier aufgeschlagen: Sie lebten in Wohnhöhlen, die sie aus Schutz vor Fluten auf Stelzen gebaut haben. Heute kann man sogar in zwei dieser Höhlen komfortabel nächtigen. Ein Erlebnis, das es so nur selten auf der Welt gibt! Der Weg nach Calhau da Lapa ist nicht einfach: Entweder über jede Menge steile Stufen oder per Boot. > S. 43

Praia do Porto Seixal

Madeira kann nicht mit vielen Stränden auftrumpfen, aber dieser ist aufgrund seiner Lage ein Juwel. Das Geheimnis ist, über den schwarzen Sand ins Wasser zu steigen, etwas herauszuschwimmen, und sich die beeindruckende Kulisse vom Wasser aus anzuschauen. Die steilen Berge erheben sich wie eine unüberwindbare grüne Wand hinter dem blauen Wasser. Beeindruckend und respekteinflößend. > S. 81

Panoramastraßen

Es macht einfach Spaß, mit dem Auto auf der Insel unterwegs zu sein. Dabei gilt es, die Augen offen zu halten um die Schönheit der Landschaft in sich aufzusaugen. Es gibt Straßen, die ganz besondere Aussichten und tollen Fahrspaß bieten - wir haben sie als Panoramastraßen markiert.
> S. 52, 87, 114, 128, 130

Insel der Wasserfälle

Durch die vulkanische Entstehungsgeschichte hat Madeira eine ganz besondere Topografie, die das Bilden von Wasserfällen begünstigt hat. Neben der berühmten Levada das 25 Fontes gibt es einige kleine unbekanntere Wasserfälle, die es sich sehr lohnt zu besuchen. Oft ist man hier ganz alleine und kann manchmal sogar unter dem Wasserfall baden.
> S.51, 66, 83, 96

Action& Entspannung

Eine gebuchte Aktivität oder ein Trip kann zum Highlight des Urlaubs werden. Die Qualität der Tourenanbieter ist hoch, die Guides geben einem eine ganz andere Perspektive auf Madeira und haben einige Anekdoten parat. Die Möglichkeiten sind vielfältig: Beim Canyoning kletterst, springst und schwimmst durch den Fluss einer Schlucht (> S. 115); beim Paragliding gleitest mit einer unvergleichlichen Aussicht über die Küstenlanschaft (> S. 54, 89); beim Whale Watching kommst du den beeindruckenden Säugetieren nahe (S. 32,106,109) und wenn du von den Wanderungen entspannen möchtest, gibt es keinen schöneren Ort als Madeira um eine Yoga-Stunde zu besuchen
(> S. 64, 114, 116).
Das ist nur eine kleine Auswahl! Es gibt noch so viele weitere Aktivitäten zu entdecken!

Poncha, Espetada & Espada

Kulinarisch gibt es so einiges zu entdecken, denn Madeira glänzt nicht nur mit einer Vielzahl an lokalen Spezialitäten, sondern auch mit frisch geernteten Früchten, die wegen ihrer Regionalität ungewohnt intensiv schmecken. > S. 13
Es gibt viele lohnenswerte Restaurants, Cafés und Bars, in denen die Mitarbeiter mit Stolz und Freude die Genüsse der Insel servieren.

Der vulkanische Ursprung

Madeira ist in vielerlei Hinsicht eine einzigartige Insel. Das beeindruckende Eiland gehört zusammen **mit den Kapverden, den Kanaren und den Azoren zu der makaronesischen Inselgruppe** und ist bekannt für seine beeindruckende Geologie und spannende Entstehungsgeschichte, die auf **vulkanischer Aktivität** beruhen. Im Vulkansystem von Madeira macht der sichtbare Teil nur ein Viertel der Gesamtgröße aus. Die Klippen fallen unter der Wasseroberfläche bis auf **4.000 Meter Tiefe** ab, sodass es niemanden wundert, warum Madeira ein willkommenes Ziel für Taucher ist. Vieles spielt sich unter dem Wasser ab.

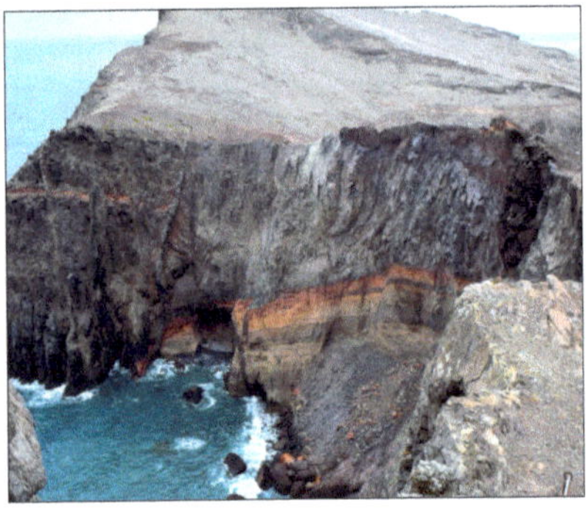

Madeira wurde **in mehreren Stadien** gebildet, daher ist es schwierig, die genauen Phasen präzise zu identifizieren, in der jeder Krater oder die zahlreichen Erhebungen der Insel entstanden sind. Jede der einzelnen Phasen zeichnete sich durch **zahlreiche Eruptionszentren an verschiedenen Stellen** aus. So sind an einigen Stellen pyroklastische Gesteine zu sehen, in denen sich magmatische Gänge befinden, die oft mit tiefschwarzem Basaltmaterial gefüllt sind. Auf einigen Bergen können Besucher **pyramiden- oder kuppelförmige Formationen** erkennen. Es handelt sich um Strukturen, die durch die **erkaltende Lava** geschaffen und bislang von der vollständigen Abtragung durch Erosion bewahrt wurden.

Die erste Phase der vulkanischen Aktivität an der Stelle, aus der sich später Madeira aus dem Meer erheben sollte, **begann vor etwa 18 Millionen Jahren und endete im Pliozän vor etwa 3 Millionen Jahren**. Nach der „Geburt" Madeiras gab es zwei weitere vulkanische Phasen, die sich hauptsächlich für die heute sichtbaren Berge auf Madeira verantwortlich zeigen. Die letzte vulkanische Phase Madeiras endete tatsächlich erst **6.450 Jahre vor unserer Zeit**, wie Forscher aufgrund von vielversprechenden Funden vermuten.

Die relativ schnelle vulkanische Entstehung Madeiras sorgt heute dafür, dass sämtliche Gewässer ein relativ **steiles Gefälle** aufweisen. Zahlreiche Wasserfälle, die allesamt Richtung Meer führen, sind der beste Beleg dafür.

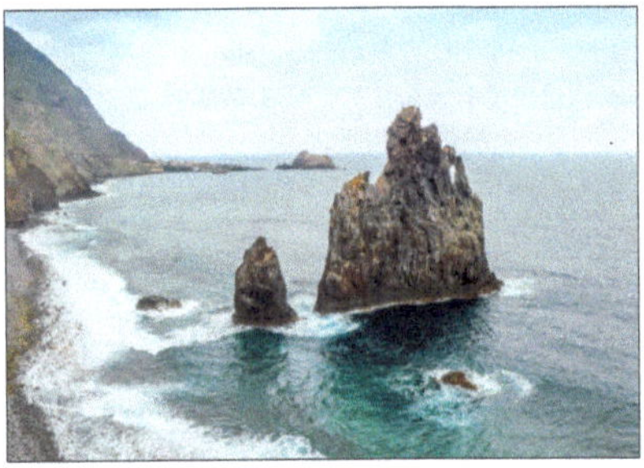

Der **Pico Ruivo** (S.133) **ist mit 1.862 Metern der höchste Berg Madeiras** und einer der höchsten Gipfel Portugals. An der Küste der Insel erhebt sich das **Girão** (S.40), Madeiras und zugleich **Europas höchste Klippe** mit einer Höhe von 580 Metern. Ein weiteres Element, das auf die Vulkane zurückgeht und zugleich den Einfallsreichtum der Bewohner zeigt, sind die **Fajãs**. Das sind **kleine Landzungen** (z.B. S. 68), die traditionell für die Landwirtschaft genutzt werden. Am eindrucksvollsten sieht man die vulkanischen Ursprung an der Landschaft von Ponta de São Lourenço (S.105).

Geschichte

1419 entdeckten Joao Gonçalves Zarco und Tristao Vaz Teixeira die Insel Madeira „wieder". Sie gründeten die Stadt Câmara de Lobos. Aufgrund der **dichten Wälder** nannte Zarco die Insel **„Ilha de Madeiras"** (Madeira heißt übersetzt nichts anderes als Holz).

Die ersten Siedler kamen zwischen 1420 und 1425 an. Neben dem reichen Adel kamen auch Gefangene auf die Insel, um auf den fruchtbaren Feldern zu arbeiten. Einigen Häftlingen wurde die Aufgabe übertragen, **Waldflächen zu roden** und die Levadas zu bauen, um das Land urbar zu machen.

Das erste erfolgreiche Produkt der Landwirtschaft auf Madeira war **Zuckerrohr**. Zuvor scheiterte man kläglich am Versuch, Weizen anzubauen. Nachdem Madeira allerdings preislich mit dem Zucker aus der Kolonie Brasilien nicht mehr mithalten konnte, stieg man auf **Wein** um. Das war unter anderem die **Geburtsstunde des Madeiraweins.**

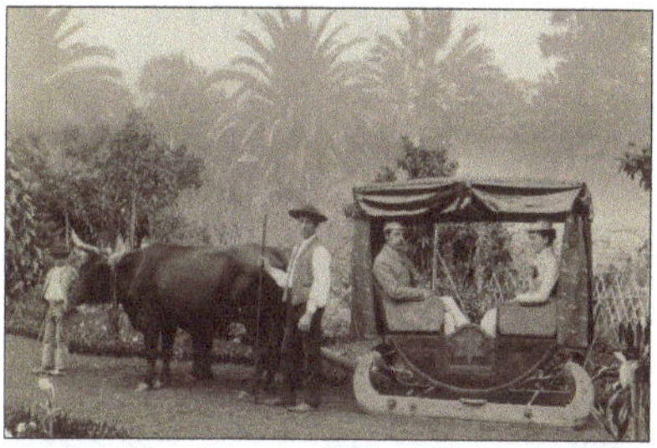

Im Allgemeinen wurde Madeira über die Jahrhunderte immer **multi-kultureller**. Ab den 1470er Jahren siedelten wegen des fruchtbaren Bodens immer mehr **Europäer** über, hauptsächlich **Italiener** und **Flamen**. Anfang des 16. Jahrhunderts waren 16% der Inselbewohner **afrikanische** Sklaven. 1640 wurde Madeira wieder unabhängig **portugiesisch**, nachdem die Personalunion mit Spanien aufgelöst wurde. 1801 wurde die Insel für 13 Jahre von **England** besetzt. Den größten Einfluss auf Madeira und seine Kultur hatten aber immer die Portugiesen.

Berühmtheiten

Um 1480 bewohnte **Christoph Columbus** die Insel. Es wird vermutet, dass er hier die Reise plante, die schließlich 1492 den amerikanischen Kontinent erreichte. Mit einer Nachbildung seines berühmten Schiffes Santa Maria kann man heute von Funchal in See stechen (S. 31).

Die beliebte **Kaiserin Sisi** war offiziell der guten Luft wegen für einen Winter 1860/61 zu Gast. Es wird gemunkelt, dass es für sie eine willkommene Gelegenheit war, Abstand vom Elternhaus zu bekommen und zu reisen. Im Park des Casinos erinnert eine Statue von ihr an ihren Aufenthalt.

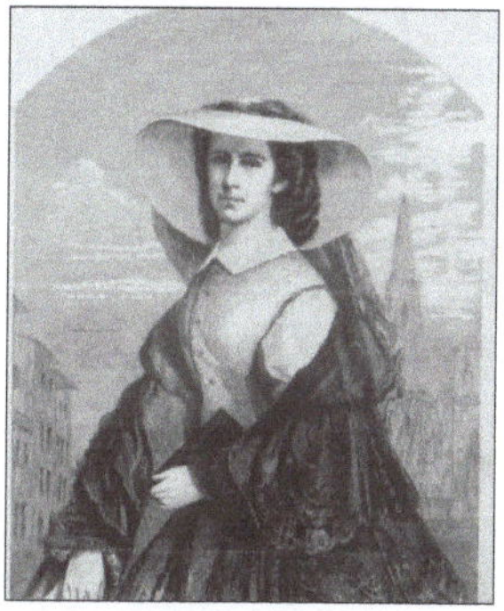

Einen großen positiven Effekt auf den Tourismus hatte der Besuch von **Winston Churchill** 1950. Mit dem Schiff angereist, residierte er mit seiner Familie für knapp zwei Wochen im Reid's Palace (Seite 35). Als Hobby-Maler nahm er sich die Zeit, ein Bild von Câmara de Lobos anzufertigen. Den Standpunkt diesen Ausblicks ziert heute eine Metallplakette am Miradouro Winston Churchill. Seit seinem Besuch ist Madeira ein klassisches Reiseziel der Briten.

Cristiano Ronaldo ist der berühmteste Sohn der Insel. Bis er zwölf war, hat er hier das Fußballspielen gelernt. Die Madeirer sind sehr stolz auf ihn und es wurde ihm das Museum CR7 (S. 28) gewidmet. Aber nicht nur das! Selbst der Flughafen trägt seit 2017 seinen Namen.

Flora

Die Insel hat eine reiche Flora mit geschätzt mehr als 2.000 Pflanzenarten. Sie ist dabei die Heimat einiger der weltweit seltensten Arten. Dazu gehören etwa 30 endemische **Pflanzen, die nur auf dieser Insel zu finden sind**.

Die Pflanzenwelt auf Madeira reicht von **Buschland an der Küste** bis zu dichtem **Lorbeerwald,** dessen madeirianische Unterart **nur auf dieser Insel wächst**. Die Flora zeichnet sich durch eine hohe Endemizität aus: zehn Baumarten, 16 Sukkulentenarten, zehn Moose und Flechten, drei Farne und mehrere Blumen. Die Flora Madeiras wird stark von der **einzigartigen Geografie** beeinflusst, darunter die vulkanischen Böden und die extremen Höhenunterschiede der Insel und ein hoher Anteil an felsigen Substraten, auf denen Pflanzen Wurzeln schlagen können.

Die Landschaft, verschiedene Mikroklimata und der Umstand, dass bestimmte Stellen nicht landwirtschaftlich nutzbar sind, sind heute der Grund, warum Madeira **ein Muss für Freunde seltener und schöner Pflanzen ist**.

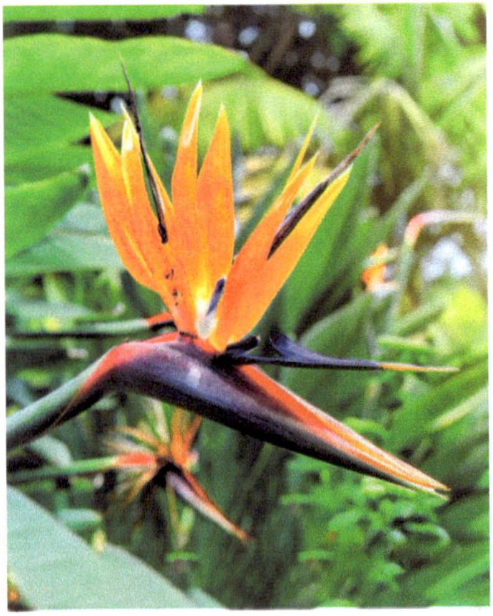

Fauna

Die Fauna Madeiras ist äußerst vielfältig und hochinteressant. Zu den am häufigsten vorkommenden Tieren zählen Vögel, Fledermäuse, Reptilien und Amphibien. Es gibt auch einige **seltene Arten, die nur auf Madeira zu finden sind**, wie den Madeira-Buchfink.

Madeira ist stolz auf seine vielen Wildtiere. Tatsächlich ist die Insel die Heimat von über **800 Vogelarten** und mehr als **100 Säugetierarten**. Die Insel hat auch **20 Reptilienarten, die nirgendwo sonst auf der Erde zu finden sind** – aber das sind nicht nur gute Nachrichten für diese Tiere. Einige sind durch menschliche Aktivitäten wie Abholzung oder den Tourismus immer stärker gefährdet. Als Reisender sollten auch aufgrund der Bedrohungslage für seltene Tiere, **die gekennzeichneten Wege niemals verlassen werden**. Das Wichtigste ist schließlich immer der Schutz der Tierarten, die Madeira so einzigartig machen.

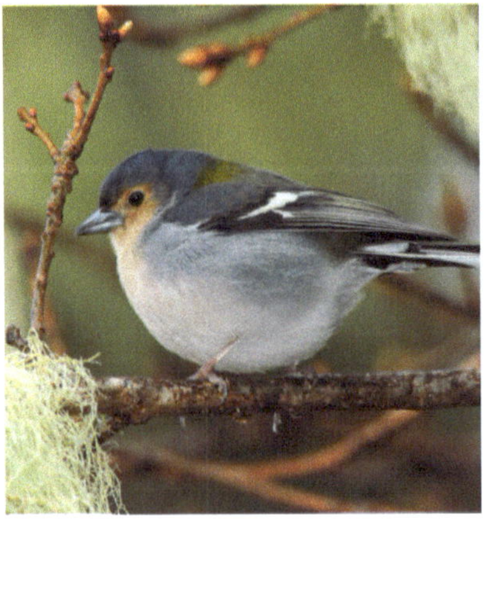

Die Mikroklimata

Es fällt Reisenden auf Madeira so schwer, das Wetter für den gesamten Tag vorauszusagen, weil auf dem Eiland tatsächlich 24 Mikroklimata existieren. Was die Planung erschwert, bedeutet allerdings oft, dass es möglich ist, dem schlechten Wetter nach nur wenigen Kilometern zu entfliehen. Erfahrene Urlauber, die sich mit den Eigenarten einer Insel auskennen, nutzen die App „Windy“ – diese versorgt einen zuverlässig mit den aktuellen Daten und ist fast unverzichtbar, wenn die Zeit auf Madeira, unabhängig von der Witterung, bestmöglich ausgenutzt werden soll.
Wer wissen möchte, wie es wettertechnisch an einem Ort aussieht, der nutzt heutzutage praktische Webcams, die live einen Blick auf das Geschehen zulassen (S. QR-Code).

Webcams

Beste Reisezeit

Die beste Reisezeit für Madeira sind die Sommermonate **zwischen Mai und Oktober**, wenn die Temperaturen **angenehm warm,** aber niemals zu heiß sind. Frühling und Herbst sind ebenfalls sehr beliebt, um bei gutem Wetter den Touristenmassen zu entkommen. Das Klima auf Madeira hat **das gesamte Jahr über angenehme Temperaturen** und trockene Tage parat.

Madeira hat ein subtropisches Klima, was bedeutet, dass es **warme Sommer und milde Winter hat**. Für Outdoor-Aktivitäten wie Schnorcheln, Tauchen, Schwimmen oder Wandern wird ein Besuch während des Sommers angeraten, nicht unbedingt wegen der Temperaturen, sondern vor allem wegen der geringeren Niederschläge. Prinzipiell sind zwar sämtliche Aktivitäten draußen auch während der Wintermonate möglich, doch dann ist es am besten, die Planung für den Tag am jeweiligen Morgen vorzunehmen. Das Wetter ändert sich schnell, weshalb sich Besucher der Insel nicht ärgern dürfen, wenn es gelegentlich nieselt oder wenn ein Miradouro aufgrund des aufziehenden Nebels nicht den versprochenen Ausblick bietet.

Von Mai bis Mitte September ist zwar das Wetter am zuverlässigsten, doch muss während dieses Zeitraumes mit vielen Touristen und den täglich einfallenden Gästen der Kreuzfahrtschiffe gerechnet werden. Das spiegelt sich natürlich auch in den Preisen für Unterkünfte, Touren und sogar in den Restaurants wider.

Beste Reisezeit für...

gutes Wetter:	ganzjährig Ø 19-27°C
geringsten Niederschlag:	Mai - September
wenige Touristen:	Oktober - April
Blütenpracht:	April - Juni
Whalewatching:	ganzjährig

Inseltypische Küche

Die Qualität der lokalen Produkte ist herausragend und die Madeirer sind stolz auf ihre zahlreichen Spezialitäten. Sie gibt es mittlerweile in so vielen Restaurants auf der Insel in hoher Qualität, dass die Erwähnung jedes einzelnen den Rahmen sprengen würde. Madeira zeichnet sich dadurch aus, dass es noch immer viel Neues zu entdecken gibt, das gilt auch für die Restaurantszene.

Bolo do Caco
Inzwischen gibt es dieses auf Süßkartoffeln und Mehl basierende Brot in vielen lohnenswerten Varianten. Klassisch wird es lediglich mit reichlich Knoblauchbutter bestrichen. Suchtfaktor, egal ob als Snack oder Vorspeise. > S. 73/138

Pastel de Nata
Ein Puddingteil mit Blätterteig, das in Portugal verbreitet ist. Am besten frisch beim Bäcker oder im Café genießen.
> S. 34/61

Degenfisch (Espada)
Kein Wunder, dass der schwarze Fisch so unheimlich aussieht, denn er wird mit 1500 Meter langen Angelleinen aus der Tiefsee gefischt. Gegrillt oder paniert wird er traditionell mit gebratenen lokalen Bananen serviert. > S.60/84

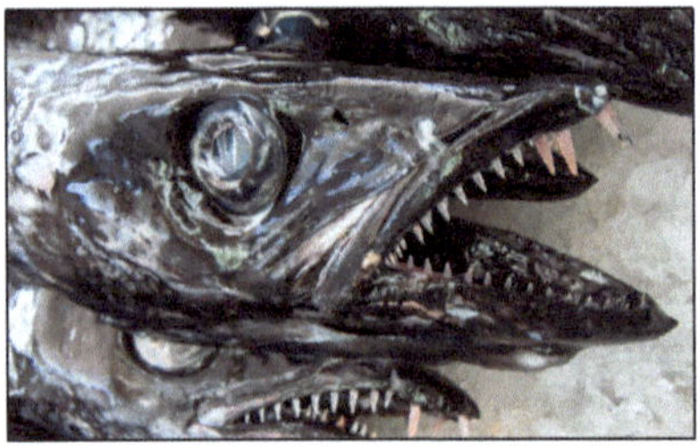

Rum
Früher wurde auf Madeira hauptsächlich Zuckerrohr angebaut. Da liegt es nicht fern, dass auf der Insel Rum hergestellt wurde. Auch heute noch sehr lohnenswert! > S. 33/98

Espetada
Die meist mit lokal geernteten Lorbeerblättern marinierten Rindfleischspieße werden traditionell über Holzkohle gegrillt und an einer Hängevorrichtung serviert. Ein absolutes Muss für Fleischliebhaber! > S. 56/83/89

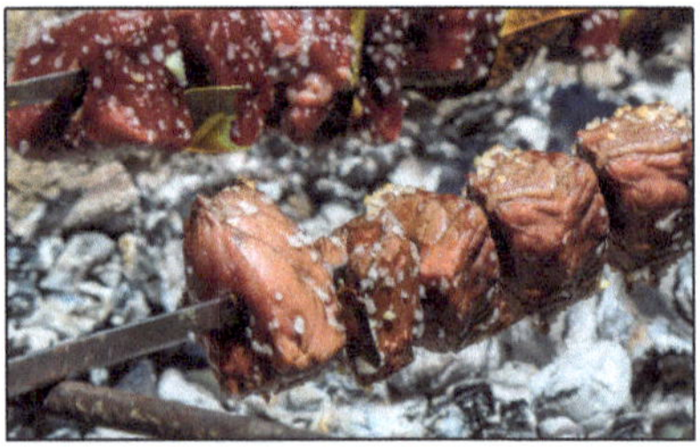

Lapas
Die Napfschnecke ist eine Meeresfrucht, die eine Spezialität Madeiras ist. Sie werden in einer Pfanne mit Butter, Kräutern und jeder Menge Knoblauch gegart.
> S. 99/103

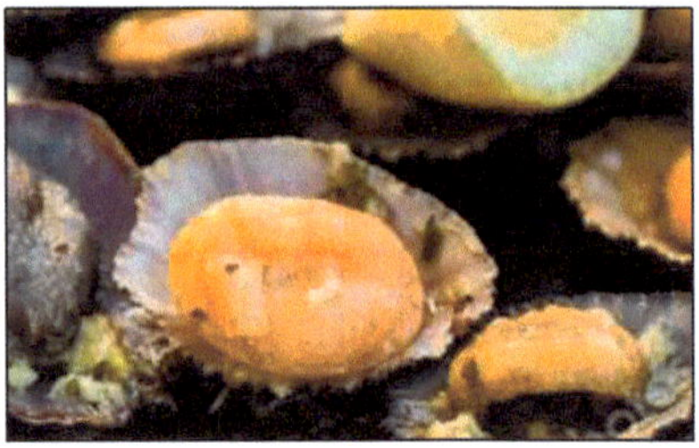

Madeira Wein
Ein Likörwein, der früher auf Schiffen in der Karibik reifte, inzwischen direkt auf Madeira. Weltbekannt und das nicht ohne Grund. > S. 32/34/84/85/89

Poncha
Poncha ist ein Cocktail, der aus dem Saft einer Zitrusfrucht (Maracuja, Orange, Zitrone) gemischt mit einem speziellen Rum besteht. Hat mehr Wumms, als man vermuten mag!
> S. 36/60/84/99/103/126

Wandern

Die Insel Madeira ist das perfekte Ziel für eine Wanderreise. Sie bietet eine **Vielzahl von Routen und Trails**, die gut markiert und leicht zu finden sind. Egal, wie fit man ist oder worauf bei einem Abstecher in die Natur wert gelegt wird, die Chancen stehen gut, es auf Madeira zu finden.

Nicht alle Wege sind einfach zu begehen und Selbstüberschätzung kann schnell den redlich verdienten Urlaub verderben. Die einzelnen Wege sollten nach der eigenen Erfahrung und dem Können ausgewählt werden. Die Internetseite **www.visitmadeira.de** informiert über den aktuellen Zustand und eventuelle Schließungen vieler Wanderungen. Der **Wanderführer des Bergverlag Rother** und die App/Homepage **www.komoot .de** sind ausgezeichnet, um sich im Detail mit einzelnen Routen vertraut zu machen.
Des Weiteren muss jedem Wanderer ans Herz gelegt werden, mit der **passenden Ausrüstung** loszuziehen. Auf Madeira zählen dazu neben den **guten und rutschfesten Wanderschuhen** eine **wasserdichte Jacke**, eine **Taschen- oder Stirnlampe** und etwas **Proviant**. Zudem muss darauf hingewiesen werden, dass Wanderungen entlang mancher Levada oder zu den Gipfeln im Inneren der Insel **Trittsicherheit und Schwindelfreiheit** erfordern.

Neben dem tagesaktuellen Wetter spielt auf Madeira das Licht eine wesentliche Rolle. Auf der einen Seite wollen Wanderer nicht im Dunkeln die Gefahr für Fehltritte erhöhen und und auf der anderen Seite ist der Blick von den berühmten Aussichtspunkten der Insel, den Miradouros, zum **Sonnenauf- oder -untergang** ein vollkommen anderer. Um die Route und die Zeiten entsprechend dem Stand der Sonne zu planen, bietet sich diese Webseite an:
www.timeanddate.com

www.visitmadeira.de
Rother Wanderführer
www.komoot.de
www.timeanddate.com

Neben den Wanderungen ist die ungefähre **Dauer, Länge und Schwierigkeit** aufgeführt, sowie ein **QR-Code** mit einem Link zu einer detaillierten Routen-Beschreibung. Mit dem Smartphone scannen und los geht's!

Wanderbeschreibung

⏱	4 h
↔	11 km
∿	mittel

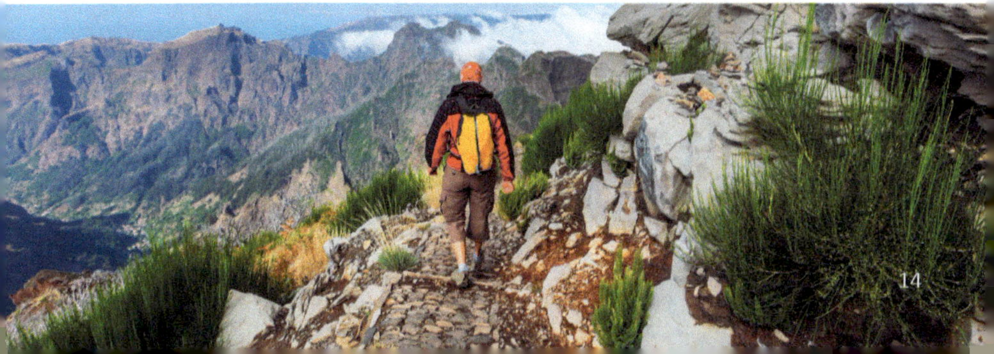

Rumkommen

Mietwagen

Die meisten Besucher der Insel, die nicht gerade für wenige Stunden mit dem Kreuzfahrtschiff anreisen, entscheiden sich für ein Mietauto. Tatsächlich ist diese Entscheidung eine kluge, denn es ist **nur mit dem eigenen Fahrzeug möglich, die Zeit auf der Insel bestmöglich zu nutzen.**

Mietwagenanbieter gibt es auf Madeira zu Dutzenden, neben den großen internationalen gibt es auch kleinere lokale Anbieter. Viele Reisende nehmen das **Fahrzeug am Flughafen in Empfan**g. Zu einem späteren Zeitpunkt während des Urlaubs ist natürlich ein Mieten auch möglich; die meisten Anbieter haben **eine Stelle in Funchal oder in einem der anderen größeren Orte**.

Es lohnt sich, die **Öffnungszeiten der Schalter** der Mietwagenfirmen zu überprüfen, denn sie sind nicht 24 Stunden geöffnet. Aufgrund der besonderen Lande- und Start-Begebenheiten auf Madeiras Flughafen kann es zu verspäteten Ankünften kommen. In diesem Fall lohnt es sich, sich möglichst früh beim Vermieter zu melden - häufig finden sie eine Lösung.

Besonders zur Hauptsaison empfiehlt es sich, **möglichst früh vor Reiseantritt die Preise zu vergleichen und online zu buchen**. Nicht wundern: Die Mietwagenpreise auf Madeira sind relativ hoch. Für den Preisvergleich bieten sich die gängigen Preisvergleichsportale wie **www.billigermietwagen.de** oder **www.check24.de** an.

Bei den Versicherungen sollte nicht gespart werden, da gerade auf den Nebenstraßen schnell etwas passieren kann. Wir empfehlen **Vollkasko ohne Selbstbeteiligung**. Bei der Übergabe sollte neben der herkömmlichen Prüfung auf Schäden ein besonderes Augenmerk auf Folgendes gelegt werden: Reifenprofil, Autodach, Scheibenwischer. Es empfiehlt sich, Fotos von den Schäden und dem Fahrzeug insgesamt von allen Seiten zu machen. Dach nicht vergessen, denn auf Madeira kann es zu Steinschlag kommen. Außerdem sollte darauf geachtet werden, dass der Tank voll ist und voll zurückgegeben wird.

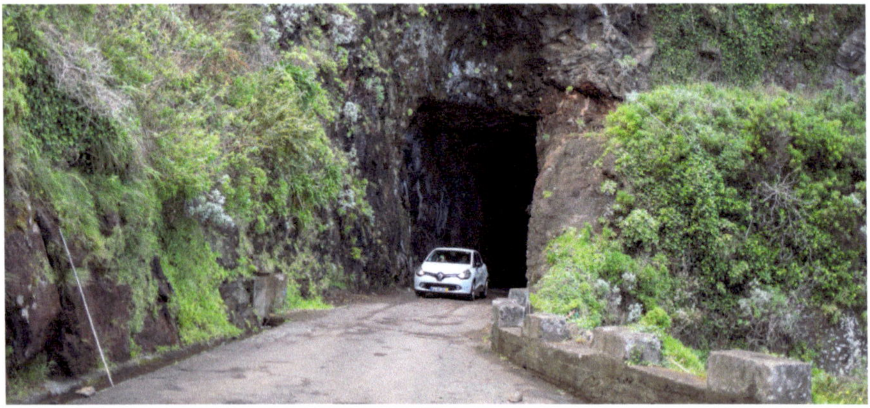

Sicherheit

Eng, steil, nass – verständlicherweise sind Manche zuerst von der Idee, auf Madeira mit einem fremden Fahrzeug zu fahren, etwas abgeschreckt. Tatsächlich sind die **Hauptstraßen so gut ausgebaut**, dass sich diese mit den kleinen Fahrzeugen, die in den meisten Fällen von den Vermietungen angeboten werden, leicht befahren lassen. **Auch für die steilen Straßen Madeiras reicht ein kleines Auto**. Manchmal ist es aber sehr eng, und steil, dass man auf jeden Fall immer vorausschauend fahren und sich nicht überschätzen sollte.

Es ist darauf zu achten, **in den Tunneln Licht einzuschalten**!

Gerade an der Nordküste kommt es manchmal zu **Steinschlag**. Hinweisen ist unbedingt Folge zu leisten.

Tipp: Wer sich bei Madeirern beliebt machen möchte, schaut sich auf Youtube noch einmal an, wie **zweispurigen Kreisel** zu befahren sind.

Parken

Wenn auf der Straße ein Parkplatz eingezeichnet ist, kann dort Park- und Halteverbot herrschen, obwohl kein Schild darauf hinweist.

Die Farbe der Markierung ist ausschlaggebend:

Weiß: Keine Begrenzung
Weiß mit Buchstaben: Nur für Anwohner
Gelb: Halte-/Parkverbot
Blau: Nur mit Parkticket

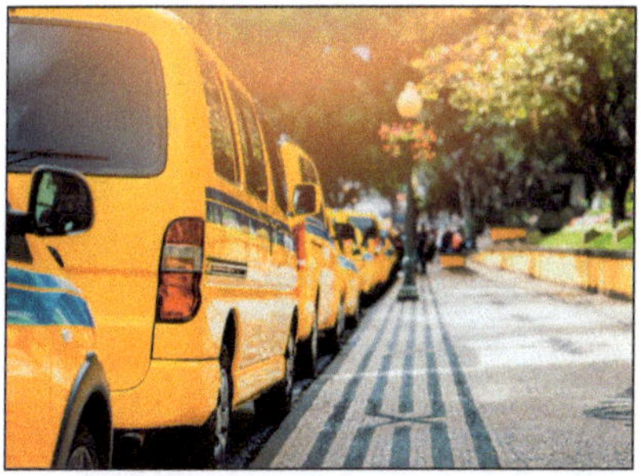

ÖPNV

Taxi

Neben **Taxis**, die sich gerade bei kürzeren Strecken durch faire Preise auszeichnen, ist mittlerweile auch der App-basierte Service **Bolt** auf der Insel angekommen. Private Fahrer bringen einen von A nach B. Verlass ist darauf allerdings außerhalb von Funchal noch nicht, die Abdeckung ist noch ausbaufähig.

Bus

Nicht alle sehenswerten Orte auf der Insel sind mit Bus erreichbar. **Wir empfehlen daher ausdrücklich die Anmietung eines Autos oder Buchung von Touren**.

Das Busnetz auf Madeira ist schwer durchschaubar und **sehr unübersichtlich**. In Funchal selbst kommt man noch ganz gut zurecht. Auf dem Rest der Insel ist der Busverkehr jedoch ganz offensichtlich für die Inselbewohner und nicht für Touristen ausgelegt. Hierdurch ist schwer zu verstehen, wann welcher Bus wohin fährt. Leider ist Google Maps hier auch nicht die beste Hilfe. Da der Umfang dieses Reiseführers gesprengt werden würde, sei auf eine pdf mit ausführlichen Informationen (in Englisch) hingewiesen, die über den QR-Code abgerufen werden kann.

Download
Bus-Guide (en)

Wissenswertes

Levadas

Die Nordküste ist steiler und schwieriger zu bewirtschaften als die Südküste. Da hier aber der Niederschlag höher ist, wurden schon ab dem 15. Jahrhundert die ersten kleinen Wasserkanäle (Levadas) von Nord nach Süd gebaut. Heute sind sie außerdem beliebte Wanderrouten!

Miradouros

Miradouro heißt auf Deutsch **Aussichtspunkt**. Davon gibt es sehr viele auf Madeira und der eine lohnt sich mehr als der andere. In diesem Reiseführer verwenden wir das portugiesische Wort Miradouro.

Kreuzfahrtschiffe

Madeira ist ein beliebtes Ziel von Kreuzfahrtschiffen. Somit sind einerseits eindrucksvolle Schiffe im Hafen von Funchal zu bestaunen, andererseits kommen auf diese Art große Touristengruppen auf einmal auf die Insel. Sie bleiben meist für eine kurze Zeit und machen Tagestouren zu den beliebtesten Touristenhotspots der Insel. Unter diesem QR-Code kannst du sehen, welche Kreuzfahrtschiffe gerade in Funchal anliegen.

Hafeninfos
Funchal

Flüge

Der moderne Flughafen Cristiano Ronaldo stellt das Eingangstor zur Insel dar. Zahlreiche Fluglinien bieten mittlerweile Direktflüge von vielen deutschen Flughäfen an. Eine Alternative dazu sind Flüge mit Umstieg in Lissabon oder in Porto, was sich immer anbietet, wenn die Reise verlängert werden soll. Gerade zur Nebensaison gibt es Direktflüge, angeboten von Billigairlines, aber auch von der portugiesischen Airline TAP oder der Partnerairline Lufthansa zu günstigen Preisen, sofern sich Reisende etwas flexibel bei der Wahl des Flughafens und der Reisezeit zeigen. Zur Suche des idealen Flugs bieten sich die bekannten Plattformen wie www.fluege.de oder www.skyscanner.de an.
Angemerkt werden muss, dass der Flughafen auf Madeira aufgrund der starken Seitenwinde und der kurzen Landebahn eine Herausforderung für die Piloten darstellt. In seltenen Fällen ist eine Landung nur nach mehreren Anläufen möglich, doch alle Piloten, die auf Madeira landen, mussten zuvor ein spezielles Training absolvieren.

Hotel finden

Der Tourismus auf Madeira ist erster Güte, sodass jedes Hotel, jedes Gasthaus und jedes Privatzimmer online zu finden und zu buchen ist. Für jeden Geschmack und Geldbeutel ist garantiert das Richtige dabei. Es sei erwähnt, dass die in diesem Reiseführer erwähnten Unterkünfte nicht die einzigen schönen der Insel sind. Es gibt etliche mehr und jeder findet seine Traumunterkunft unter Buchungsseiten wie www.airbnb.com oder www .booking.com

Handyempfang

Madeira gehört zu Portugal und ist somit EU-Land. Es fallen also keine Roaming Gebühren an.
Bis auf wenige Ausnahmen hat man auf der ganzen Insel guten Empfang.

GPS und Navi

Ja, GPS und Navi (die meisten Mietautos sind mit einem festen Navi ausgestattet) funktionieren einwandfrei. Das ist zudem hilfreich, wenn sich mittels GPS-Karten beim Wandern orientiert wird. Wander-Apps können also uneingeschränkt genutzt werden.
Um den Datenverbrauch zu schonen, kann man sich die Offline-Karte bei Google Maps herunterladen.

Strom

Auf Madeira haben sie die gleichen Steckdosen wie in Deutschland, es wird kein Adapter benötigt.

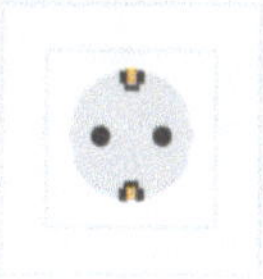

Kartenzahlung

Ja, die Kartenzahlung stellt in der Regel kein Problem dar und wird auf Madeira sogar stark gefördert. Probleme gibt es höchstens in kleineren Dörfern oder Läden. Sind sich Besucher unsicher, so sollten diese vor einem Verzehr oder einem Kauf nochmals zur Sicherheit nachfragen.

Trinkgeld

Auf der Rechnung ist meist ein Trinkgeld inkludiert. Bei besonders gutem Service sind extra 10% gerne gesehen.

Feste

Trotz der überschaubaren Größe ist auf Madeira das gesamte Jahr über etwas geboten. Um die Reise entsprechend zu planen, lohnt sich ein Blick in den immer aktuell gehaltenen Veranstaltungskalender: https://www.visitmadeira.com/de-de/was-machen/veranstaltungen

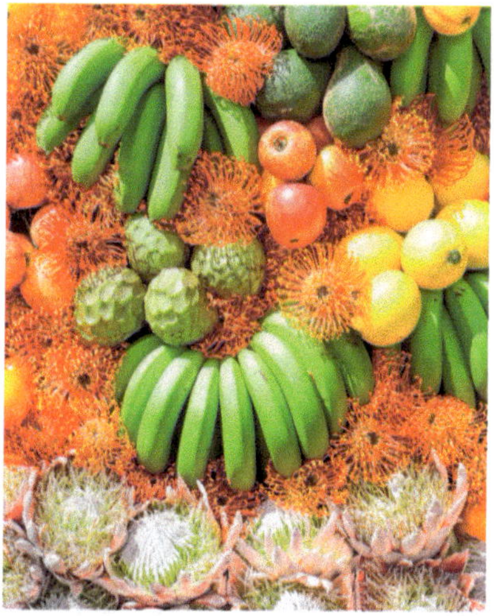

Zeitumstellung

Madeira liegt in der Zeitzone Western European Time, die Zeit in Funchal liegt damit eine Stunde hinter der Zeit in Deutschland.

Online-Karte

Anleitung: Wie du die Karte nutzt

Die Online-Karte kannst du sowohl auf dem **Smartphone**, als auch auf dem **Computer** aufrufen. Wegen des größeren Bildschirms macht es auf dem Computer Sinn, um dir einen guten Überblick über die Insel zu schaffen und deine Reise zu planen. Auf dem Smartphone macht es Sinn, wenn du unterwegs auf der Insel bist.

In der Online-Karte sind alle Orte gekennzeichnet, die du hier im Reiseführer findest. Sie sind mit dem entsprechenden Icon versehen.

1. Online-Karte aufrufen

Smartphone
Smartphone-Kamera auf den QR-Code ausrichten. Es erscheint ein Link, den du antippen kannst. Es öffnet sich die verlinkte Seite.
Manche Smartphone-Modelle benötigen eine zusätzliche QR-Scanner-App, die du kostenlos im App-Store findest.

PC
Auf dem Computer gibst du ganz einfach folgende Internetadresse in den Browser deiner Wahl ein:

www.rebrand.ly/madeira-entdecken

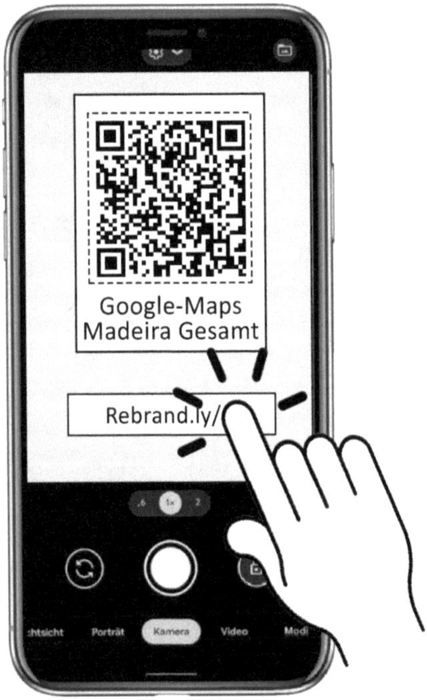

2. Stöbern, finden, planen

Smartphone/PC
Nun kannst deinen Urlaub planen oder wenn du unterwegs bist, schauen, welche Orte in deiner Nähe sind. Mit Hilfe der Suchleiste kannst du nach Orten aus dem Reiseführer suchen.

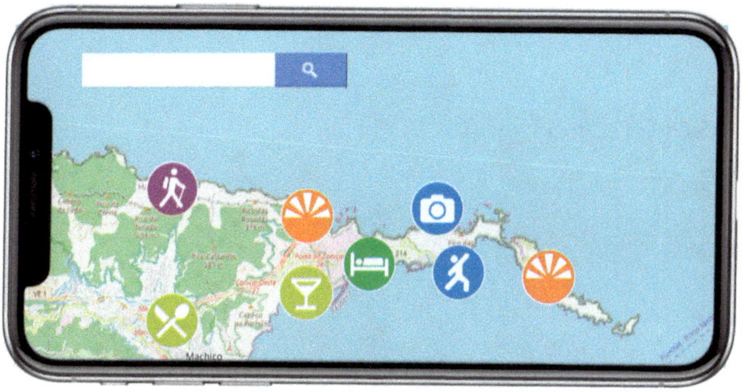

3. Navigation und Informationen

Smartphone/PC
Wenn du auf ein Icon tippst/klickst, öffnet sich ein Informationsfenster. Hier findest du den Link “In Google Maps ansehen”, der dich in deine Google Maps App bringt. Dort findest du nicht nur weitere Informationen, sondern auch die Möglichkeit, dich per Navi zu dem Ort navigieren zu lassen.

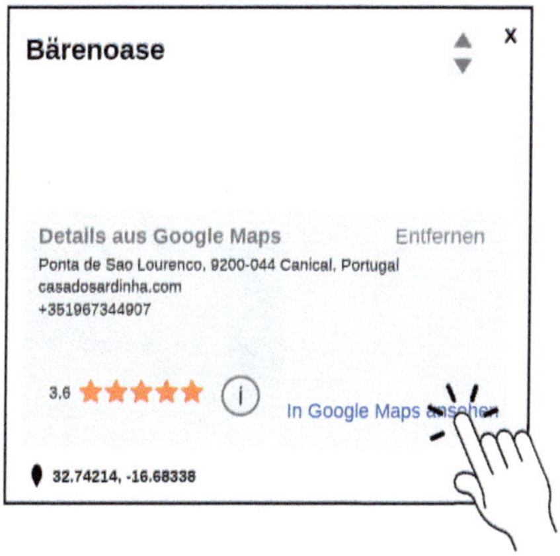

Inselübersicht

In diesem Reiseführer wurde die Insel in sechs Regionen aufgeteilt. Dabei beginnen wir auf Seite 23 mit Funchal, die weiteren Regionen folgen im Uhrzeigersinn. Zum Schluss, ab Seite 119, findest du die Bergregion.
Auch innerhalb der Regionen sind die Orte im Uhrzeigersinn angeordnet. So geht es an der Westküste von Süd nach Nord. An der Nordküste von West nach Ost. An der Ostküste von Nord nach Süd. In der Bergregion von Ost nach West.
Hierdurch kannst du ganz einfach finden, was in deiner Nähe ist.

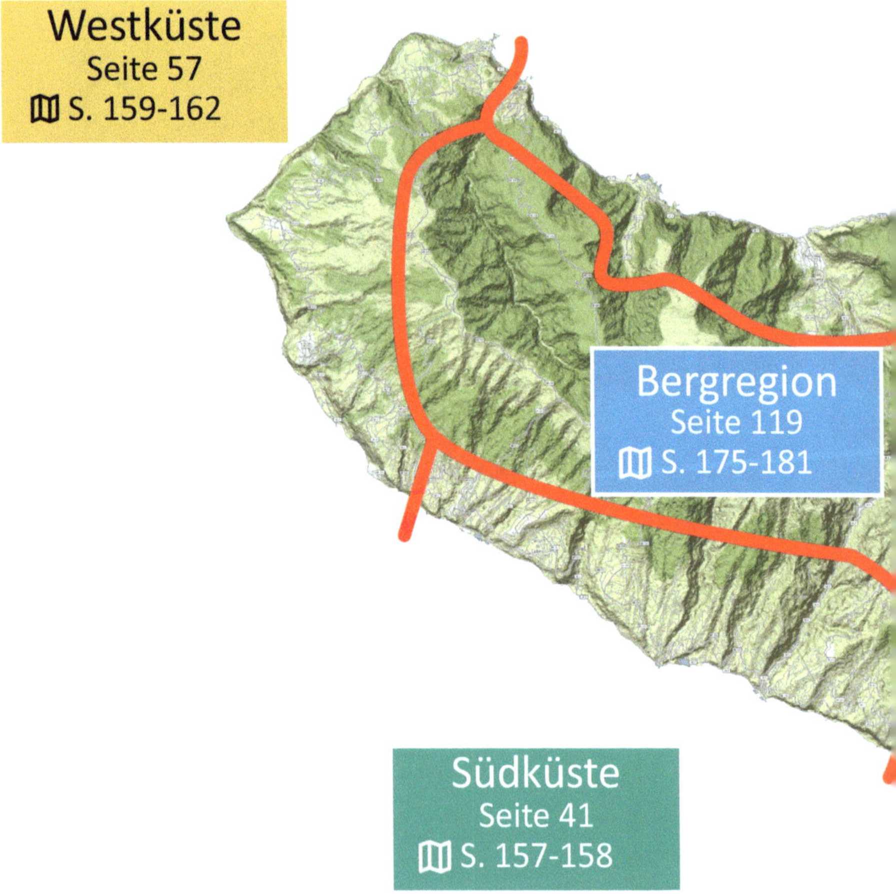

Entfernungen

Madeira ist eine relativ kleine Insel, die man gut mit dem Auto erleben kann. Vom östlichsten bis zum westlichsten Punkt der Insel fährt man z.B. lediglich 1.15 Std. Selbst wenn du die landschaftlich reizvollere Route an der Nordküste nimmst, fährst du nur 2 Stunden.

Online-Karte

Wie du die Online-Karte auf deinem PC oder deinem Smartphone aufrufen kannst, wird auf den vorhergehenden Seiten erklärt. Hier ist der QR-Code zur Gesamtkarte:

Google-Maps
Madeira Gesamt

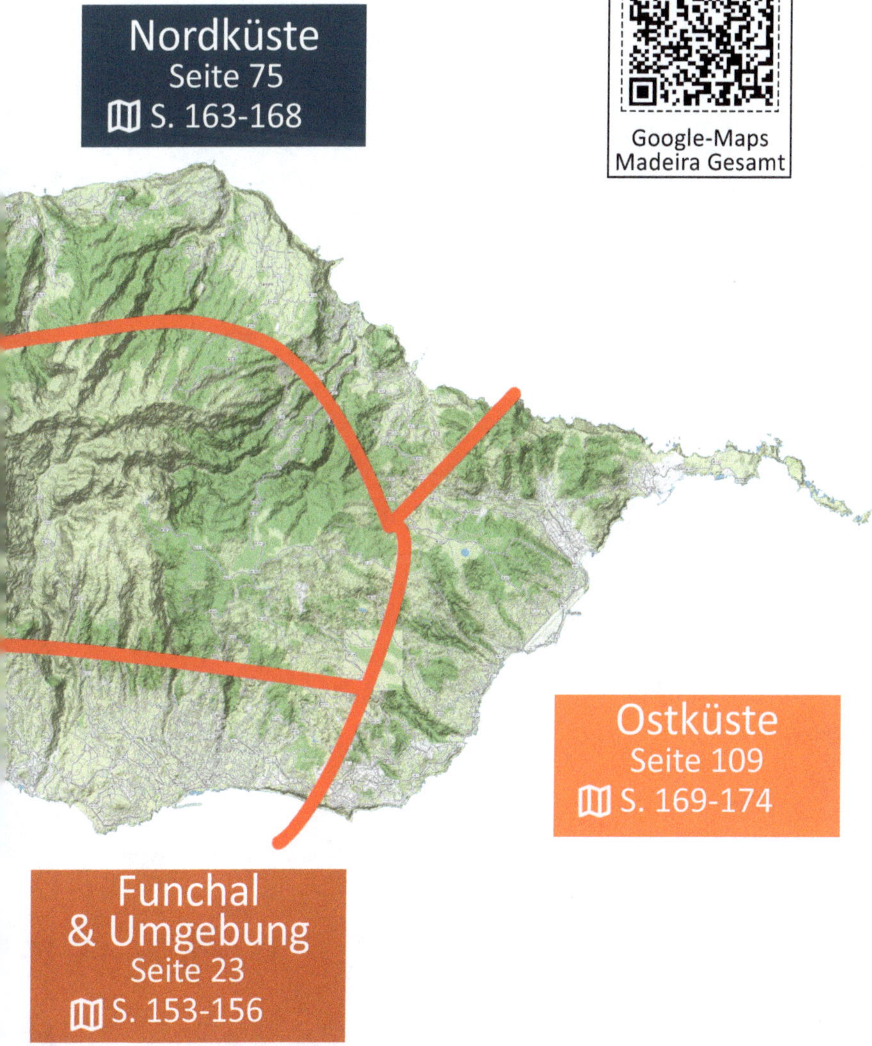

Funchal

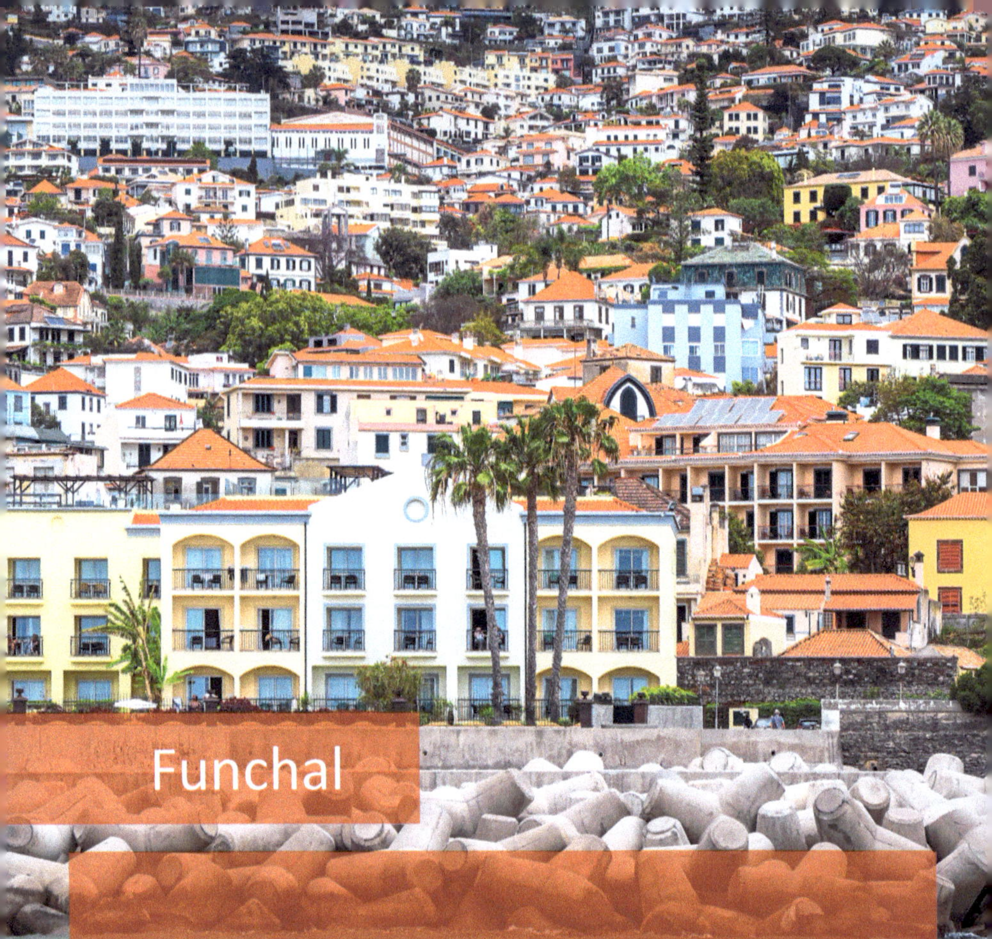

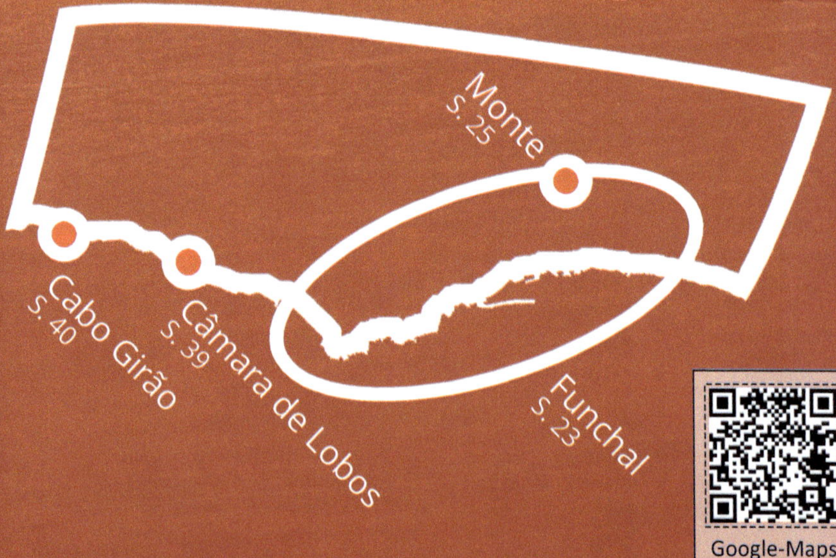

Google-Maps
Funchal

S. 153-156

Funchal ist ein Ort, der Besucher magisch anzieht. Das ganze Jahr über herrscht ein mildes Klima. Die Wellen des Atlantiks werden mal mit voller Wucht an die Promenade gespült und mal ist das Meer so ruhig, dass noch nicht einmal das Rauschen zu hören ist. Hinter der mit Palmen gesäumten Promenade erstreckt sich die bunte Inselhauptstadt mit ihren mit Kopfstein gepflasterten Gassen und ihren gotischen Meisterwerken, wie die berühmte Kathedrale. Sie wurde bereits im Jahre 1490 errichtet. Ihre wahre Schönheit gibt sie aber erst im Inneren preis, denn hier kann man kunstvolle und zum Teil vergoldete Arbeiten aus Zedernholz bewundern.

Friedvolle Altstadt oder bunte Freiluftgalerie

Zona Velha nennen die Insulaner ihre Altstadt und übersetzt heißt es auch nichts anderes als alte Stadt. Es bedarf auch keiner schmückenden Adjektive oder Superlative, denn es ist gerade die Einfachheit und das Minimalistische, das die ganze Insel so anziehend macht. Die Insulaner stellen einfach ihre Stühle, Tische und bunte Sonnenschirme auf das Kopfsteinpflaster der urigen Gassen und genießen in geselliger Runde ihre Poncha. Auch die Kunst der Insel lebt von ihrer Einfachheit und schafft damit eine Kunstgalerie unter freiem Himmel, die einzigartig ist. In der Rua de Santa Maria werden sogar Haustüren zu begehrten Kunstobjekten. Jede Tür ist bunt bemalt und erzählt eine eigene Geschichte. Wer den Weg, der übrigens schon 1430 geschaffen wurde, bis rüber zur Kirche entlang spaziert, der kann sich dem eigenwilligen Charakter dieser Gegend nicht entziehen. Kein Wunder, dass manche Besucher sagen, dass der Gang entlang der Rua de Santa Maria sie inspiriert habe, neue Dinge zu tun.

Der kulinarische Rausch

Dass Funchal Menschen inspiriert, wissen auch die Köche der Stadt. Die kulinarische Szene ist genauso aufregend und interessant wie die künstlerische Gestaltung der Altstadt. Jeder Koch setzt auf seine eigene Inspiration und kreiert selbst ein traditionelles Gericht auf individuelle Art. Die Espetada schmeckt in jedem Restaurant anders, obwohl es sich dabei nur um einen Spieß aus Rindfleisch handelt, der gegrillt oder, wie es die Insulaner ausdrücken, über heißen Kohlen gegart wird. Auch die Würze ist gleich, denn mariniert wird mit Knoblauch und Steinsalz und die geschmackliche Abrundung übernimmt das Lorbeerblatt. Vielleicht kommt es einfach nur auf die Atmosphäre an: Eine laue Sommernacht in der Altstadt von Madeira berauscht nicht nur die Sinne, sondern auch die Geschmacksknospen. In so einem Moment schmeckt ein Bolo do Caco Brot wie eine Torte.

Shoppingtour in der Inselhauptstadt

In Funchal wird man nicht nur kulinarisch berauscht, sondern auch mit der Einkaufslust infiziert. Es sind die kleinen gemütlichen Läden und auch die bunten Märkte, die die Reisekasse schnell schrumpfen lassen. Überall findet man liebevoll gestaltetes Kunsthandwerk, aber auch den üblichen Kitsch der touristischen Hochburgen. Im Forum Madeira reihen sich die typischen Modeketten und Einzelhandelsläden aneinander. Das wahre Einkaufsfeeling von Funchal erlebt man in den Gassen. Hinter den bunten Häuserfassaden verbergen sich kleine, aber feine Einkaufsparadiese. Hier ist jedes Schmuckstück noch ein Unikat und mit viel Liebe zum Detail verarbeitet. Auch die typischen handgefertigten Stickereien gibt es hier in allen Formen und Farben zu kaufen. Das Parkhaus Auto Silo do Almirante Reis ist ein idealer Ausgangspunkt, um Funchal zu entdecken.

Monte Palace (1)

Zum Besuch von Funchal gehört eine Fahrt **mit der Seilbahn nach Monte**. Die Aussicht ist spektakulär. Langsam aber stetig schwebt man zunächst über die Dächer der Hauptstadt hinweg. Mit jedem Meter mehr in Richtung Monte wird es grüner und bunter und am Horizont leuchtet der Atlantik in allen Blautönen. Sobald man die Seilbahn in Monte verlassen hat, führt der Weg zum **Monte Palace**, dem **botanischen Garten** von Monte. Auf einer Fläche von über 70.000 Quadratmeter findet man hier eine Ansammlung tropischer Pflanzen aus der ganzen Welt. Es ist die Mischung der bunten Blüten und der exotische Duft, der sich gerade an heißen Tagen wie ein Schleier über den Garten legt und diesen Ort so faszinierend macht. Der See ist das Herzstück von Monte Palace und hier tummeln sich Schwäne, Enten, Hühner und majestätische Pfauen.

Das Pátio das Babosas ist das beste Restaurant des Ortes und liegt direkt neben der Bergstation der Seilbahn. Die Speisen sind ungewöhnlich und die Aussicht spektakulär. Außerdem ist es gleichzeitig ein hervorragendes, feines Hotel mit außergewöhnlich gutem Frühstück. Die Lage ist kaum zu toppen. Auch wenn es hier oben an nichts fehlt, kommt man mit dem Bus für geringes Geld schnell in die Innenstdt.

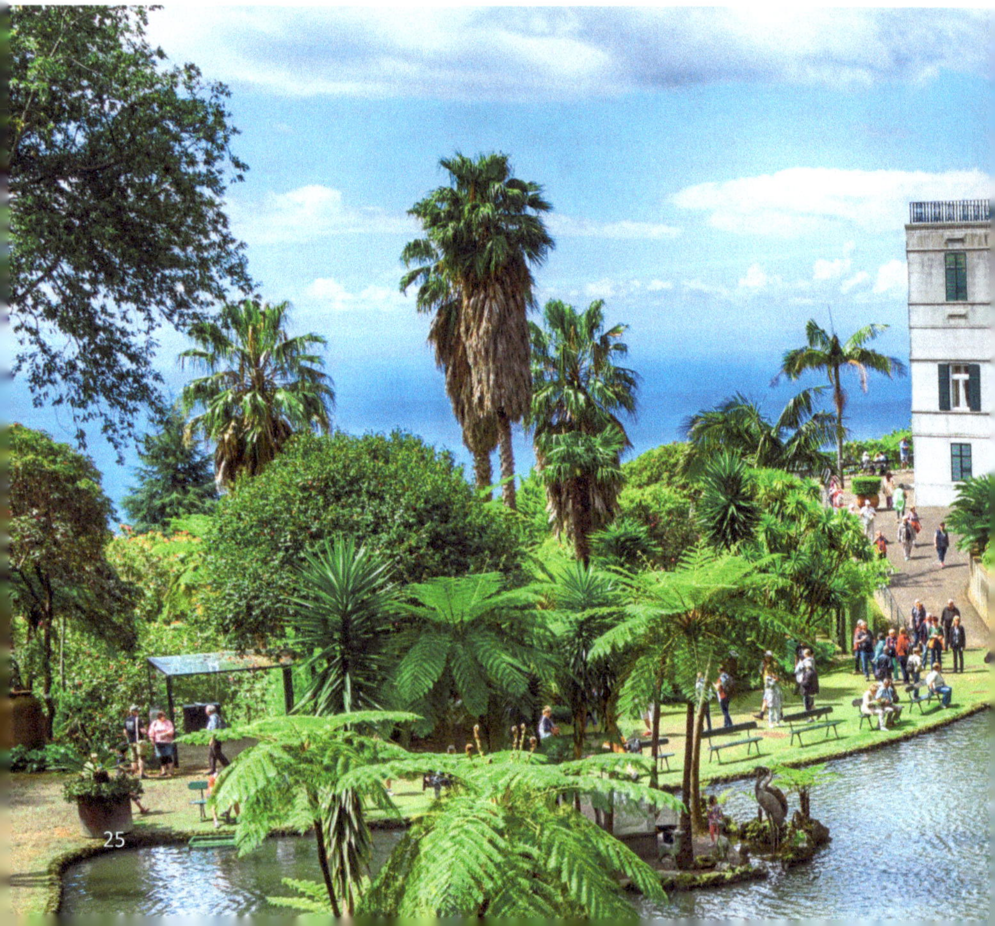

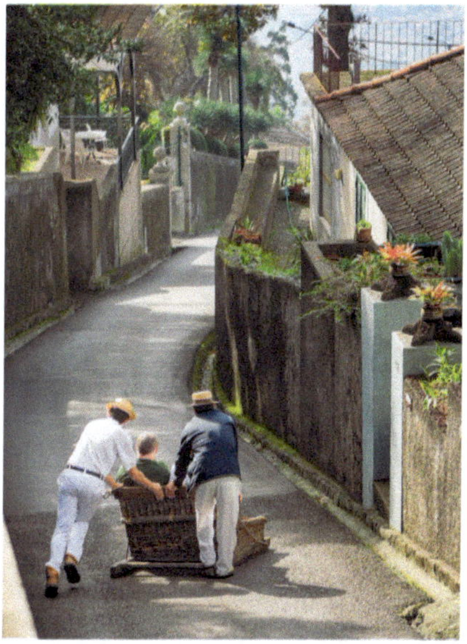

Einmalig auf der Welt!
Mit dem traditionellen Korbschlitten geht es wieder zurück nach Funchal. Doch bevor man zu dieser rasanten Abfahrt aufbricht, stellt sich ein jeder die Frage, ob das wohl gut geht? Die Korbschlitten waren einst **das erste offizielle Verkehrsmittel** Portugals. Gefragt ist hier in erster Linie die Muskelkraft der Schlittenführer. Sie bremsen, lenken, schieben und ziehen ganz nach Notwendigkeit und erreichen dabei Geschwindigkeiten bis zu 12 Kilometern pro Stunde. Ihre Lizenz wird von Generation zu Generation weitervererbt!
www.carreirosdomonte.com

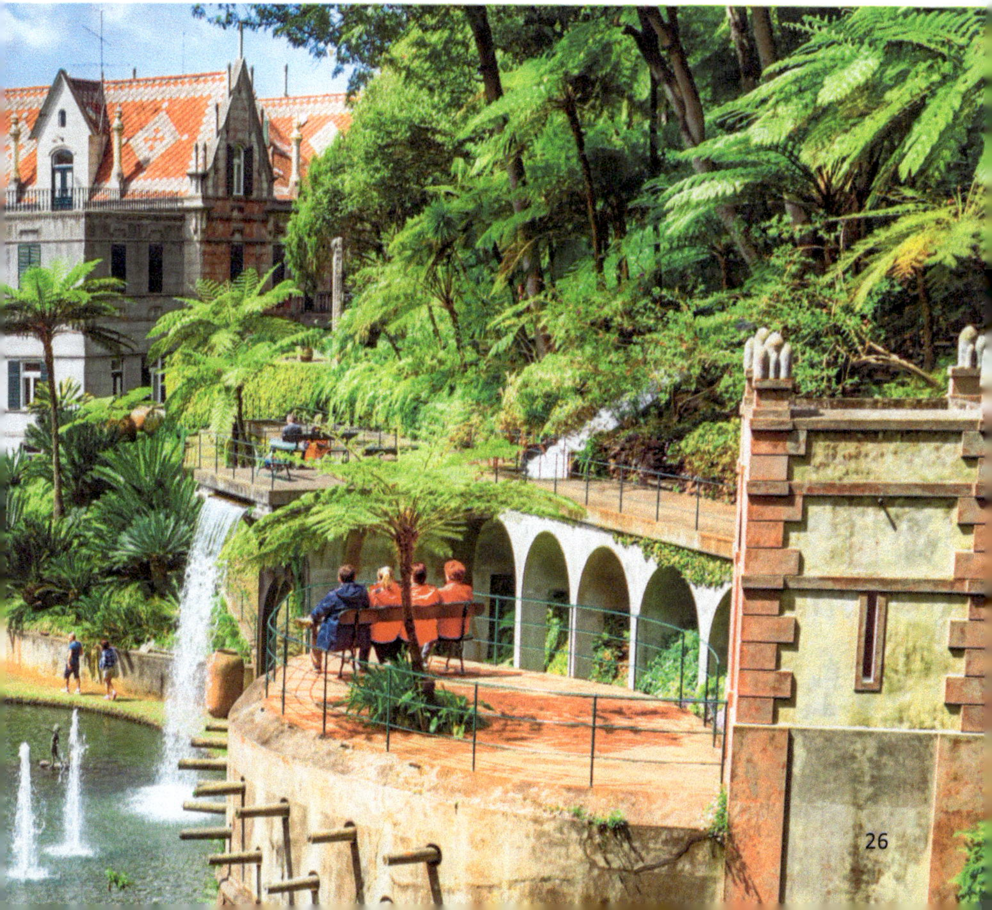

Shopping

Funchal ist ein Paradies für Individual-Shopper: Im Gegensatz zu den meisten Großstädten Europas, in denen kaum noch kleine Lädchen zu finden sind, gibt es hier so viele Boutiquen, Shops, Galerien und Märkte in privater Hand. Es macht richtig Spaß, sich treiben zu lassen und sie zu entdecken. Ein paar Highlights seien hier vorgestellt.

Armazem do Mercado (2)
Das Herzstück der 1.400 Quadratmeter großen Fläche ist der Markt mit seinen zahlreichen kleinen Geschäften. Hier kann man Souvenirs und Spezialitäten der Insel kaufen. Armazem do Mercado sieht sich auch als kulturelles Zentrum. Deshalb sind hier auch Galerien und Ateliers zu finden. Zudem werden Workshops, Konzerte und Lesungen veranstaltet. Unserer Meinung die bessere Alternative zum Mercado dos Lavradores.

Mercado de Agricultura Biológica (3)
Der Biomarkt Mercado de Agricultura Biológica eröffnete im Jahr 2007. Seither ist er eine feste Größe in Funchal. Jeden Mittwoch verkaufen Bauern aus der Region frisches Obst und Gemüse aus biologischem Anbau.

Fábrica Santo Antonio (4)
Seit 1893 werden in der Fábrica Santo Antonio Kekse gebacken. Das Interieur erinnert an einen Tante-Emma-Laden mit mechanischer Waage und Registrierkasse. Schon der Duft der gebackenen Kekse macht Appetit auf mehr.

Art Center Caravel Gallery and Shop (5)
Art Center Caravel Gallery ist das größte Kunstcenter auf Madeira. Junge Künstler aus aller Welt präsentieren ihre Werke. Zur Galerie gehört noch ein kleines Café mit sehr gutem Kaffee und leckeren Kleinigkeiten. Alle Kunstwerke, die hier über die Ladentheke gehen, haben ein Echtheitszertifikat.

Mercado dos Lavradores (6)
Der Bauernmarkt Mercado dos Lavradores ist einer der interessantesten Orte in Funchal. Seit 1940 werden hier lokale Produkte verkauft und das Angebot reicht von frischem Obst und Gemüse über duftende Kräuter und Blumen bis hin zu selbst gemachtem Käse und selbst gebackenem Brot. Die Atmosphäre mit den bunten Farben und Gerüchen ist einmalig. Touristenmagnet und viel los, deswegen früh kommen!

Gaudeamus (7)
Der gemütliche Laden im skandinavischen Stil spricht in erster Linie Studenten an und ist auch als der größte Universitätsladen Portugals bekannt. Das Angebot reicht von Büchern über Bekleidung bis hin zu Duftkerzen.

UauCacau (8)
Hier gibt es garantiert die beste Schokolade der Insel. Frei von Zusatz- und Konservierungsstoffen bietet UauCacau Pralinen und Schokolade mit einem unverkennbar reinen und natürlichen Geschmack.

Galerie BELA 30 (9)
Diese Galerie ist durch einen ganz persönlichen Flair geprägt. Man kann quasi zu jeder Uhrzeit an der Türe von Anastasyia und Wolfgang klopfen - Wein, Kaffee und Tee stehen immer bereit. Neben großen Gemälden mit Madeira-Motiven gibt es hier Portugal-typische Fliesen. Sie sind mit stilvollen und modernen Motiven verziert und ein perfektes Souvenir!

Museen

Madeira Story Centre (10)
Durch interaktive Ausstellungsstücke wird die **Geschichte der Insel** erzählt. **Spannend nicht nur für Kinder!** Ein Schwerpunkt liegt auf der Pflanzenwelt Madeiras. Eine herrliche Aussicht auf die Altstadt gibt es gratis dazu. Besucher erfahren alles über die Piratenangriffe und warum Madeira ein strategisch wichtiger Punkt ist. Im Restaurant werden natürlich Inselspezialitäten serviert, der Teller mit gegrilltem Fisch und Meeresfrüchten ist eine Spezialität des Hauses.
www.madeirastorycentre.com

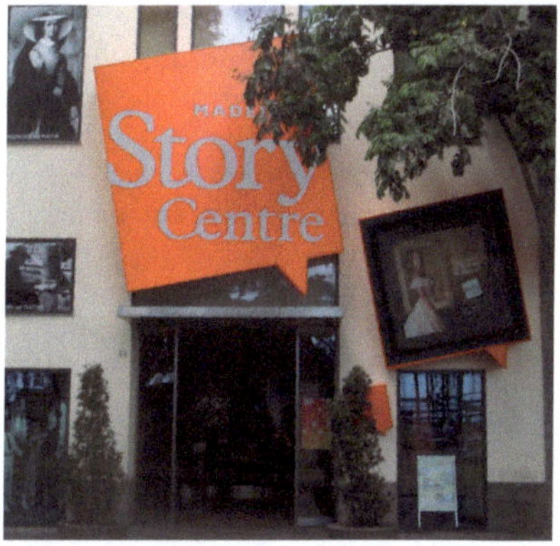

3D Fun Art Museum (11)
Das Museum der optischen Täuschungen ist ein Riesenspaß für Jung und Alt. Kamera mitnehmen! Die 3D-Bilder sind so konzipiert, dass **Fotomotive der Superlative** entstehen. Mal kriecht man aus dem Maul eines Haies heraus und im nächsten Moment sieht es so aus, als könnte man eine Wand hinauf klettern.
www.3dfunart.com

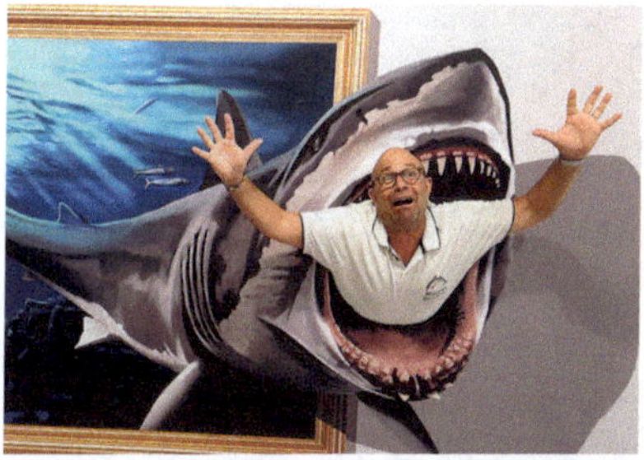

Madeira Optics Museum (12)
Optische Geräte so weit das Auge reicht! Ein Teleskop aus dem 18. Jahrhundert ist das Prunkstück der Teleskopen-Sammlung. Es werden über **400 Ferngläser** und **650 Kameras** ausgestellt. Spannende Exoten und außergewöhnliche Konstruktionen sind zu finden. Abgerundet wird das Sortiment mit optischen Geräten aus der Medizin, wie Phoropter, Lensmeter und Ophthalmoskope sowie Mikroskopen aus verschiedenen historischen Epochen.
www.madeiraopticsmuseum.com/

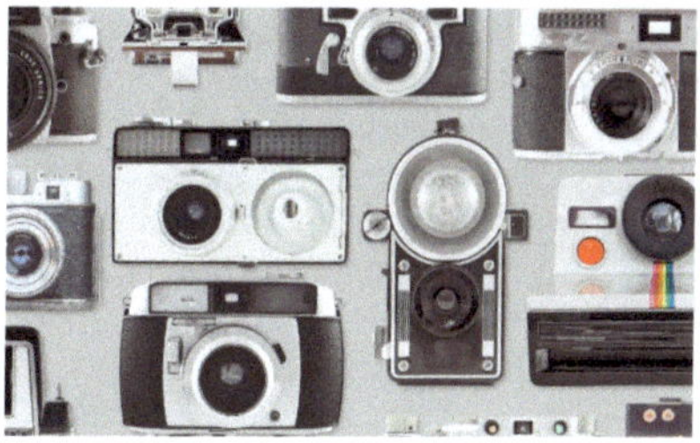

CR7 Museum (13)
Das **Museum über Cristiano Ronaldo** ist im Hafen kaum zu übersehen. Eine große Halle mit allerlei Trikots, Trophäen usw. Lohnenswert nur für Cristiano-Fans.
www.museucr7.com/

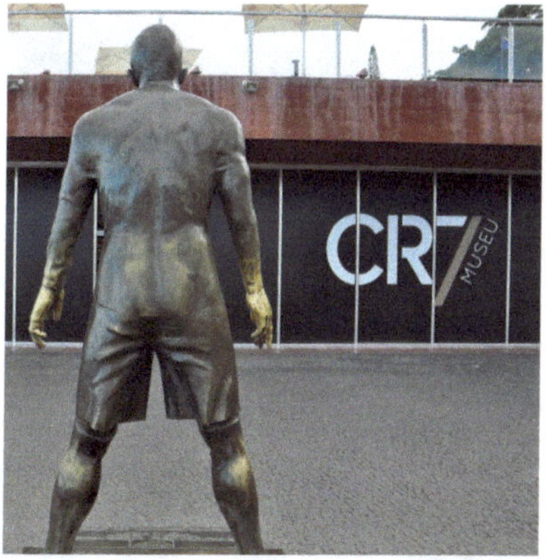

Baden

Da Madeira eine Vulkaninsel ist, sind wenige schöne Strände zu finden. Leider liegen sie alle nicht in der Nähe von Funchal (sondern bspw. in Seixal, S. 80 und Canico, S. 115). Dennoch finden sich einige gute Bademöglichkeiten in Funchal:

Praia Formosa (14)
Der dunkle, teils sandige, teils steinige Strand befindet sich westlich von Funchal. Er wird von einigen großen Hotelkomplexen flankiert. Aber in der Nähe liegen auch einige Bars und so ist der Strand ein beliebter Treff für Nachtschwärmer.

Complexo Balnear da Ponta Gorda (15)
Sehr gepflegter und angelegter Badebereich und ein Anlaufpunkt für Touristen. Complexo Balnear da Ponta Gorda bietet alles, was zu einem Strandtag dazugehört. Es gibt Sonnenschirme und Liegen. In der Nähe befinden sich Restaurants und Imbisse.

Piscinas Naturais da Doca do Cavacas (16)
Eine traumhafte Anlage mit Naturschwimmbädern und einem direkten Zugang zum Meer. Ein Ort zum Wohlfühlen, der durch einen Tunnel mit dem Strand von Praia Formosa verbunden ist. Dieser ist leider nur zu unregelmäßigen Zeiten geöffnet

Lido (17)
Der öffentliche Badebereich liegt unmittelbar an den Klippen und bietet Stege und Treppen, die direkt ins Wasser führen. Die asphaltierten Flächen können zum Sonnenbaden und Entspannen genutzt werden.

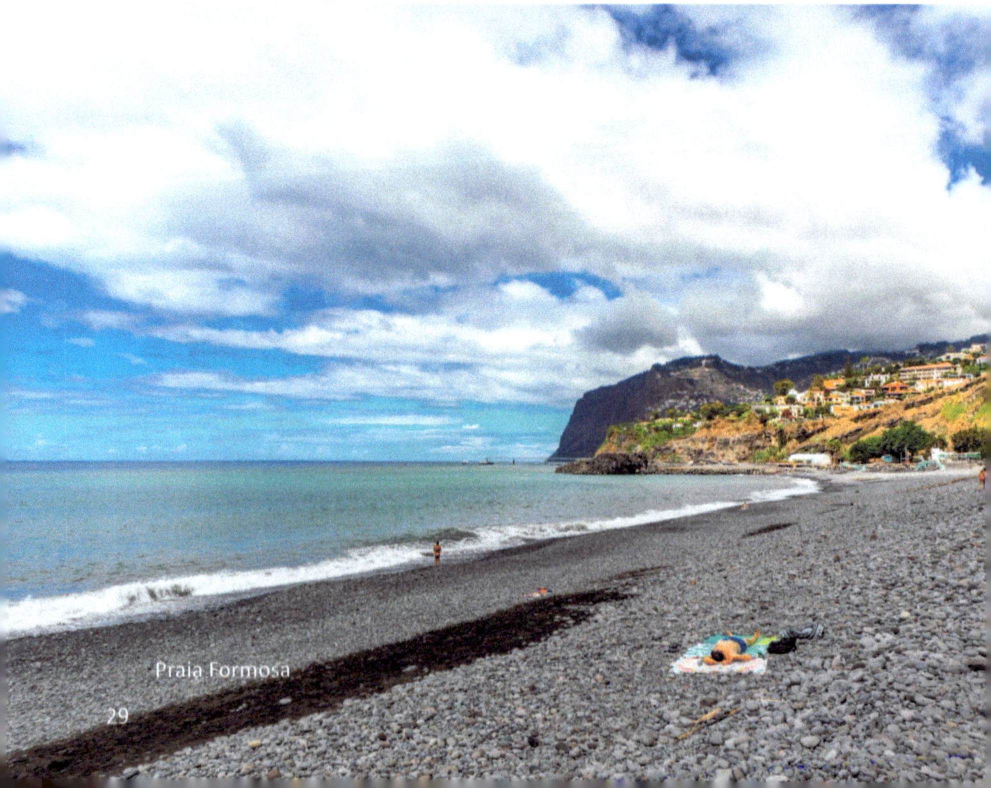

Praia Formosa

Aussichtspunkte auf Funchal

Miradouro Pico dos Barcelos (18)
Bis 2017 war der Miradouro Pico dos Barcelos nur unter Individualreisenden bekannt, die bewusst abseits der üblichen touristischen Routen reisten. Doch dann kam der bekannteste Insulaner und präsentierte alle seine Auszeichnungen in luftiger Höhe und aufgereiht am Vorsprung des Geländers. Fröhlich lächelnd posierte Cristiano Ronaldo dahinter. Die Sportzeitung A Bola hatte den Weltfußballer zu dieser Session eingeladen und fortan gingen die Bilder um die Welt. Es ist ein weiteres Beispiel dafür, welchen Einfluss Ronaldo

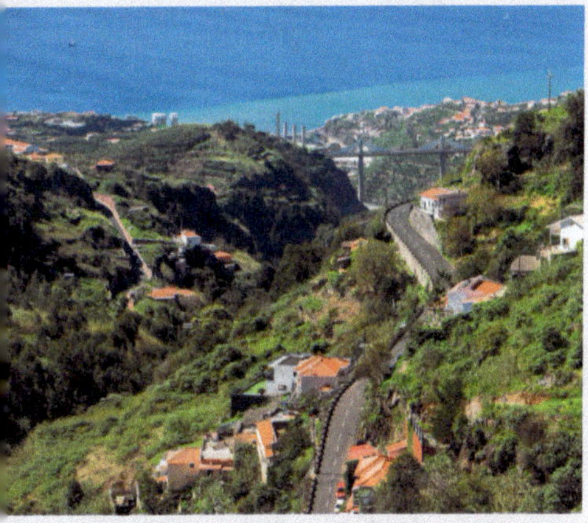

auf den Tourismus der Insel hat. So auch am Aussichtspunkt Miradouro Pico dos Barcelos, wo sich Ronaldo-Fans aus aller Welt ein Stelldichein geben und wo man an jeder Ecke ein Trikot des mehrmaligen Weltfußballers erwerben kann. Trotzdem ist das Plateau der richtige Ort, um sich dieser wunderschönen Aussicht hinzugeben. Danach sollte man im Restaurant La Carbonara einkehren. Hier kann man von Spaghetti Napoli und Carbonara bis hin zu Tiramisu alles verspeisen, was die italienische Küche hergibt. Zum Mittagessen finden Gäste meist noch einen freien Tisch auf der Terrasse.

Miradouro do Pináculo (19)
Im Gegensatz zu vielen anderen Aussichtspunkten der Insel, punktet dieser mit seiner Natürlichkeit. Selbst in der Saison geht es hier vergleichsweise ruhig zu. Am frühen Morgen und in den Abendstunden kann man die spektakuläre Aussicht ganz für sich alleine genießen. Am Fuße einer Felswand gelegen, ist der Aussichtspunkt eigentlich nur eine Verbreiterung der Straße, die bis an den steilen Abhang heranreicht. Ein paar Steinsäulen verbinden einen Schatten spendenden Überbau, der von blühenden

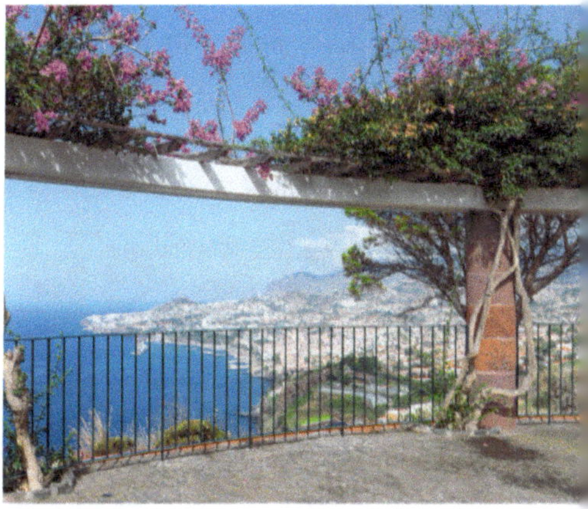

Kletterpflanzen überwuchert ist. Eine gemauerte Bank lädt zum Verweilen ein. Der **Miradouro Vale das Neves** ist nur einen Steinwurf entfernt. Trotzdem kann man ihn nicht direkt zu Fuß erreichen, denn der einzige Zugang erfolgt über die Straße an der Kapelle Capela de Nossa Senhora das Neves vorbei. Es lohnt sich aber den Besuch von Miradouro do Pináculo mit dem Besuch von Miradouro Vale das Neves zu verbinden. Die Distanz zwischen den Zugängen beider Aussichtspunkte beträgt nur einen Kilometer.

Aktivitäten

Sowohl in Funchal selbst als auch auf der ganzen Insel verteilt, gibt es zahlreiche hervorragende Möglichkeiten, etwas zu erleben. Viele Dienstleistende bieten einen Abholservice in Funchal (und teils auf der ganzen Insel) an, sodass man ganz bequem ohne Mietwagen oder ÖPNV die ganze Vielfalt der Insel erleben kann.
Die Aktivitäten, die direkt in Funchal stattfinden, stellen wir hier vor.

Stadtführung
Funchal ist eine geschichtsträchtige Stadt, die man hervorragend zu Fuß erleben kann. Es gibt Rundgänge mit verschiedensten Schwerpunkten, die zu den interessantesten Orten der Inselhauptstadt führen. Hervorzuheben unter den Anbietern ist die englischsprachige **"Free Walking Tour"**. Diese Touren basieren auf Trinkgeldbasis. Meist sind die Guides hochmotiviert, sehr lustig und informativ.
Wer sich nicht zu Fuß aufmachen möchte/ kann, dem sei ein Tuktuk ans Herz gelegt.

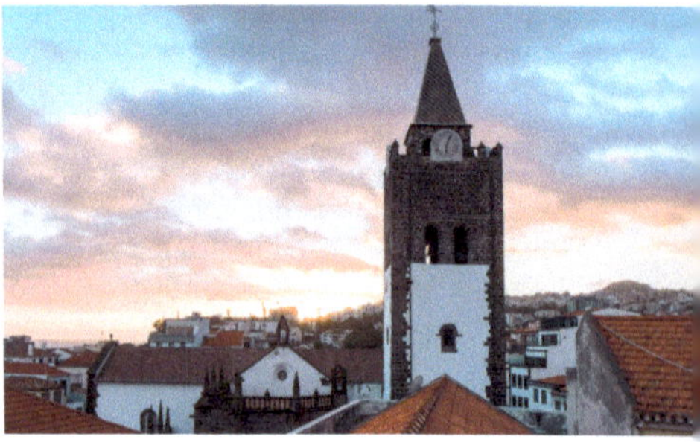

www.freewalkingtoursfunchal.com
www.myguidemadeira.com
www.tukxi.pt

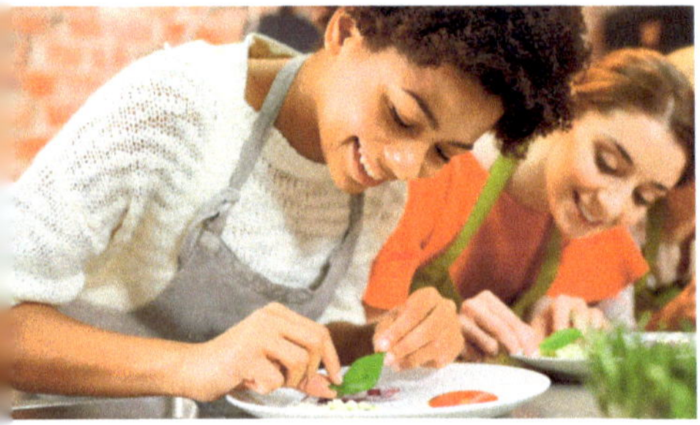

www.facebook.com/madeiracook/

Kochkurs
Wer die madeirianische Küche hautnah erfahren und selbst Hand anlegen möchte, kann dies in einem Kochkurs tun. Jeden Mittwoch um 10.00 Uhr gehen Julia und ihr Team von Madeira Cook Experience mit den Teilnehmenden auf den Markt, um für die Koch-Session einzukaufen. Schon alleine dies ist ein Erlebnis. Je nach Saison werden unterschiedliche Gerichte gekocht.

Tauchen
Direkt von Funchal aus geht es mit dem Boot zu Tauchgebieten. Nicht nur für Erfahrene, sondern auch für Anfänger gibt es Angebote, z.B. Schnuppertauchgänge oder Schnorcheltouren. Ein ganz besonderes Angebot ist ein Apnoetauchkurs von Azul Diving. Hier lernt man an einem Tag ohne Sauerstoffflasche bis zu 20m tief zu tauchen!

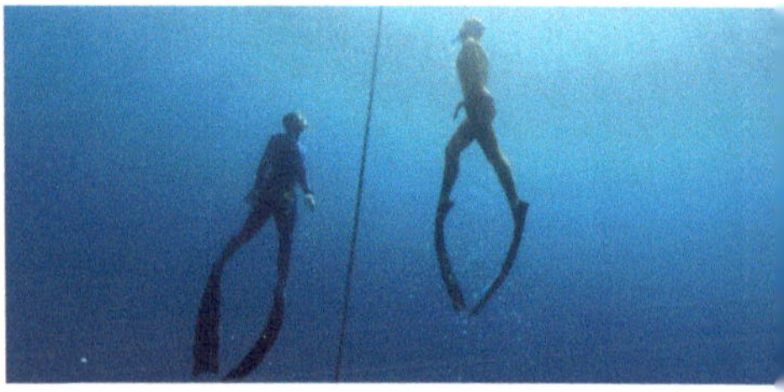

www.azuldiving.com
www.madeiradivepoint.com
www.diveclubcipreia.com

Santa Maria de Colombo
Ein Highlight! Die Santa Maria ist eine Nachbildung des berühmten Schiffes von Christoph Kolumbus. Sich vorzustellen, dass sie mit solch einem Schiff den Atlantik überquert haben, ist unglaublich. Sieben Inselhandwerker bauten über ein Jahr daran und erfüllten so den Traum eines niederländischen Einwanderers. Zweimal am Tag sticht die Santa Maria in See. Unvergesslicher Blick auf die Küste und die Chance, Meeressäuger zu sehen! Wenn es die Bedingungen zulassen, kann auf offenem Meer gebadet werden.

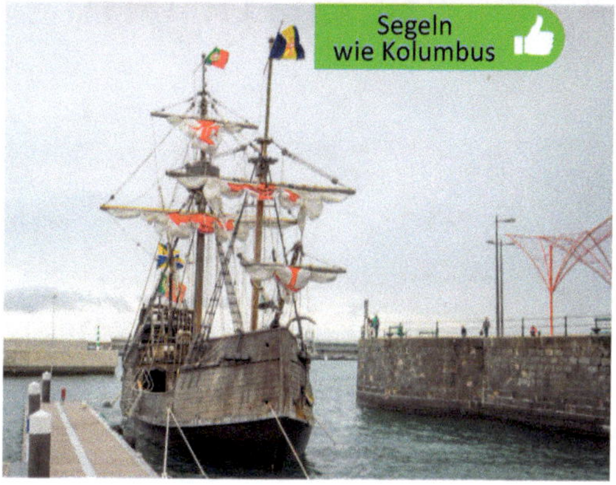

www.santamariadecolombo.com

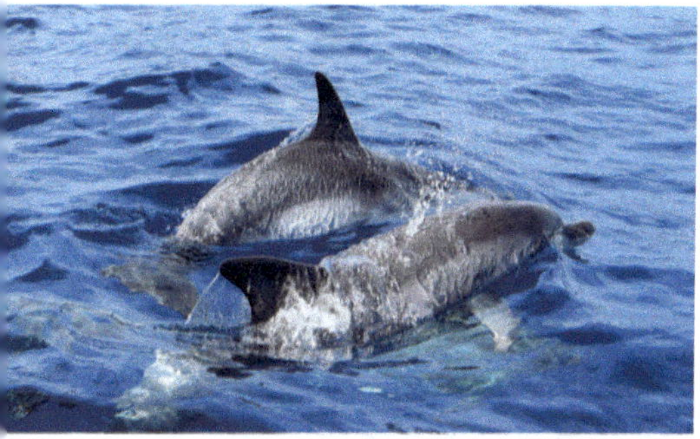

www.lobosonda.com
www.rota-dos-cetaceos.pt
www.atlanticpearl-catamaran.com
www.bonitadamadeira.com
www.cristalseamadeira.com

Wal-/Delfin-Beobachtung
Aufgrund der geographischen Lage Madeiras ist die Insel ein sehr guter Ausgangspunkt, um Meeressäugern ganz nahe zu kommen. Hierbei wird inzwischen von den meisten Anbietern großer Wert auf Nachhaltigkeit und Respekt vor der Natur und den Tieren gelegt. Manchmal sind sogar Meeresbiolog/innen Teil des Teams. Egal ob kleines wendiges Boot oder gemächliches Segelboot: Für jeden Geschmack ist etwas dabei. Tipp: Je kleiner das Boot, umso weniger Seekrankheit.

Foodietour
Von einer Lokalität zur nächsten laufend lernt man auf einer Foodie-Tour vieles über die Köstlichkeiten Madeiras. An jedem Ort probiert man eine kleine Portion, wodurch eine große Anzahl unterschiedlicher Leckereien gekostet werden kann.

Weintasting
Bei Weintastings lernt man die verschiedenen Geschmäcker der Inselweine kennen. Bei Blandy wird bspw. schon in der siebten Generation gekeltert. Hier kann man auch Führungen auf Deutsch buchen.

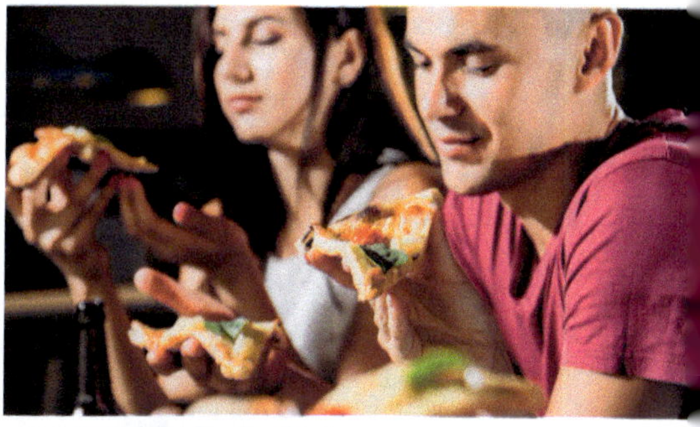

www.madeirafoodonfoot.com
www.winetoursmadeira.com
www.blandyswinelodge.com
www.madeirarumhouse.com

Gastronomie

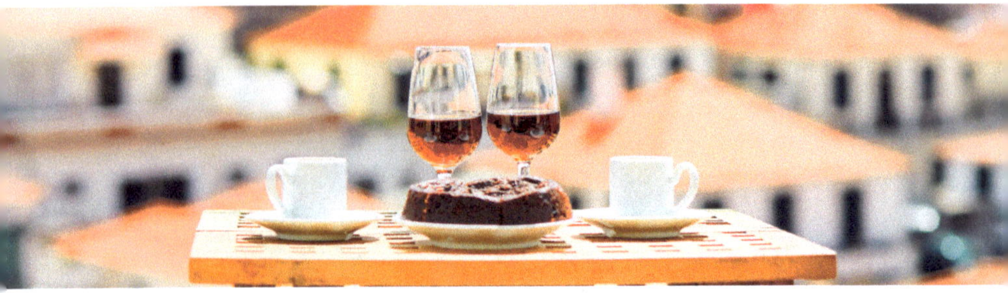

Von der Burgerbraterei bis hin zur gehobenen Küche mit bestem Ausblick: Funchal hat für jeden Geschmack etwas zu bieten. In so ziemlich jeder Ecke der Stadt kann man ein gutes Restaurant finden, die hier aufgeführten sind wahrlich nur ein Bruchteil dessen, was die Szene zu bieten hat. Deswegen heißt es: Augen offen halten und dem Bauchgefühl folgen. Es fliegen noch einige hervorragende Lokalitäten unter dem Radar.
Die meisten Restaurants legen großen Wert auf regionale Produkte. Und die haben es in sich, denn ohne lange Luft- oder Wasserwege hinter sich zu bringen, kommen sie sehr frisch auf den Tisch. Und das schmeckt man.
Die hier vorgestellten Restaurants, Bars und Cafés zeichnen sich alle durch etwas Besonderem aus, sei es der Ausblick, das Konzept oder die einfach gute Küche.

Die Lokalitäten sind nach der Entfernung zum Zentrum sortiert.

Innenstadt:

Infinito Wine Bar (20)
Das Restaurant liegt im Herzen von Funchal und lockt mit einer inseltypischen Atmosphäre. Im Inneren speist man in einer Art **Kellergewölbe**. Die Fischplatten sind ein Gedicht und besonders beliebt sind die Nachspeisen aus einer Kombination von frischem Obst und leckerem Kuchen.

Nico's Avenida (21)
Ob Formel-1-Rennen oder Länderspiele - Nico's Avenida ist eine Anlaufstelle für **Sportfans** und ein beliebtes **Fast-Food-Restaurant**. Gegessen wird am Tisch oder direkt im Public-Viewing-Bereich. Hier kann es auch mal **laut** werden - das gilt erst recht, wenn die Spiele mit dem berühmtesten Insulaner Cristiano Ronaldo übertragen werden.

Kampo (22)
Kampo by Chef Julio Pereira ist eine Mischung aus Bar und Restaurant mit **gehobener Küche**. Das Dry-Aged Steak und das Thunfischtartar sind der Hit! Wer ein besonderes Erlebnis möchte, der reserviert den **Chef's Table**. Etwas hochpreisiger, aber sehr zu empfehlen!

Loja do Chá (23)
Loja do Chá sieht auf den ersten Blick aus wie ein nostalgischer Steingut- und Porzellan-Laden. Doch dahinter verbirgt sich ein ganz außergewöhnliches Café mit einer **gemütlichen Terrasse im englischen Stil**. Kein Wunder, dass hier noch der

Fünf-Uhr-Tee mit typischen kleinen Häppchen serviert wird. Es gibt auch eine Auswahl an portugiesischen Gerichten.

Art Food Corner (24)
Art Food Corner ist eine **Mischung aus Café und Kunst**. Die Stühle sind bunt und zum Teil bemalt. An den Wänden hängen unterschiedliche Gemälde und moderne Kunstgegenstände. Selbst das Essen, meist **Panini** in allen Varianten, ist kunstvoll dekoriert und wird auf Holztabletts, Schieferplatten, in Steingutschüsseln oder auf Porzellantellern serviert.

Blandys Wine Lodge (25)
Verständlicherweise spielt hier der Wein eine größere Rolle als das Essen. Dennoch muss sich letzteres nicht verstecken: An nur 26 Plätzen werden Tapas und andere kleine Gerichte der portugiesischen und französischen Küche serviert.

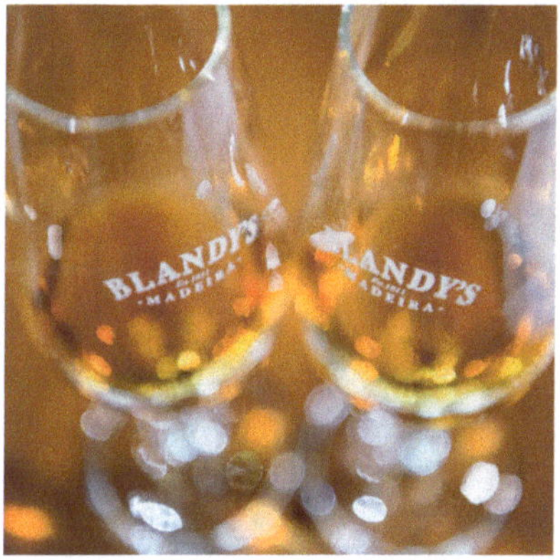

Restaurante dos Combatentes (26)
Im Restaurante dos Combatentes werden die besten **Austern** in Funchal serviert. Auch die **Fischsuppe** ist ein Gaumenschmaus. Es gibt eine kleine Auswahl an **vegetarischen Gerichten**. Das Restaurant ist bei Urlaubern und Insulanern beliebt. Eine Tischreservierung wird empfohlen.

Hamburgueria do Mercado (27)
In diesem Restaurant dreht sich alles um den **Hamburger**. Spezialität: Bei einem Burger dient als Brötchen das typisch madeirianische **Bolo do Caco**. Welch geniale Idee! Zum Nachtisch gibt es ganz typisch passend American Cheesecake.

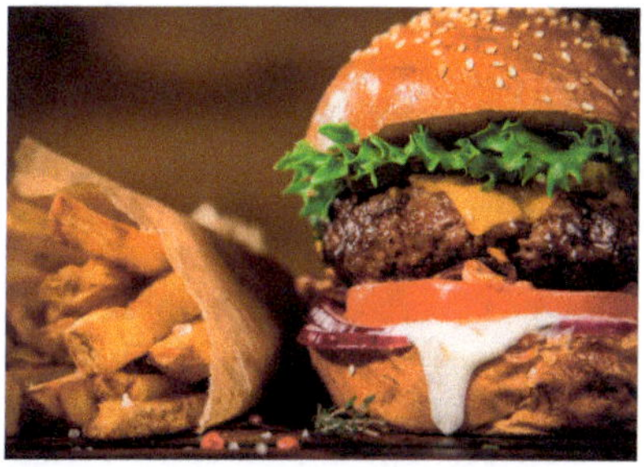

Café Mercearia Dona Mécia (28)
Das Café Mercearia Dona Mécia lebt von der **Einfachheit**. Anstatt Stühlen gibt es Hocker und kleine Holztische im schönen Hof. Perfekt um bei einem kleinen Snack die **Seele baumeln** zu lassen: Es gibt eine Auswahl an typisch portugiesischen Snacks, Salaten und Sandwiches, die mit einem kühlen Bier oder köstlichem Rotwein serviert werden. Hier kommen **hauptsächlich Madeirer** zusammen.

Barreirinha Bar Café (29)
Das Café Barreirinha ist ideal für eine **kleine Pause** während eines Stadtbummels durch Funchal oder um unvergessliche **Sonnenuntergänge mit Blick** aufs Meer zu erleben. Cocktails, Hamburger, Hotdogs, Ponchas sind zu empfehlen. Oder man genießt einfach nur eine Tasse Kaffee mit einem Pastel de Nata.

Design Centre Nini Andrade Silva (30)
Das Restaurant Design Centre Nini Andrade Silva liegt im Hafen von Funchal in unmittelbarer Nähe der Ronaldo-Statue. Beim Essen genießt man einen **malerischen Blick** auf den Hafen und die Hauptstadt Funchal. Fisch und Meeresfrüchte dominieren die Speisekarte.

<u>Außerhalb der Innenstadt:</u>

Reid's Palace (31)

Tea Time wie Churchill

Eines der **luxuriösesten Hotels** der Insel. Hier stieg schon der englische Premierminister **Winston Churchill** ab und suchte Inspiration zum Malen. Bis heute geben sich prominente Gäste hier die Klinke in die Hand. In diesem Haus herrscht Perfektionismus und gar nichts wird dem Zufall überlassen. Das Restaurant hat einen **Michelin-Stern** und von den privaten Balkonen genießt man einen **einzigartigen Ausblick** auf das Meer und den subtropischen Garten, der zur Hotelanlage gehört. Kenner kommen zur Tea-Time her, um in feiner Atmosphäre **Scones** und **Petit Fours** zu genießen. Unbedingt online reservieren.

La Vaca Negra (32)

Fleisch-Liebhaber kommen hier voll auf ihre Kosten. Ob Filet, Beef oder **T-Bone-Steak** – hier kommt alles auf den Grill und wird auf Wunsch auch im Hamburger oder in doppelter Menge serviert. Dazu gibt es Pommes, leckeren Salat und einen edlen Tropfen.

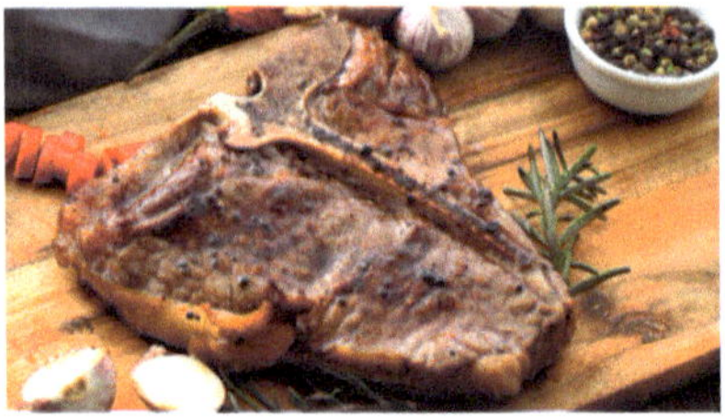

IlhaKaffé-Food & Wine (33)

IlhaKaffé-Food & Wine ist ein sehr stilvolles und modernes Restaurant. Serviert werden verschiedene Fisch- und Fleischgerichte, die **formvollendet** angerichtet werden. Besonders beliebt sind die **Risotto-Spezialitäten**. Am Abend wird es voll auf der Terrasse und man darf sich über traumhafte Sonnenuntergänge freuen.

Lume Pizzeria (34)

Vielleicht die **beste Pizzeria** Funchals. Die napolitanischen Pizzen direkt aus dem mit Holz befeuerten Steinofen sind ein Traum!

La Carbonara (35)

Wie der Name unschwer erkennen lässt, dominiert im Restaurant La Carbonara die **italienische Küche**. Spaghetti Carbonara sind ebenso auf der Speisekarte zu finden wie Spaghetti Bolognese und eine Vielzahl an Pizzavarianten und typisch italienischen Nachspeisen wie Tiramisu oder Eis.

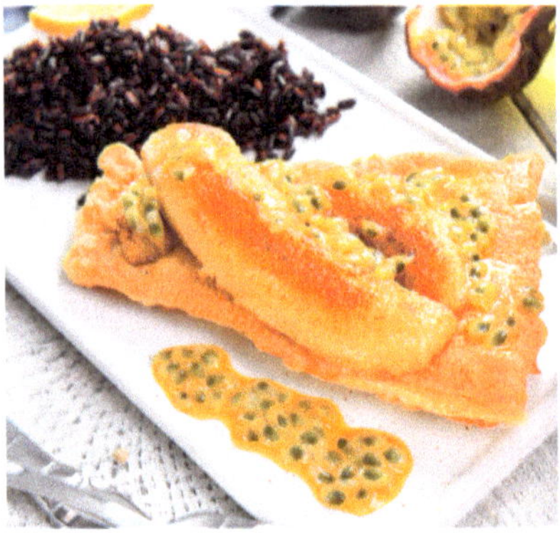

Vila do Peixe (36)

Das Restaurante Vila do Peixe ist einer der **besten Fischrestaurants** in den Vororten von Funchal. Fisch und Meeresfrüchte kommen vom Kutter aus direkt in die Pfanne und werden schmackhaft zubereitet. Von der Außenterrasse hat man eine wunderbare **Aussicht auf das Meer**.

Restaurante Churrascaria Zarcos (37)

Das Restaurante Churrascaria Zarcos muss man am Abend besuchen. Dann hat man einen **spektakulären Blick auf Funchal** und erlebt unvergessliche Sonnenuntergänge. Der Koch zaubert **typische Inselgerichte** aus Fisch und Fleisch mit Kartoffeln in allen Varianten. Zum Nachtisch kommen frische Obstspeisen auf den Tisch.

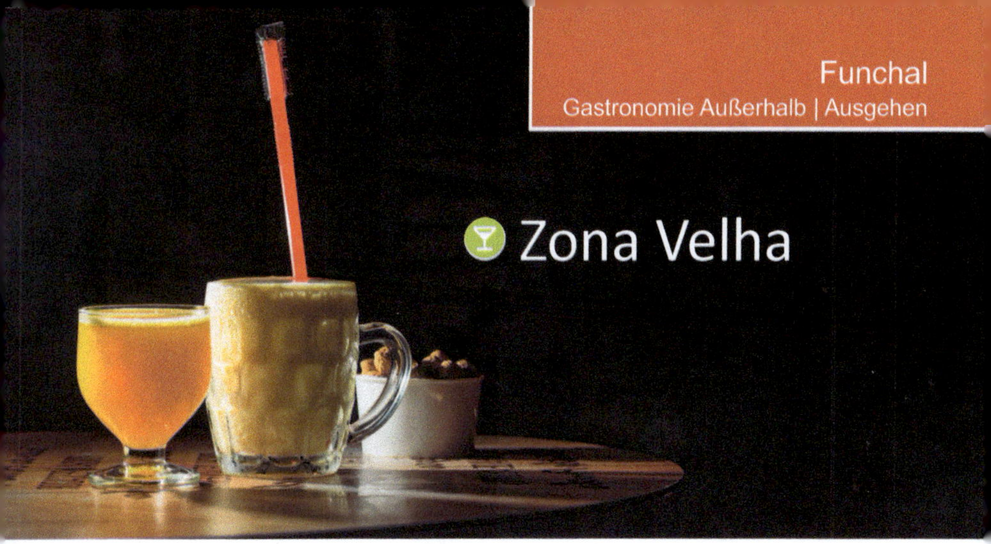

Zona Velha

Einst lag die **Rua de Santa Maria (38)** in einem heruntergekommenen Viertel und wurde von Insulanern und Urlaubern gemieden. Doch dann begann man damit, die verfallenen Haustüren zu bemalen und so entstand eine **Kunstgalerie unter freiem Himmel**. Heute ist die Rua de Santa Maria eine der schönsten Gassen Funchals und ein **Szenetreff**. Besonders für **Nachtschwärmer** lohnt sich ein Besuch: Je später es wird, desto mehr Stühle und Tische stehen auf dem Kopfsteinpflaster und es gibt oft kein Durchkommen mehr. Besonders in den Szenelokalen wird es eng.

Madeira Rum House (39)
Sieht tagsüber eher aus wie eine verschlossene Garage, aber am Abend verwandelt sie sich in eine Bar . Dann wird der Rum stilvoll auf einem Holzhalter serviert und dazu eine Handvoll süßer und pikanter Leckereien gereicht. Das Rum-Tasting-Set sollte unbedingt bestellt werden, um ein Varianz der madeirianischen Rums kennenzulernen.

Revolucion Bar (40)
Die Bar ist ein Muss für alle, die in das Nachtleben der Hauptstadt eintauchen wollen. Woher der Name Revolucion stammt, ist nicht bekannt, aber das Türgemälde von Che Guevara und der leicht angehauchte kubanische Stil lassen Raum für Spekulationen. Die Cocktails sind legendär und werden auch stilvoll dekoriert, mit gegrilltem Obst oder in Gläsern mit gezuckertem Rand.

Jota-Bar (41)
Wer es noch außergewöhnlicher mag, der kommt an dieser Bar nicht vorbei. Besucher sitzen auf gepolsterten Holzpaletten oder Schaukeln und genießen kleine Snacks und Cocktails. Wer will kann Tischfußball spielen.

Poncha do Pescador (42)
Eine winzige Bar, die mit den wohl besten Ponchas der Stadt aufwartet. Die Cocktails werden hier noch garantiert von geschickter Hand gemischt und das schmeckt man. Vorsicht, den Alkoholgehalt unterschätzt man sehr leicht.

Bar Number Two (43)
Familiengeführte Bar mit außergewöhnlichen Cocktails, die man probiert haben sollte: Mandarinen-Poncha, Erdbeer-Poncha und Nikita ziehen einem die Schuhe aus, sowohl geschmacklich als auch vom Alkoholgehalt.

Tasquinha do Monsieur (44)
Eine weitere dieser Bars, die so klein sind, dass man sich kaum rein traut. Sollte man aber, denn genau davon lebt die Stimmung. Auch hier gibt es leckere Ponchas mit frisch gepresstem Saft, aber das wird fast zur Nebensache, weil man garantiert mit anderen Gästen ins Gespräch kommt.

Hotels

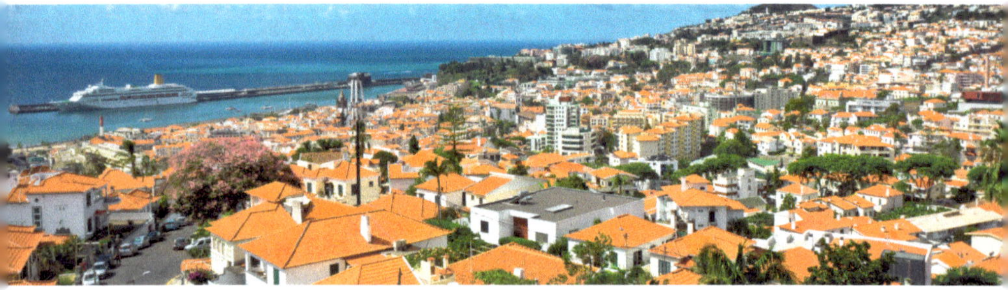

Sé Boutique Hotel (45) Stylisch & gemütliche Dachterrasse

Dieses Boutique Hotel ist stylisch, modern, manchmal flippig. Die Dachterrasse ist der Knaller und eine ruhige Oase in der trubeligen Stadt. Von hier aus hat man eine grandiose Aussicht, die man bei sehr guten Cocktails genießen kann. Das Bild auf S.38 ist von dieser Dachterrasse aus entstanden. Mitten in der Stadt gelegen, ist die Parkplatzsituation schwierig, aber ein nahegelegenes Parkhaus ist die Lösung. Beim Frühstück ist für wirklich jede/n etwas dabei - mit selbstgebackenem Brot!
Die Zimmer sind sauber, könnten an ein paar Stellen etwas Renovierung gebrauchen, aber hier verbringt man ja sowieso am wenigsten Zeit. Tipp: Bleistift "klauen".

Castanheiro Boutique Hotel (46)
Das Castanheiro verbindet Tradition mit der Moderne. So ist das alte Gemäuer gut saniert und sehr geschmackvoll und stilsicher eingerichtet. Der Infinity-Pool auf der Dachterrasse ist ein Highlight. Die Mitarbeitenden scheinen einem die Wünsche von den Lippen zu lesen. Mitten in der Altstadt, wenige Gehminuten zum Hafen. Hoteleigenes Restaurant ist zu empfehlen.

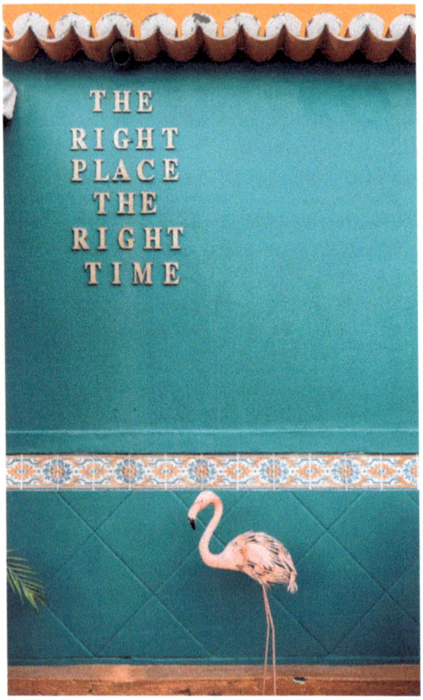

Quinta B. (47)
Ein Bed & Breakfast mit vier Doppelzimmern, Frühstücksservice, Pool und Lounges. Alles etwas klein, aber sehr hochwertig und persönlich, wenn auch nicht aufdringlich. Man merkt, dass hier viel Liebe drin steckt. Einfach super schön!

The Vine Hotel (48)
Eins der größeren Hotels in Funchal, mit Tiefgarage. Liegt oberhalb des Shopping-Centers "La Vie". Äußerst modern: Das Design ist außergewöhnlich, etwas dunkel - wir mögen es, ist aber geschmackssache.
Auch wenn die Dachterrasse auf den Bildern der Homepage größer wirkt, als sie in Wirklichkeit ist, ist sie sehr schön. Frühstück und Lage sehr gut.

Arts In Hotel (49)
Das Arts In besteht aus zwei Teilen: ein historisches Herrenhaus und ein moderner in Holz gehaltener Teil. Das spiegelt den Stil dieses Hotels gut wider: Historisch-moderner Mix abseits der großen Ketten-Hotels. Frisches A-la-Carte-Frühstück. Der Außenbereich ist außergewöhnlich grün, hier verbringt man gerne Zeit. Auto-/Roller-/Fahrradverleih und Shuttle-Service zum Flughafen sind sehr praktisch.

Hotel Caju (50)
Die Mauern prägen die Atmosphäre dieses Hotels. Manchmal historische Gemäuer, manchmal Sichtbeton. Sicherlich polarisierend! Es wird großer Wert auf Nachhaltigkeit gelegt. Das merkt man auch beim A-la-Carte-Frühstück mit frischen gesunden Produkten und dem hoteleigenen Restaurant (Bowl mit Thunfisch und Avocado ist empfehlenswert!). Nicht nur die Betten, sondern die ganzen geräumigen Zimmer sind ein Traum!

29 Madeira Hostel (51)
Es geht auch wirklich günstig. Das Hostel hat Doppel- und Vierbettzimmer mit sehr günstigen Preisen. In letzteren kann man ein Einzelbett buchen. Hostels leben von der jungen Atmosphäre und offenen Gästen. Außergewöhnlich sauber für ein Hostel! Leider etwas hellhörig.

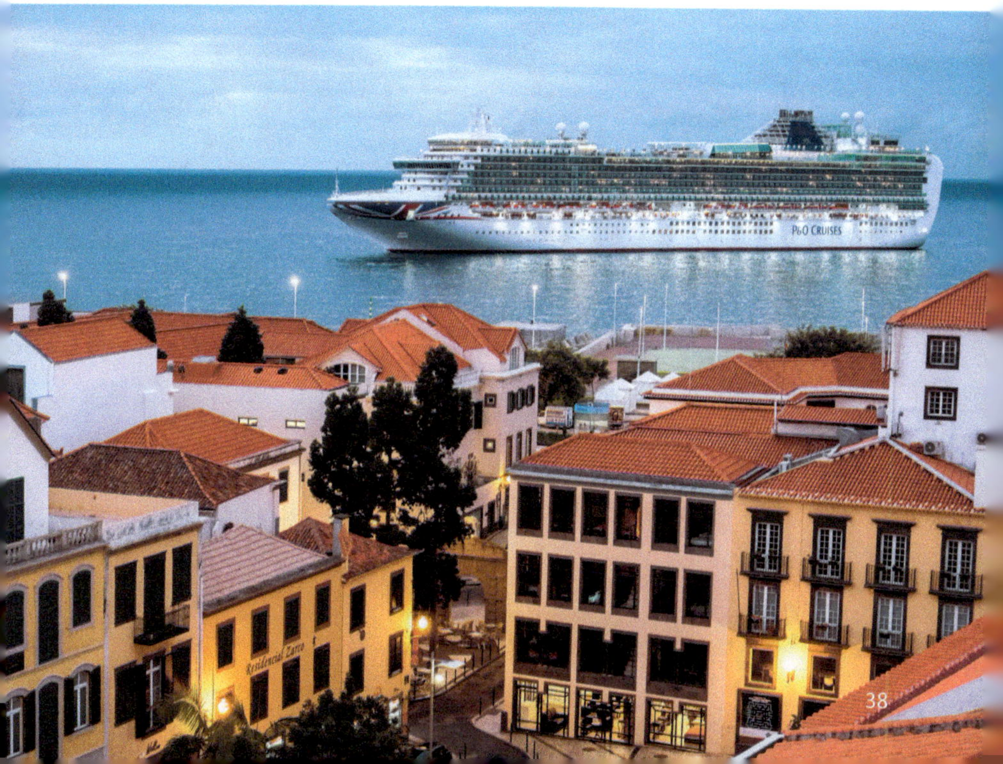

Westlich von Funchal

Câmara de Lobos

Aussichtspunkte auf Câmara de Lobos

Der **Miradouro da Torre (52)** liegt oberhalb von Câmara de Lobos und bietet einen schönen Ausblick hinab auf die Stadt und über das weite Meer. Auch der Blick ins Landesinnere lohnt: Nirgendwo sonst kann man die terrassenförmigen Täler so eindeutig erkennen wie hier. Dieser Aussichtspunkt lässt sich perfekt mit dem beliebten Restaurant **„O Polar“ (52)** verbinden. Mit Wartezeiten ist zu rechnen. Die Maracuja-Nachspeisen sind ein Muss!

Im Ort selber lohnt sich der **Ilhéu de Câmara de Lobos (53)**. Der Blick hinab auf den Ort ist traumhaft und ein beliebtes Madeira-Postkartenmotiv. **Jardim do Ilheu** bedeutet übersetzt der Garten der Insel. Wer hinauf zum Aussichtsplateau wandert, der ist tatsächlich von einem riesigen Garten umgeben. Hier findet man eine Ansammlung sämtlicher Inselgewächse: Der Farn sprießt an jeder Ecke, der Oleander blüht in allen Farben, Flechten übervölkern die steinigen Klippen und zwischen den ganzen Bäumen und Pflanzen glänzen die Spinnweben im Schein der Sonne. Besucher, sofern sie nicht unter Arachnophobie leiden, können hier einige der seltenen Spinnenarten der Insel entdecken.

In direkter Umgebung befindet sich das **Restaurant Villla do Peixe (54).** Es ist nicht nur die Aussicht auf die malerische Bucht, die es so einladend macht. Hier bekommt man den besten Fisch und die leckersten Meeresfrüchte der Umgebung serviert, nachdem man sie sich selbst ausgesucht hat.

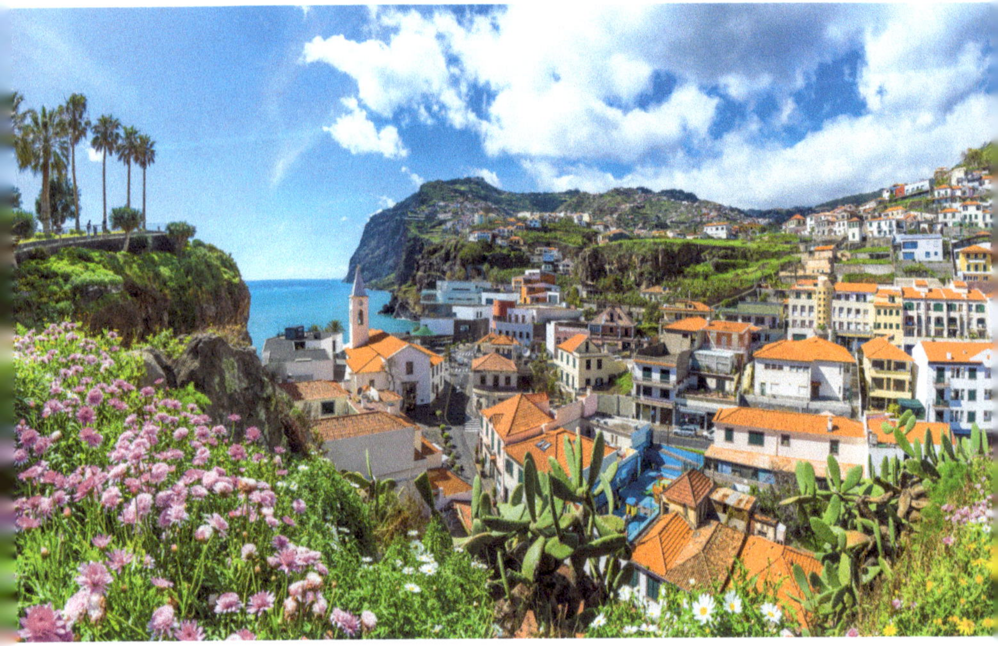

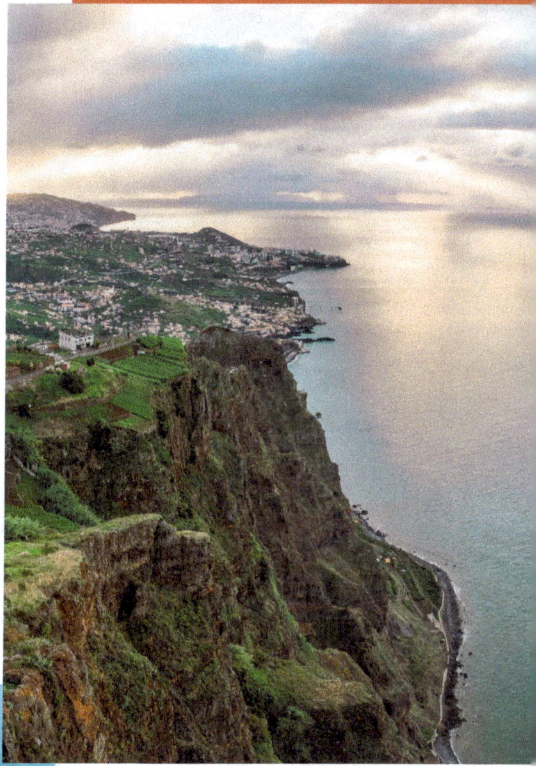

Cabo Girão (55)

Wer die Aussichtsplattform Cabo Girão besucht, sollte in jedem Fall schwindelfrei sein. Die Plattform ist auch unter Madeira Skywalk und weit über die Landesgrenzen Portugals bekannt. Das aus gutem Grund, denn der gläserne Vorsprung von Cabo Girão thront über **einer der höchsten Klippen Europas**. 580 Meter über dem Meeresspiegel genießen Besucher eine atemberaubende Aussicht auf die Hauptstadt Funchal und Câmara de Lobos. Der Skywalk hat sich seit seiner Eröffnung zu einer **Hauptattraktion der Insel** entwickelt.

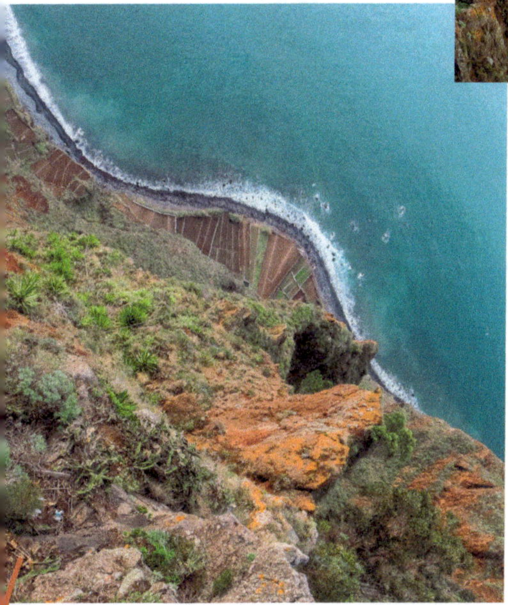

Von Funchal zum Cabo Girão gibt es eine sehr gute **Busverbindung**. Die Linie 154 fährt regelmäßig.
Kreuzfahrtouristen werden oft in Scharen hierher gebracht. Es lohnt sich daher in den frühen Morgenstunden zu kommen. Auch an nebligen Tagen hat man die Plattform ganz für sich alleine. Der Nebel löst sich auf Madeira genauso schnell auf, wie er entstanden ist.
Den Besuch von Cabo Girão kann man ausgezeichnet mit einer Seilbahn-Tour nach Fajãs de Cabo Girão verbinden.

Wichtig: Für die Plattform musst du dich registrieren und 2€ p.P. zahlen.
Das kannst du auf dieser Seite über den PC (oder Smartphone-Browser auf Desktopwebsite stellen) erledigen. Der Button „Anfrage" links auf der Seite führt dich zum richtigen Formular: https://rebrand.ly/cabogirao
Die Plattform ist täglich von 8.00 bis 20.00 Uhr geöffnet

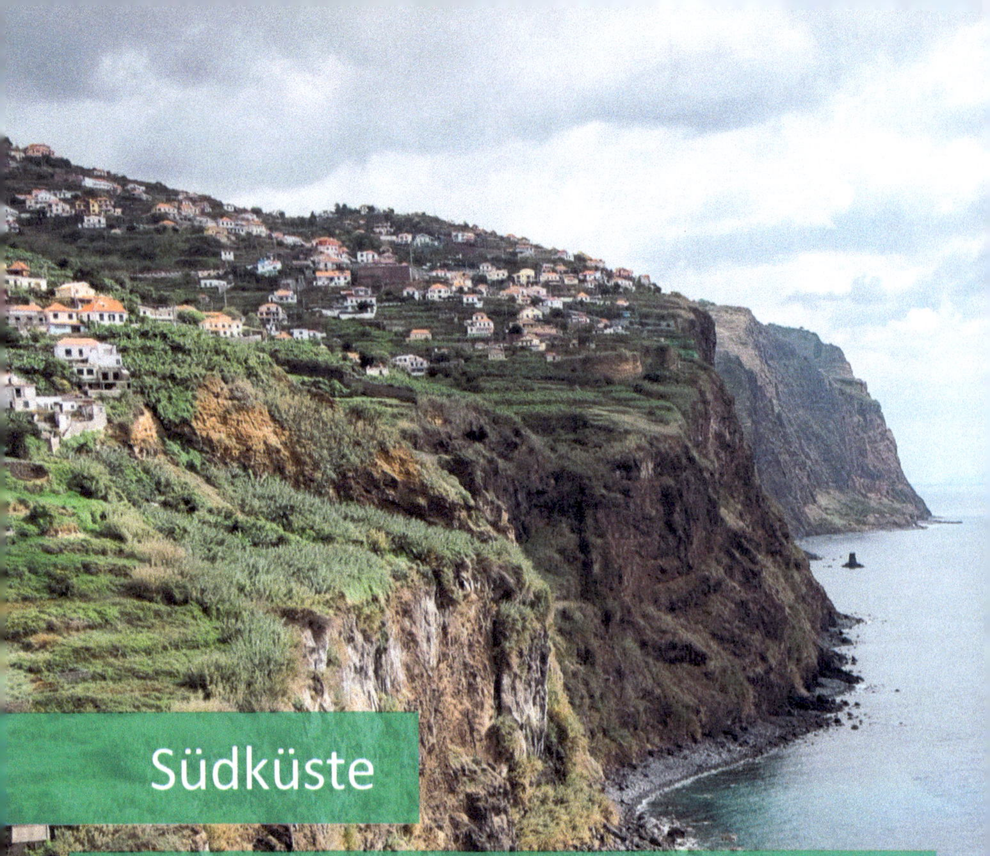

Südküste

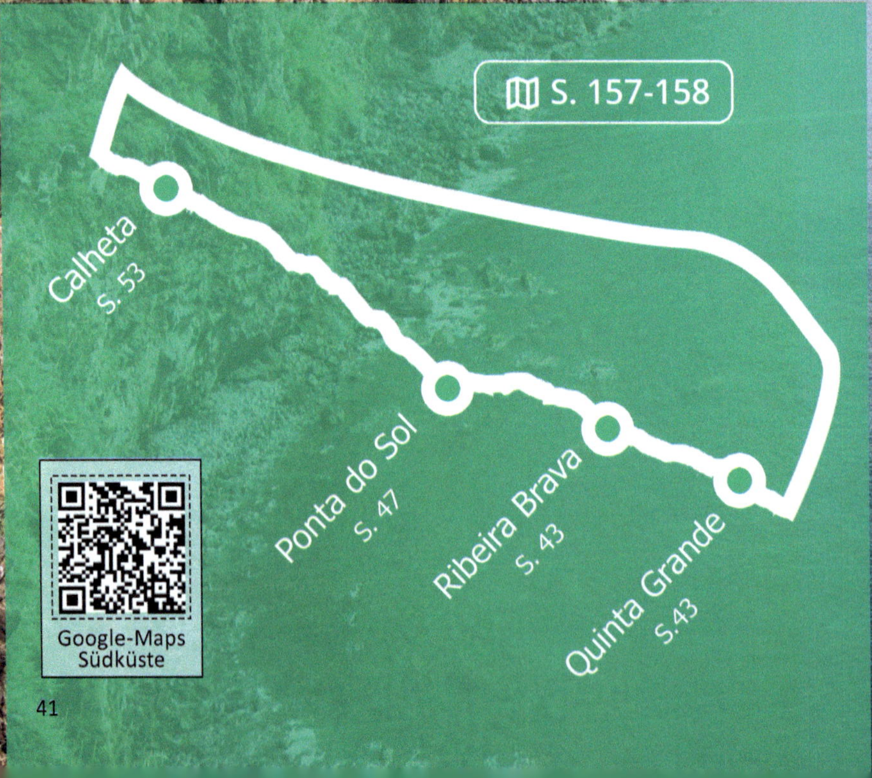

Google-Maps
Südküste

Einsame Wege und atemberaubende Aussichten

Hinter den üppig-grünen und steinig-kargen Hügeln liegen wilde Schönheiten. Vorbei an imposanten Wasserfällen und bunt blühenden Hängen führen wunderschöne Wanderwege. Nördlich von Lombo Do Doutor dominiert die Einsamkeit und hinter den schier endlosen Tunneln erstrecken sich immer neue Naturschätze. Am Morgen, wenn die Bergspitzen noch vom Frühnebel umhüllt sind, hört man die Kanarienvögel singen und begegnet huschenden Eidechsen und einer Horde Wildschweine. Dann ist der Blick auf das Meer mystisch.

Wer durch die Levada do Moinho wandert, der muss den Wasserfall schnell passieren, um trocken zu bleiben. Im Frühjahr steht das Wasser bis zur Kante. Das gesamte hintere Küstenland zwischen Funchal und Ponta Do Pargo lockt mit einer einzigartigen Tier- und Pflanzenwelt und Panoramaaussichten wie Postkartenmotiven.

Malerische Dörfer in engen Tälern

Hinter und entlang der bizarren Steilküsten liegen friedliche Bergsiedlungen und verträumte Ortschaften. So wie Arco da Calheta, wo die Straßen so steil sind, dass es einem schwindlig wird. Auch die steilen Straßen nach Estreito De Câmara sind eine Herausforderung. Der Weg ist das Ziel, denn ringsherum wachsen terrassenartig die Reben des Madeiraweines und dahinter erstrecken sich fast flach die Bananenplantagen. Besucher sollten in jedem Fall weiter nach Jardim da Serra fahren. Schnell weiß man, warum Jardim da Serra übersetzt Berggarten heißt. Versteckt in den steilen Tälern wachsen Weihnachtssterne und Lilien in freier Wildbahn. In vielen Dorfgasthöfen bekommt man noch traditionelle Inselgerichte serviert. Hier kommt man am Abend schnell mit Einheimischen ins Gespräch. Tagsüber wirken die Dörfer verlassen. In den Tälern muss man mit Regen rechnen, da sich die Wolken oft stauen. Aber der Regen hat auch seine gute Seite, denn nirgendwo kann man so viele Regenbogen bewundern wie auf Madeira.

Traumhafte Küsten ohne Sandstrände

Der Inselsüden macht deutlich, warum Madeira keine Sandstrände benötigt, um Besucher zu begeistern. Romantische Fischerdörfer reihen sich wie Perlen aneinander, verbreiten den Charme der Côte d'Azur und haben die Faszination der irischen Steilküste. Die Häuser von Madalena do Mar erinnern an eine Miniaturlandschaft, die von bizarren und klobigen Felsen fast erschlagen wird. Bei Sonnenuntergang zeigt die Szenerie ihre wahre Schönheit. Ponta Do Sol lockt mit einem steinigen Sandstrand vor einer kolonialen Häuserkulisse, eingebettet zwischen steilen Felsen. Weiter nördlich liegt der magische Küstenort Paul Do Mar am Fuße einer gigantischen Schlucht. Hier erscheint der raue Atlantik fast beängstigend, denn die Häuser sind weit in den Felsen hinein gebaut, so als würden sie vor dem Wasser fliehen. Darüber thronen majestätisch die Weinreben. Besonders faszinierend ist Paul Do Mar bei stürmischem Wetter, wenn die meterhohen Wellen an den Felsen brechen.

Quinta Grande bis Ribeira Brava

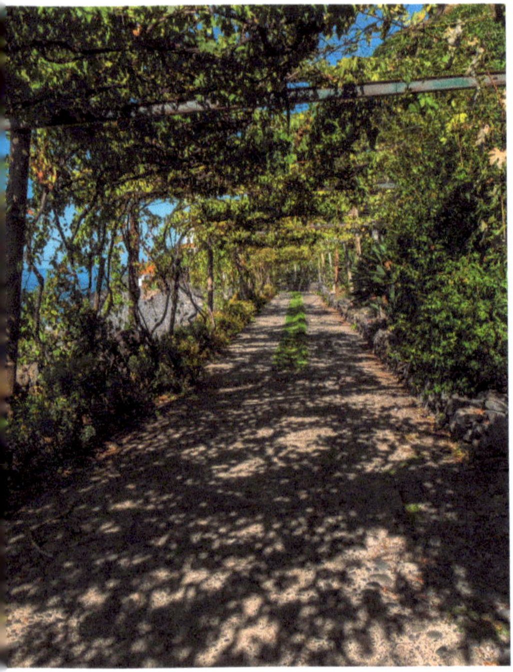

Fajã dos Padres (55a)

300 Meter hoch steigt die Gondel langsam und sicher zum **Fajã dos Padres** hinab. Bauern siedelten hier unten an, weil der Boden sehr fruchtbar und die Früchte um so köstlicher sind. Es lohnt, sich die Geschichte und die Besonderheiten dieses außergewöhnlichen Ortes auf einer **Rundführung** erklären zu lassen (ab 2 Pers.).
Wahre Inselliebhaber kommen zum Essen hierher. Der Fisch ist fangfrisch und das Gemüse wird im eigenen Garten geerntet und ist garantiert Bioqualität.
Wer baden möchte, kann es hier tun, es gibt aber wahrlich schönere Abschnitte.
Achtung! Wer nicht hier in einer der Unterkünfte übernachtet, sollte die letzte Fahrt der Gondel nicht verpassen.

Gleich zwei außergewöhnliche Unterkünfte sind an der Küste von Calhau da Lapa zu finden: Die **Atlantis Beach Cave (56)** (www.atlantisbevachcave.com) und die **Villa Calhau da Lapa H2O (57)** bieten ein Übernachtungserlebnis in Höhlen, die nur per Boot oder einer 25 minütigen Wanderung (siehe nächste Seite) erreichbar sind. Ruhe in der Natur garantiert! Natürlich fehlt es nicht an Komfort und die Höhlen sind u.a. mit guten Betten und einer Küche ausgestattet. Abenteuerfeeling pur! Wegen der Wanderung nur für Leute, die Treppen nicht scheuen. Leichtes Gepäck mitnehmen.

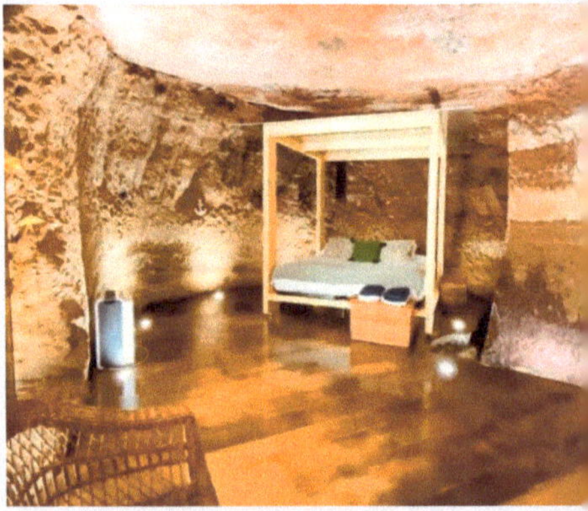

Wer sich einfach nur erholen will, dem sei das Spa- und Erholungsparadies **Dazkarizeh73 (58)** in Ribeira Brava zu empfehlen. Das Besondere: Alles ist im balinesischen Stil gehalten und durch die geringe Zimmeranzahl ist alles sehr persönlich. Mehrere kleine Pools und ein grandioser Ausblick inklusive.

Calhau da Lapa (59)

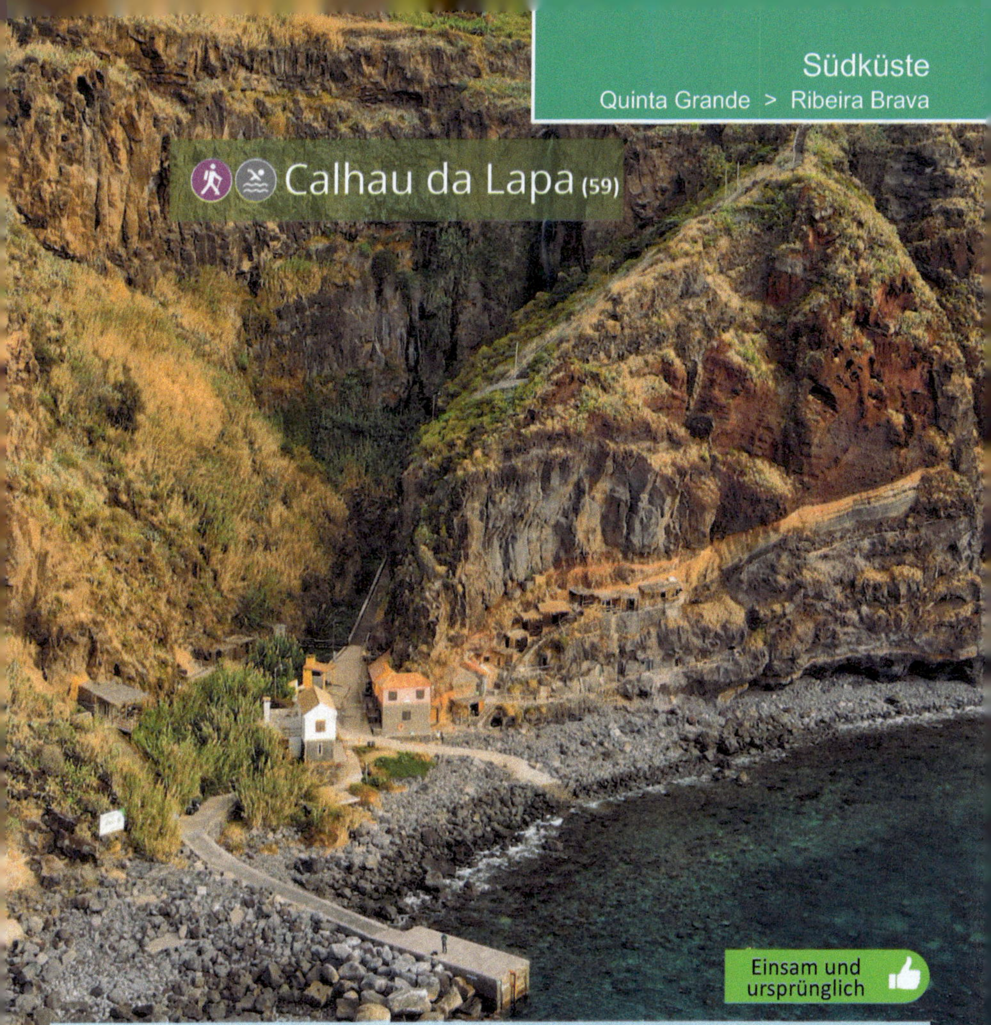

Einsam und ursprünglich

Calhau da Lapa ist wirklich noch ein **Geheimtipp fernab der touristischen Ströme**. Das liegt daran, dass der Weg runter zur Bucht schwer zu finden und nicht ausgewiesen ist. Es gibt auch keinen wirklichen Startpunkt. Als Ausgangspunkt wählt man am besten den **Parkplatz an der Est. da Lapa**. Von hier folgt man einfach den Pfaden in Richtung Küste. Oberhalb der Klippen führt fast unscheinbar ein kleiner Pfad hinab. Von überall genießt man eine perfekte Aussicht. An heißen Tagen spenden die Felsen Schatten. Über viele Stufen geht es zunächst am **Wasserfall** vorbei und weiter über eine kleine hölzerne Brücke. Rechts und links am Wegesrand kann man imposante Kakteen entdecken, von denen viele bunte Blüten tragen. In den Klippen leben viele Seevögel. Wer alleine unterwegs ist, sollte sich nicht erschrecken, wenn er ein lautes Lachen und Gackern in den Felsen hört. Die Geräusche stammen von Corys Sturmtauchern, eine für Madeira typische Vogelart, die an einigen Uferabschnitten entlang der Südküste zu finden ist. Die letzten Meter geht es noch einmal steil hinab und man kann die **blaue Bucht** schon sehen. An manchen Tagen ist es hier **menschenleer**. Die meisten Besucher, die sich hier sonnen, sind Insulaner. In Calhau da Lapa kann man hervorragend schwimmen. An der steinigen Küste findet man selbst im Sommer noch ein ruhiges Plätzchen zum Entspannen. Ein Steg führt über das steinige Ufer direkt ins Wasser. Auf der vorherigen Seite sind Höhlenunterkünfte aufgeführt.

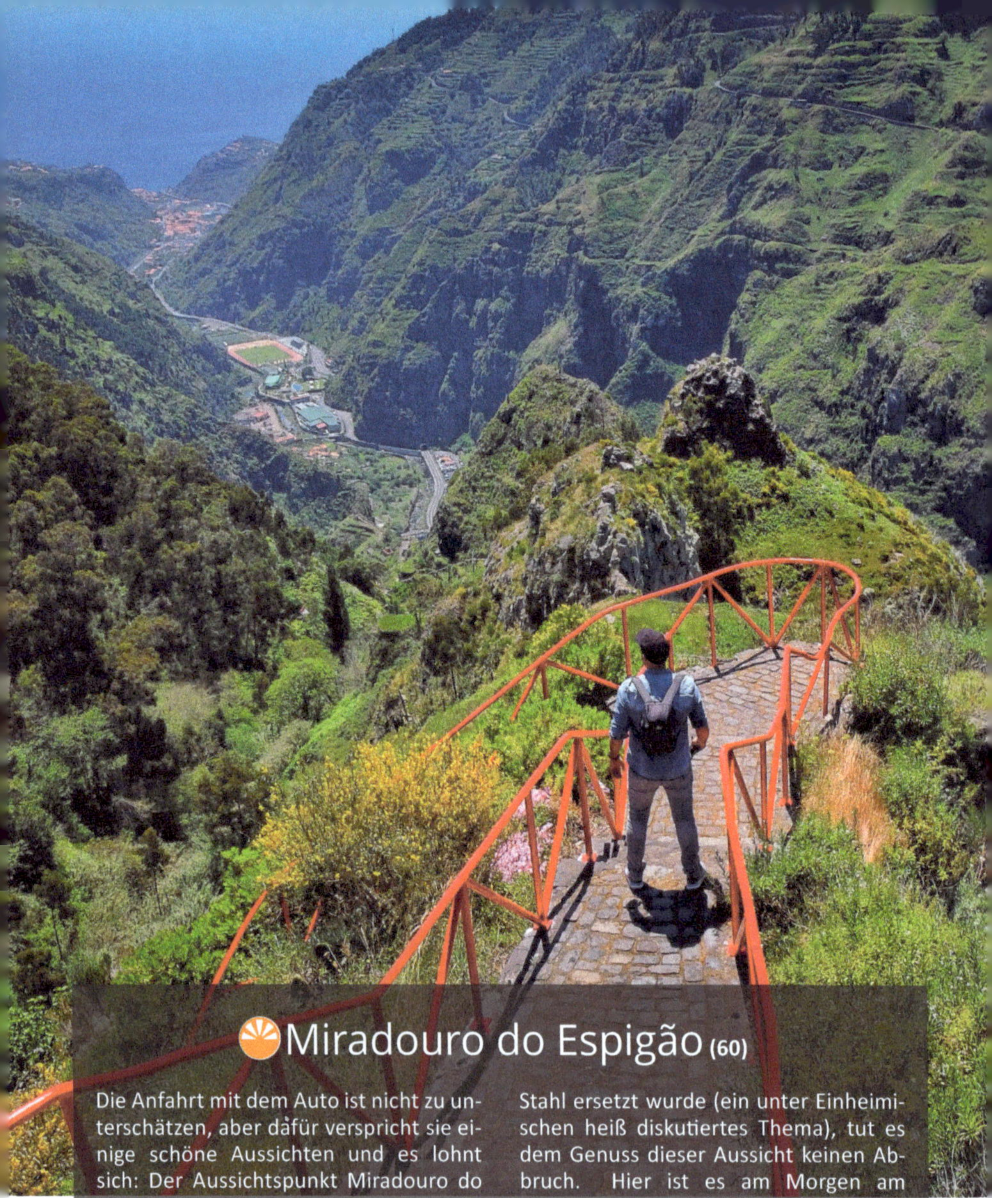

Miradouro do Espigão (60)

Die Anfahrt mit dem Auto ist nicht zu unterschätzen, aber dafür verspricht sie einige schöne Aussichten und es lohnt sich: Der Aussichtspunkt Miradouro do Espigão lockt mit einem Panorama der Superlative. Auch wenn seit neuestem das sich in die Natur einfügende Naturholzgeländer durch eines mit rotem Stahl ersetzt wurde (ein unter Einheimischen heiß diskutiertes Thema), tut es dem Genuss dieser Aussicht keinen Abbruch. Hier ist es am Morgen am schönsten, wenn sich der Nebel nach und nach auflöst und am Ende der Schlucht der blaue Atlantik erscheint und das Sonnenlicht widerspiegelt.

Wem die schönen Ausblicke aufs Meer Appetit auf Meeresfrüchte machen, dem sei herzlichst das Restaurant **Grill Muralha (61)** in Ribeira Brava empfohlen. An einem schattigen Plätzchen unter Schirmen und Palmen, am Fuße einer felsigen Anhöhe bekommt man die leckersten Muschelgerichte des Südens serviert. Die pikant marinierten Meeresfrüchtespieße darf man sich nicht entgehen lassen.

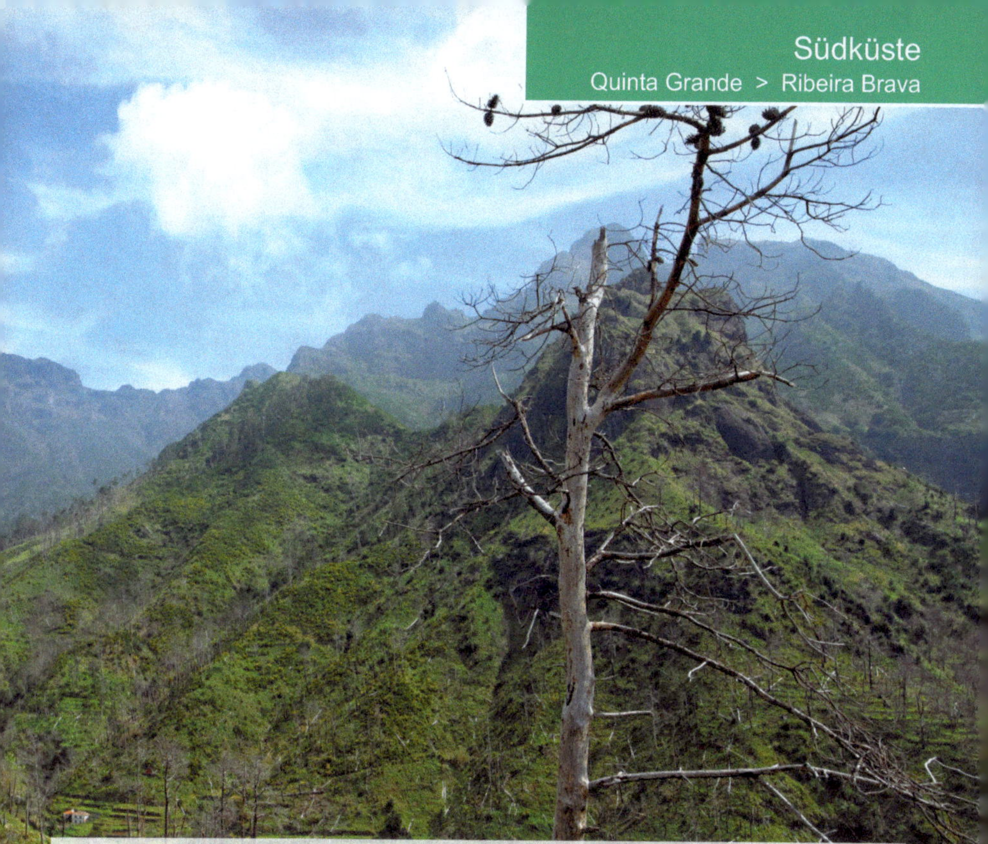

Miradouro do Sítio da Furna (62)

Das Bergpanorama auf dieser Straße ist einzigartig. Mal ist die Sicht uneingeschränkt und **Bergformationen erheben sich majestätisch empor** und mal fährt man ganz nah an den Felswänden vorbei, die einen fast erdrücken. Am Morgen sind sie von Nebelschwaden umhüllt und verbreiten eine unheimliche Atmosphäre. Hinter jeder Felswand zeigt sich ein anderes Panorama und man würde am liebsten überall anhalten und diese Momente mit der Kamera einfangen. Der Einfall der Sonne schafft immer neue Bilder. Je nördlicher man kommt, desto **terrassenförmiger** sind die Berghänge angelegt. Jede Terrasse hat eine andere blühende Faszination: Bananenstauden werden von der Last der Früchte fast erdrückt und Weinreben gedeihen an den sonnigen Südhängen. Knackig frisch und garantiert Bio ist das Obst, das die Bauern an ihren Ständen verkaufen. Die gesamte Straße bis zum Aussichtspunkt **Miradouro do Sítio da Furna** ist von blau blühenden Natternköpfen umgeben, die völlig zu Recht den Beinamen Madeiras Stolz tragen.

Den letzten Abschnitt bis zum Miradouro do Sítio da Furna muss man zu Fuß zurücklegen. Der Weg führt, zum Teil über Treppen, steil hinauf und wird bis zum späten Nachmittag von der Sonne verwöhnt. Der Aufstieg wird belohnt mit einer atemberaubenden Aussicht. Tipp: Grillgut mitnehmen, denn auf dem Plateau sind ein Grill und eine Spülmöglichkeit vorhanden. Unter den Strohschirmen lässt es sich selbst bei knallender Sonne gut aushalten.

Ponta do Sol

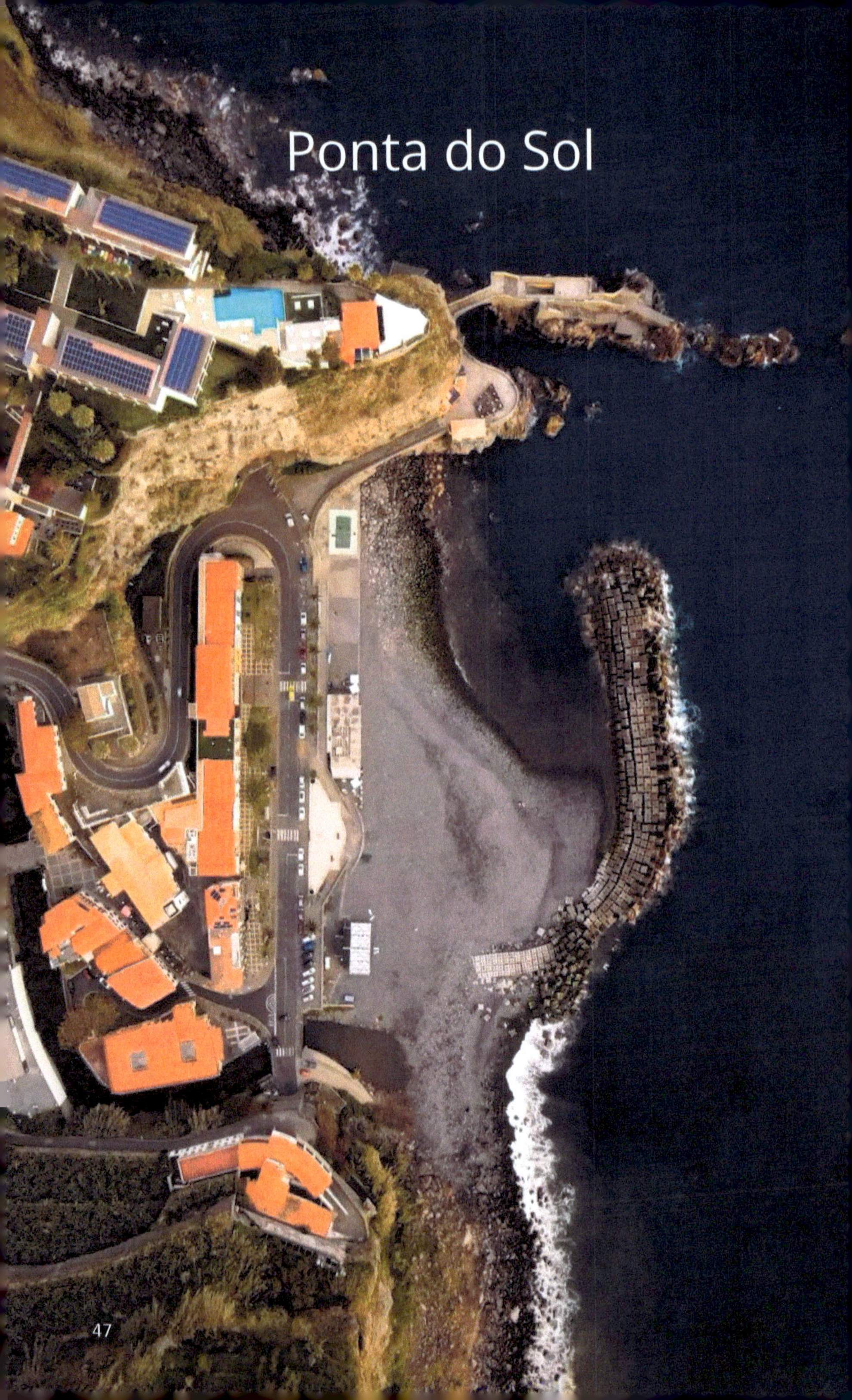

Tojo Pier (63) nennen die Insulaner den Aussichtspunkt Cais Ponta Sol in Ponta do Sol. Der Ingenieur Tibério Augusto Blanc kam 1848 auf die Idee, den Pier zu errichten und er wurde ein knappes Jahr später eröffnet. Im Laufe der Zeit wurde der Pier an beiden Seiten mit Plattformen erweitert. Das Besondere an diesem Bauwerk ist, dass nur regionale Baumaterialien, wie Basalt, Steine und Kiesel verbaut wurden. Bis Anfang des 19. Jahrhunderts legten hier noch Schiffe an. Sie brachten Passagiere, Lebensmittel und landwirtschaftliche Produkte nach Madeira. Die über zwei Felsvorsprünge gebaute Brücke ist ein beliebtes Fotomotiv. Sie erstrahlt am schönsten während der Mittagszeit, wenn das Wasser im Licht der Sonne türkisfarben schimmert.

Westlich von Cais Ponta do Sol aus führt ein Tunnel (ER101) zu einer kleinen **Steinbrücke** (64). Dahinter zeigt sich die Insel von ihrer schroffen Seite. Die Felsvorsprünge ragen über das Meer hinaus. Bei schönem Wetter genießt man hier eine atemberaubende Aussicht. Bei windigem Wetter zerschlagen unter einem die tosenden Wellen des Atlantiks. Am späten Nachmittag wird es hier menschenleer. Dann kann man die felsige und karge Gegend ganz in Ruhe erkunden und den Weg am **Wasserfall** (65) vorbei kraxeln. In jedem Fall sollte man ganz nach unten bis zum steinigen Strand gehen. Von hier hat man den schönsten Blick auf den Wasserfall. Der Wind weht hier an manchen Tagen sehr stark. Dann drückt der Atlantik die Wellen so fest an die Felsen, dass der komplette Strand im Wasser versinkt. Ganz anders, wenn die Sonne scheint: Dann erlebt man hier traumhafte Sonnenuntergänge und hat den Strand ganz für sich. Die Stille wird nur vom Rauschen des Meeres und vom Tosen des Wasserfalls gestört.

Besucher sollten nicht achtlos an den Felswänden vorbeigehen. Es lohnt sich, eine Rast einzulegen und die Felswände im Auge zu behalten. Wenn die Umgebung ruhig ist, dann strecken die Echsen neugierig ihre Köpfe hinaus. Sie observieren die Gegend und dann huschen sie hinaus. Sobald sie Geräusche wahrnehmen, verstecken sie sich in Büschen oder im Felsen. Besucher hören dann nur noch ein Rascheln im Gebüsch.

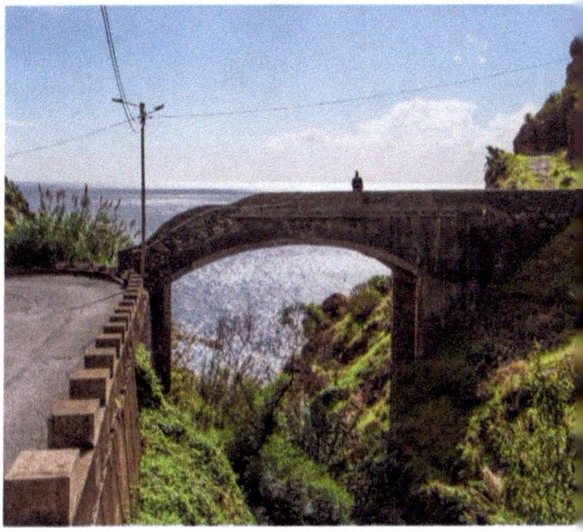

Die Restaurants in erster Strandreihe punkten mit schöner Aussicht und haben eine akzeptable Qualität. Wer jedoch richtig gut speisen möchte, dem sei **The Old Pharmacy** (66) empfohlen: Hinter der mit blauen Fliesen verkleideten Fassade verbirgt sich eine Mischung aus einem urgemütlichen Restaurant und einer wohlsortierten Vinothek. Die Tapas sind Weltklasse und die Brunch-Platten so vielfältig wie die Insel.

Das **Restaurant Steak & Sun** (67) bietet ausgezeichnetes Fleisch in stylischem Ambiente. Das Tomahawk-Steak mit Fleisch von den portugiesischen Azoren ist besonders zu empfehlen.

Das **Hotel Estalagem da Ponta do Sol** (68) besticht mit Pool, herausragendem Service sowie atemberaubenden Blicken auf Ponta do Sol und das weite blaue Meer.

Die **Villa Calhau by MHM** (69) ist exzellent gelegen und bietet 7 Betten in 4 Schlafzimmern. Durch ihre großen Fenster und moderne Einrichtung fühlt man sich hier sehr wohl.

Einfach spektakulär

PR 7 Levada do Moinho - Levada Nova (70)

Dieser **Rundwanderweg** besteht aus dem Hinweg über die Levada do Moinho und dem Rückweg über die Levada Nova. Das Besondere an dieser Route ist das **Panorama** und der **spektakuläre Wasserfall**. Kaum ein anderer Wanderweg abseits der Küste bietet solch eine spektakuläre Aussicht auf den Atlantik.

Ein optimaler Ausgangspunkt für die Wanderung ist die **Kirche von Lombada**. Hier kann man einfach am Straßenrand parken. Eine **wetterfeste Jacke** und eine **Taschenlampe** gehören ins Wandergepäck. Hier oben sind es ein paar Grad kälter als unten im Tal und der Nebel ist ziemlich feucht. Ein kleiner Teil des Weges führt durch einen **dunklen Tunnel**.

Der Weg über die Levada Nova ist an manchen Passagen eine Herausforderung. Er verläuft an vielen Stellen unbefestigt und ganz nah an meterhohen Abhängen vorbei. Wanderer mit Höhenangst haben an diesem Weg sicherlich keine Freude. Wer die Höhe dagegen nicht scheut, der wird an allen Ecken mit **malerischen Aussichten** belohnt. Hier wartet eine Idylle, die die gesamte Pflanzenwelt Madeiras vereint. Selbst das Ackerland zeigt sich im Frühjahr von seiner blühenden Seite. Die Kamera darf man auf keinen Fall vergessen, da man von hier oben einen atemberaubenden Blick auf Ponta do Sol hat.

Ein weiterer Höhepunkt ist der **Moinho Wasserfall**, den man durch einen tunnelartigen Vorsprung durchwandern kann. Wer kraxelt, kann den Wasserfall aus sämtlichen Perspektiven betrachten.

⏱	4 h
⟷	8,5 km
∿	mittel

www.rebrand.ly/Wmoinho

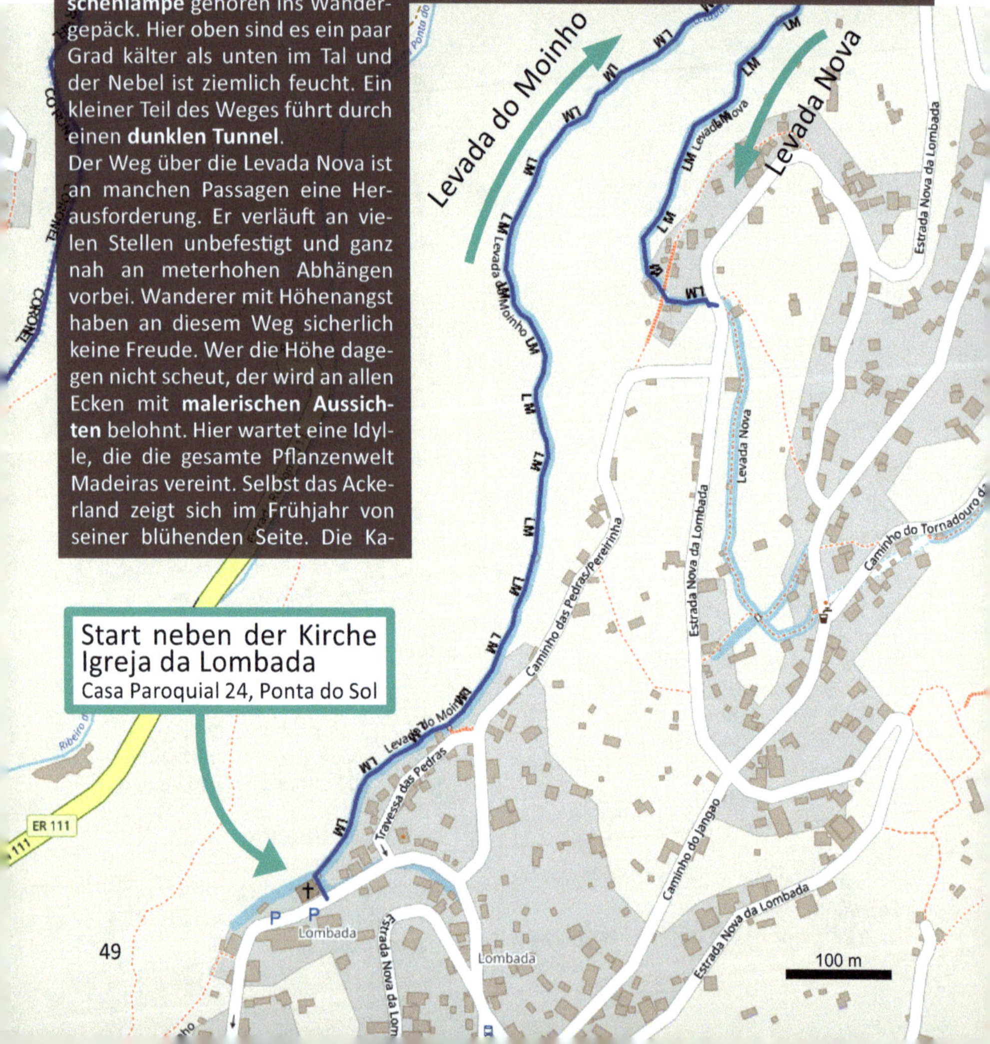

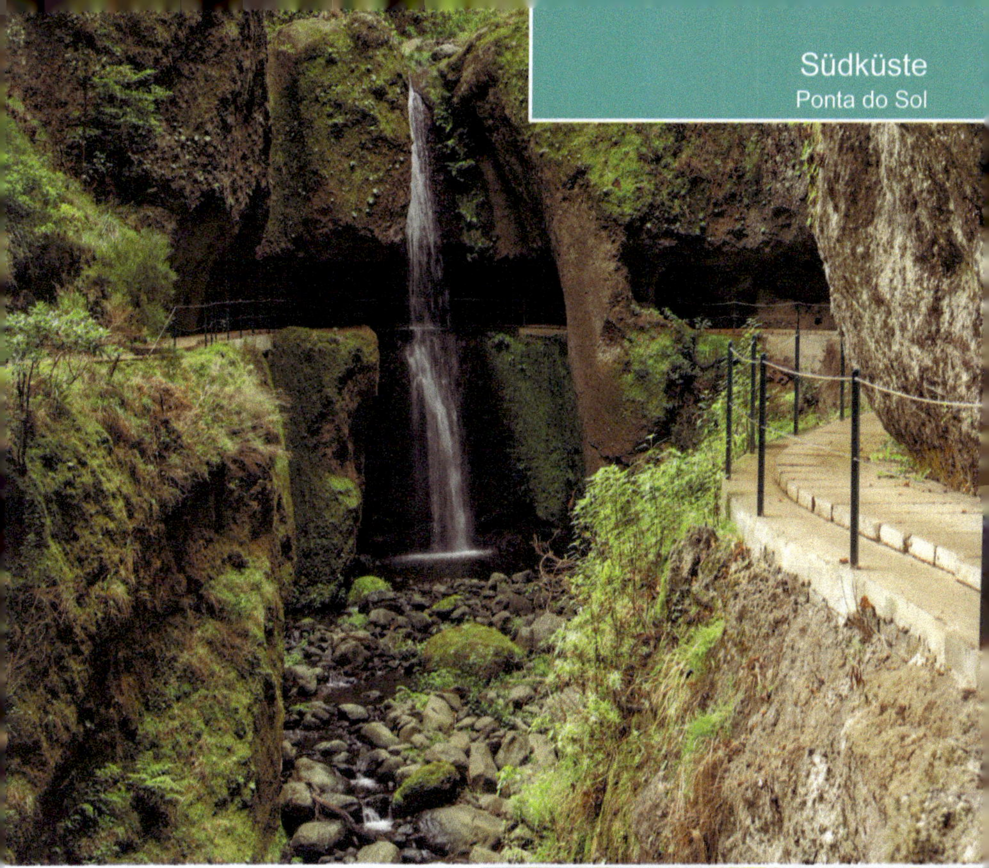

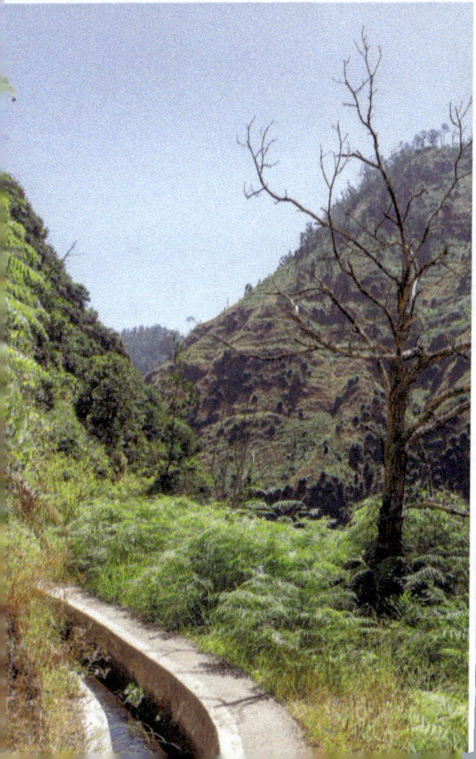

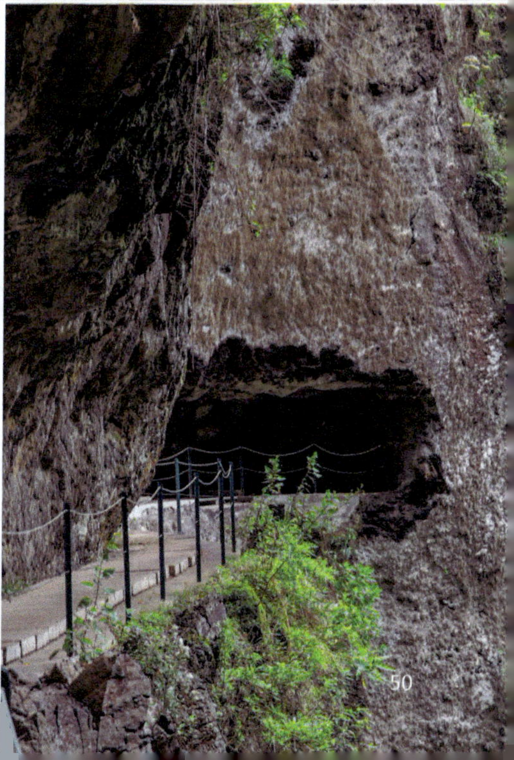

Zwischen Ponta do Sol und Calheta

Anjos Wasserfall (71)

Der Anjos Waterfall ist nicht der schönste, aber der ungewöhnlichste Wasserfall der Insel. Das Wasser schießt aus einem Felsen hinaus direkt auf die alte Küstenstraße. An manchen Tagen still wie ein Rinnsal und dann tosend und lärmend, als müsse man den Atlantik mit Wasser versorgen. Vorsicht: Die Straße ist noch befahrbar, aber in einem schlechten Zustand. Außerdem kann es vorkommen, dass Leute angehalten haben, um Bilder zu machen.

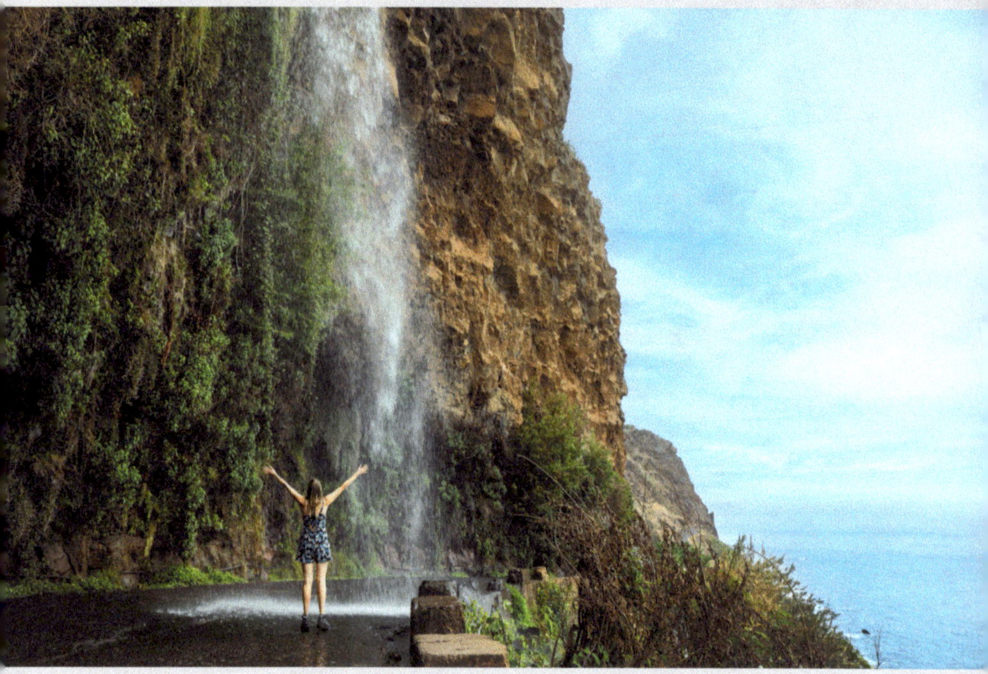

Zion Project (72)

Noch ist das Zion Project ein echter Insider-Tipp. Die Bar mit perfekt gemixten Cocktails und gutem Essen liegt an einem steinigen Strand, den man über Treppen erreichen kann. Tagsüber treffen sich hier Insulaner und Touristen zum Sonnen und Baden. Inselkenner kommen am späten Nachmittag hierher und sichern sich ein Plätzchen in der gleichnamigen Bar, um bei einem kühlen Drink und relaxter Musik den unbeschreiblichen Sonnenuntergang zu begleiten. Immer wieder wird den Gästen des Zion Projects von DJs eingeheizt. www.facebook.com/thezionpontadosol/

Panoramastraße E222 (73)

Westlich von Ribeira Brava beginnt die knapp 50 Kilometer lange Panoramastraße E222 und verläuft bis nach Prazeres. Auf den ersten Kilometern genießt man einen traumhaften Blick auf das Meer. Hinter Ponta Do Sol führt die Straße weiter in die Berge hinein und wird kurvenreicher und enger. Der Aussichtspunkt Miradouro Trigo de Negreiros ou Moledos besticht mit einer paradiesischen Aussicht. Eine Jacke sollte man im Gepäck haben, denn hier oben ist es ein paar Grad kälter und der Wind kann auffrischen. Ab Gelar versteht man, warum Madeira den Beinamen Blumeninsel trägt. Blühender Oleander wächst überall am Straßenrand. Die letzten Kilometer vor Prazeres glaubt man im Dschungel zu sein. Entlang der Straße ist alles dicht bewachsen und bunte Schmetterlinge fliegen umher.

Die Straße ist landschaftlich vielfältig. Es gibt eine ganze Reihe Aussichtspunkte und Picknick-Möglichkeiten. Das schönste Panorama erlebt man am Abend, wenn die Sonne wie ein glutroter Ball langsam im Meer versinkt und Bussarde ihre Runden über die Steilküste drehen.

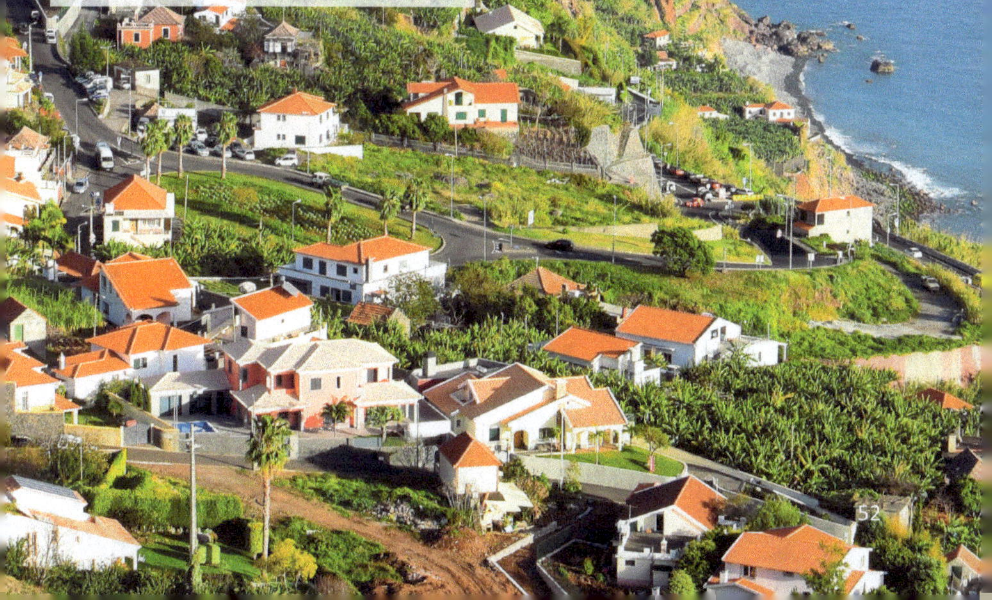

Rota da Banana (74)

Die Rota da Banana ist ein ungewöhnlicher Spaziergang. Man kann sich einfach nicht sattsehen an den **unzähligen Bananenbäumen**. Am südlichen Ortseingang von Madalena do Mar führt ein kleiner Weg ab. Danach ist man in einer anderen Welt angekommen. An manchen Stellen wird es finster, obwohl die Sonne scheint. Die **riesigen Blätter** der Bananenbäume wachsen in Schichten übereinander und überdecken die Wege wie eine Art **natürlicher Tunnel**. Zeitweise hat man das Gefühl, im tiefsten Regenwald am Amazonas zu sein. Die Bananenbäume sind so hoch und die Bananen daran so reichlich, dass manche von ihnen mit Holzgestellen gestützt werden müssen.

Die Wanderroute ist bei Touristen noch **weitgehend unbekannt**. Sie wurde erst 2019 offiziell eröffnet, mit dem Ziel, die schmackhaften kleinen Madeira-Bananen in den Mittelpunkt zu stellen.

Die Wanderung kann man wunderbar mit einem Besuch von Praia da Madalena do Mar kombinieren. Nach einem ausgedehnten Spaziergang ist ein **Bad im rauen Atlantik** eine wohltuende Abkühlung. Der steinige Strand ist ideal zum Verweilen und selbst an heißen Tagen nicht überlaufen. Ein langer Steg führt vom Ufer aus direkt ins tiefere Wasser hinein. Von Praia da Madalena do Mar führt der Rückweg direkt an der Küste entlang und teilweise über die umgebaute Promenade zurück zum Ausgangspunkt.

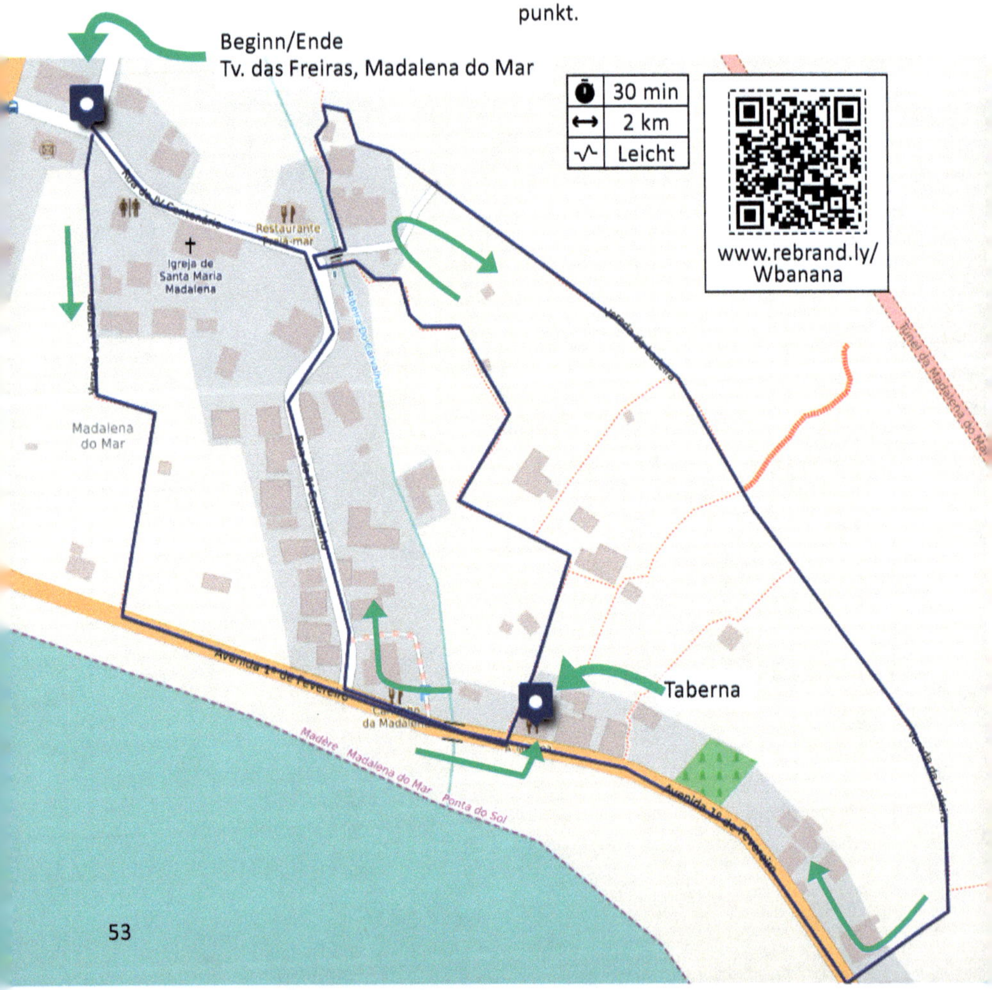

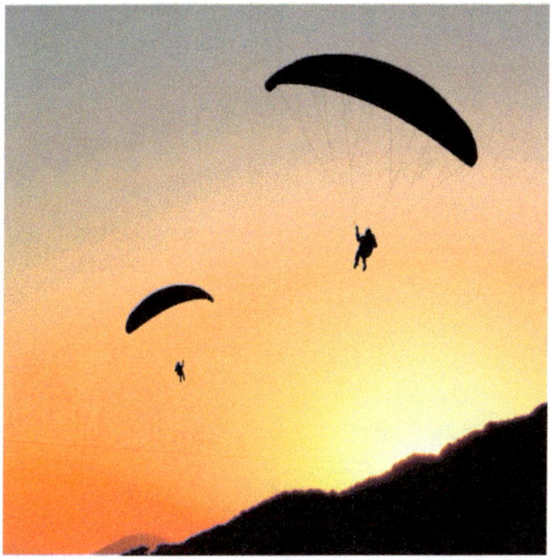

Madeira Paragliding (76)

Wer Madeira aus der Vogelperspektive entdecken will, der kann mit einem Gleitschirm über die wunderschöne Inselwelt dahin schweben. Madeira Paragliding bietet Tandemflüge für alle Altersklassen an. Geflogen wird an 365 Tagen im Jahr, wenn die Windverhältnisse es zulassen.
www.madeira-paragliding.com

Casa de Pedra (77)

Die Meeresfrüchte kommen im Casa de Pedra direkt vom Kutter in die Pfanne. Wer Fisch präferiert, der kann sich von der am Tisch präsentierten Ware etwas aussuchen. Der knackfrische Salat mit gegrillten Shrimps ist ein Gaumenschmaus. Am Abend gibt es traumhafte Sonnenuntergänge gratis dazu.
www.bar-casadepedra.com

Praia da Madalena do Mar (75)

Der steinige Strand nördlich von Madalena do Mar ist eine beliebte Anlaufstelle für Küstenwanderer. Ein Steg führt über den Uferstreifen ins Wasser hinein. Direkt an den kleinen Steinstrand grenzt die Uferpromenade von Madalena do Mar an. Hier findet man urige Restaurants, die ausgezeichnete Fischgerichte servieren.

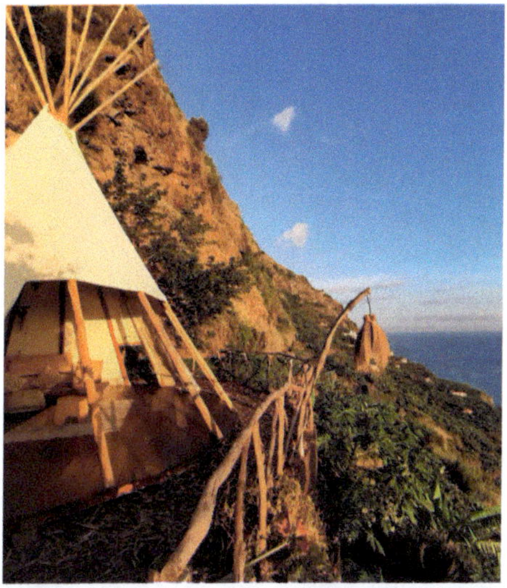

Unterkünfte

Glamping Canto das Fontes (78)

Der Natur so nah

Der Natur so nah wie beim Zelten und trotzdem ein hoher Komfort? Glamping ist die Lösung und einer der Reisetrends der letzten Jahre. Gleich drei Zelte verschiedener Größen bietet Glamping Canto das Fontes. Alle liegen direkt an der Steilküste mit atemberaubendem Blick aufs Meer.
www.cantodasfontes.pt

Escapra - The Madeira Hideaway (79)
In unmittelbarer Nähe des Wasserfalls Anjos findet sich das Hotel Escapara, das mit stilsicher eingerichteten Zimmern/Appartments auftrumpft. Zwei Appartments haben sogar jeweils einen privaten Infinity-Pool! Das Frühstück ist ein Traum und sehr abwechslungsreich.

Calheta

Levada da Rocha Vermelha (80)

Die Levada da Rocha Vermelha darf auch heute noch als ein wahrer Geheimtipp bezeichnet werden, denn die unterste der vier Levadas in Rabacal wurde bislang noch nicht von den Massen entdeckt. Ein Grund dafür könnte allerdings sein, dass nicht jeder Lust hat, den steilen Anstieg vom Parkplatz im Rabacal, dem Beginn der Wanderung, auf sich zu nehmen.

⏱	5 h
⟷	14,3 km
√	mittel

https://rebrand.ly/Wvermelha

MUDAS (81)

Das MUDAS, so nennt sich das Museum für moderne Kunst auf Madeira selbst, ist gleich aus mehreren Gründen einen Besuch wert. Selbst, wer der zeitgenössischen portugiesischen Kunst nichts abgewinnen kann, sollte wegen der Lage, der beeindruckenden Architektur und nicht zuletzt wegen des erstklassigen Museumscafés, das mit einem beeindruckenden Blick über den unverbauten Atlantik lockt, einen Besuch in Erwägung ziehen. An regnerischen Tagen ist das MUDAS eine willkommene Alternative.
Offen Di-So, 10-17 Uhr.

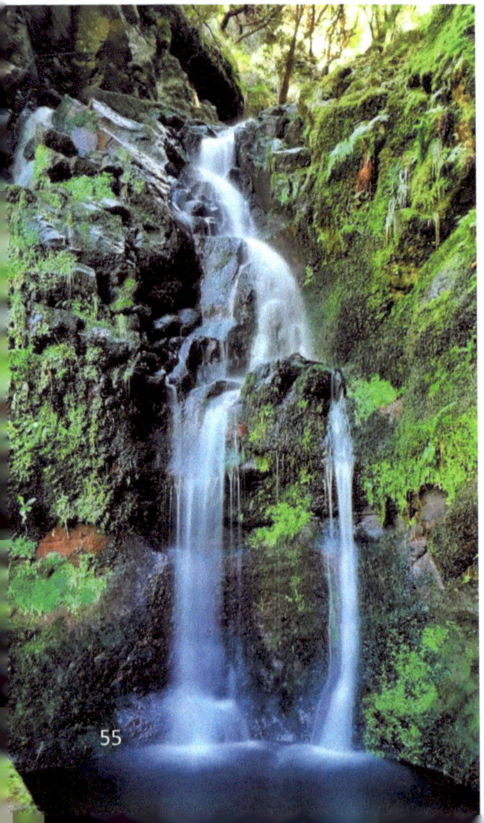

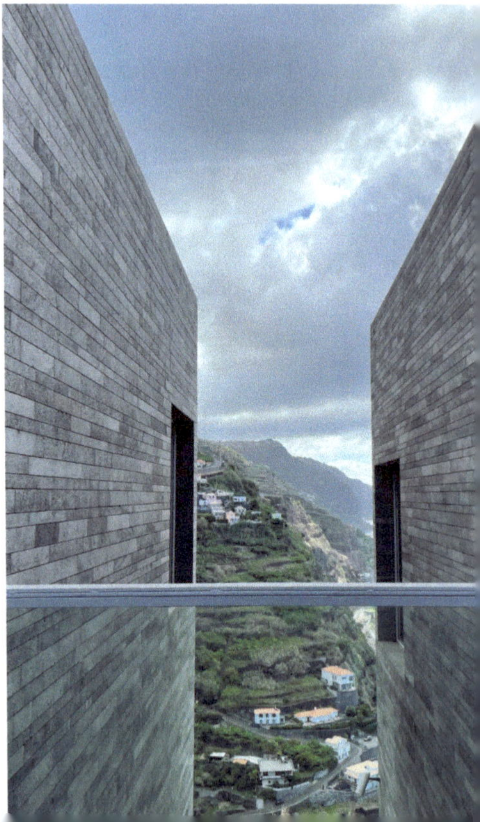

Bars und Restaurants

Matylda's Bar (82)
Etwas weiter in den Bergen findet sich die malerische Hausbar von Matylda. Hier ist die Zeit stehen geblieben und man fühlt sich bei einem Besuch sofort wohl. Denn Matylda, die hinter einem alten Kaufmannstresen sitzt, ist eine herzliche Person und begrüßt jeden Gast persönlich. Sie mixt die besten Ponchas auf Madeira und ein paar Erdnüsse gibt es dazu. Ein echter Insider-Tipp und perfekt, um nach einer Levadawanderung Rast zu machen.

Pizzeria Naye (83)
In der Pizzeria Naye werden italienische Spezialitäten im Stil einer Osteria serviert. Auch die Pasta ist eine Wucht. Der Nachtisch mit Schokoladen-Notenschlüsseln ist so anmutig wie eine Symphonie. Auch Veganer/innen kommen hier auf ihre Kosten!

Manifattura di gelato (84)
Der Name ist etwas irreführend, denn der Name suggeriert eine normale Eisdiele. Aber neben dem hervorragenden selbstgemachten Eis gibt es hier alles, was das Schlemmerherz begehrt: Der Kaffee, die Pizzen, die Pasta, selbst die Cocktails sind auf einem sehr hohen Niveau.

As Fontes do Horácio (85)
Das Restaurant As Fontes do Horácio ist die Adresse für den typisch madeirianischen Fleischspieß Espetadas. Der meterhohe Standspieß wird auf dem Tisch angerichtet. Eine Gaumenfreude ist auch der geschmorte Tintenfisch, der hier traditionell mit Gemüse und Kartoffeln serviert wird.

Unterkünfte

Savoy Saccharum (86)
Von Außen leider keine Augenweide, von Innen absoluter Wohlfühlfaktor: Viel Glas und ausgewählte Möbel in dunklen Farben erinnern an die Natur Madeiras. Zimmer sind geräumig, modern – Meerblick lohnt sich! 7 Bars/Restaurants. Mehrere Pools. Umfangreiches Frühstück schon ab 07.00 Uhr: Perfekt für frühe Wanderungen! Rooftop-Pool/Bar laden zum Entspannen mit Blick über das Meer und die Küste ein. SPA muss extra gebucht werden. Viele Workshops im Angebot (Genuss, Sport, Natur, Entspannung). Strandbar mit Liegen. Super kinderfreundlich: Innenpool und Spielzimmer. Einzig die Qualität des Abendessens schwankt. Alternativen fußläufig.

Socalco Nature Hotel (87)
Mit diesem Hotel hat sich der inselbekannte Koch Octávio Freitas einen Traum erfüllt. Weiter oben in den Hängen ist das Hotel teilweise so in die Felsen gebaut und von Weinreben umgeben, dass es sich nur durch die braun umrandeten Fenster enttarnt. Die Zimmer sind äußerst schön im minimalistischen Stil mit Pastellfarben, viel Holz und Liebe zum Detail eingerichtet. Kleiner Pool vorhanden. Restaurant hat eine feine Küche und ist unbedingt zu empfehlen! Wegen Hanglage super Aussicht auf den Sonnenuntergang, aber auch viele Stufen.

Boutique Suites Les Terrasses (88)
Nur vier Suiten hat dieses kleine Boutique-Hotel. Entsprechend persönlich ist der Aufenthalt. Die zwei Besitzer Jorge und Gabriel beweisen Geschmack sowohl bei der Einrichtung, als auch bei der Auswahl der Frühstückskomponenten. Es kann Gold wert sein, wenn die beiden Ausflugstipps geben! Kleiner Pool mit schicker Terrasse. Abendessen buchbar.

Google-Maps
Westküste

S. 159-162

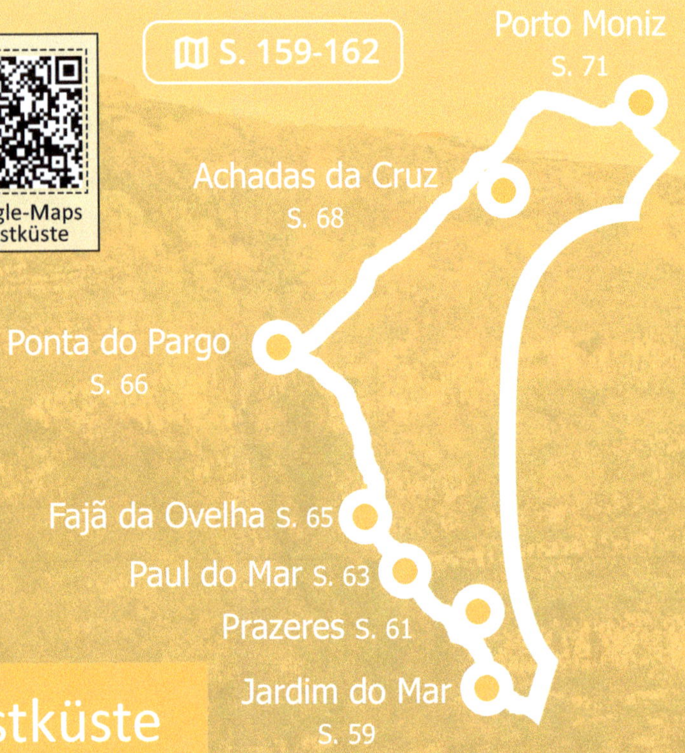

Westküste

Der Westen Madeiras ist voller unberührter Paradiese. Hier zeigt die Natur ihre Schönheit in voller Bandbreite. Überall wachsen Bananenbäume und hinter den idyllischen Landhäusern gedeihen die Reben der Malvasiatraube. Nirgendwo schimmert der Atlantik in solch einem Saphirblau wie im Westen Madeiras.

Die Zeit ist stehen geblieben
Schon Winston Churchill war vom Westen Madeiras geradezu fasziniert. Er würde es auch heute noch sein, denn der Inselwesten hat seine Ursprünglichkeit bewahrt. Verändert hat sich nicht viel und die wahren Schönheiten, wie der Aussichtspunkt **Miradouro do Ponta da Ladeira** sind noch genau so anziehend wie vor über 70 Jahren. Auch das Wasser am **Miradouro da Garganta Funda** rauscht noch immer mit voller Wucht in die Tiefe. Fährt man durch urige Dörfer, dann wird man in längst vergessene Zeiten versetzt.

Sonnenverwöhnt, bizarr, wenig touristisch
Die Insulaner sind überzeugt, dass die Sonne im Westen Madeiras heller scheint und die Tage lichterfüllter sind. Tatsächlich scheint die Sonne an der Westküste viel länger als in allen anderen Inselgebieten. Verständlich, dass hier an jeder Ecke Weinreben sprießen. Der edle Madeirawein und die Sonne harmonieren ausgezeichnet miteinander. Grund genug, die dramatischen Sonnenuntergänge bei einem Glas Wein zu genießen. Das geht fast überall an der Westküste, denn es gibt zahlreiche Aussichtsplateaus und Picknick-

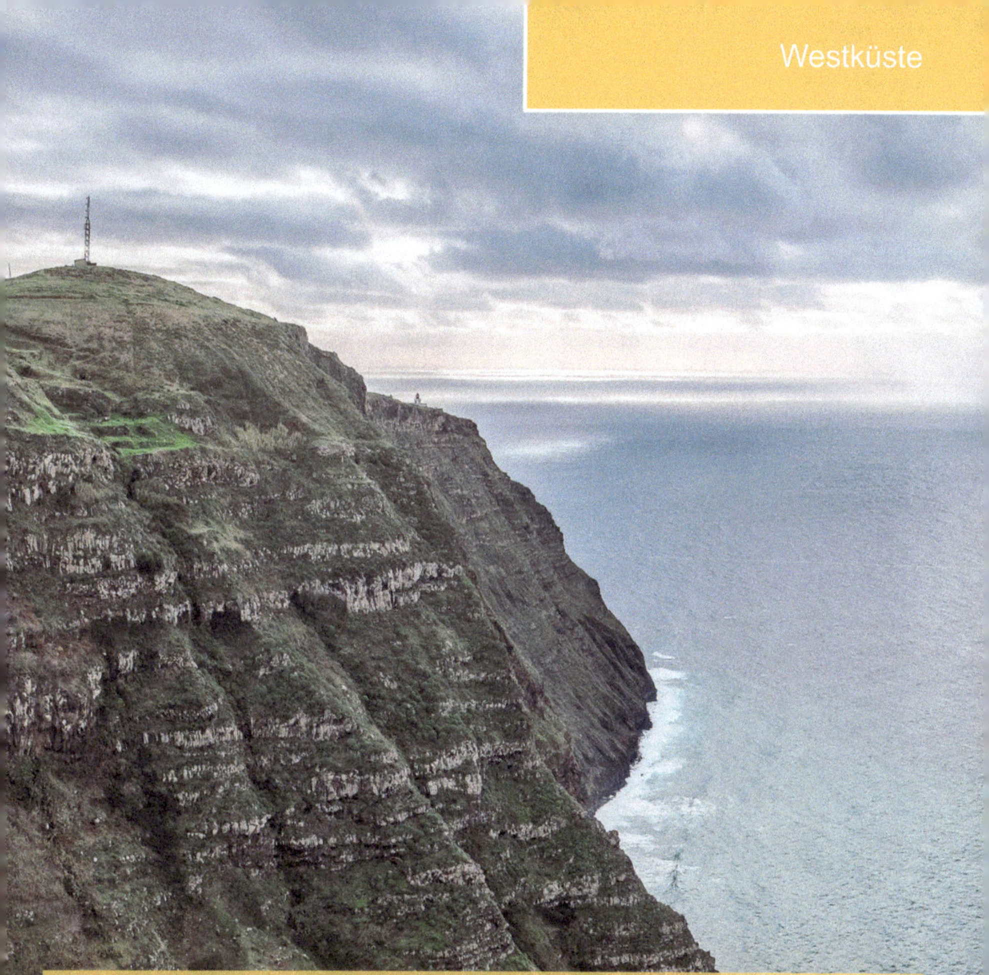

plätze oberhalb der Klippen. Für alle Aussichtspunkte gilt, dass man sie zigmal besuchen kann und immer ein anderes Panorama präsentiert bekommt. Im Herbst liegt oft Nebel über den Hügeln und es herrscht eine mystische, fast unheimliche Atmosphäre. Im Hochsommer brennt sie Sonne vom Himmel herunter und der Lichteinfall wird an den vorstehenden Klippen gebrochen.

Saftige Espetada und schmackhafte Lapas

Kulinarisch punktet der Westen Madeiras mit einer traditionellen Gastronomie, die man in keinem Reiseführer findet. Jedes Bergdorf hat einen gesellschaftlichen Treffpunkt, für den Social Media ein Fremdwort ist. Hier steht noch die Oma hinter dem Herd, die Kundschaft findet auch ohne Posts bei Instagram hierher und es gibt auch keine feste Speisekarte. Nur Geschmack, Qualität und Tradition überzeugen. So wie die Bäckerei Panoeste bei Fajã Da Ovelha, die unscheinbar an der E222 liegt und die besten Queijadas der Region herstellt. Urgemütlich ist es auch im Pedravista in Ribeira Da Vaca, wo die Einheimischen bei einer Tasse Kaffee über die Siege von Sporting Lissabon diskutieren und unheimlich stolz sind auf Ronaldo. Für traumhafte Sonnenuntergänge, blühende Strelitzien, und leckerer Espada steht für das Casa de Chá O Fio in Ponta do Pargo.

Jardim do Mar

Jardim do Mar glänzt mit einem ganz besonderen Flair, denn Autos müssen draußen bleiben! Am Ortsrand gibt es einen Parkplatz (auf Karte markiert) und ab hier ist man auf seine Füße angewiesen. Enge Gassen und viele Stufen können schnell zu einem Irrgarten werden. Der Ortskern ist gepflegt wie kaum ein anderer Ort auf Madeira, die meisten Häuser strahlen frisch renoviert. Die Mosaike, die viele der Straßen und Gassen zieren, geben dem Ort seine Schönheit und strahlen Ruhe und Zeitlosigkeit aus.

Die Anreise ist von Osten aus über die E223 zu empfehlen, da hier ein schöner Panoramablick über die Lage der hellen Häuser geboten wird (Miradouro Jardim do Mar). Von Westen führt nur ein langer gerader eintöniger Tunnel direkt zum Ort.

Jardim do Mar gehört zu den beliebtesten Surfspots der Insel und so kann man schon in der morgendlichen Frühe die ersten Surfer auf dem Wasser beobachten. Entweder man genießt die Ruhe und Lässigkeit des Ortes oder man bucht sich eine Surfstunde und steigt selbst aufs Board.

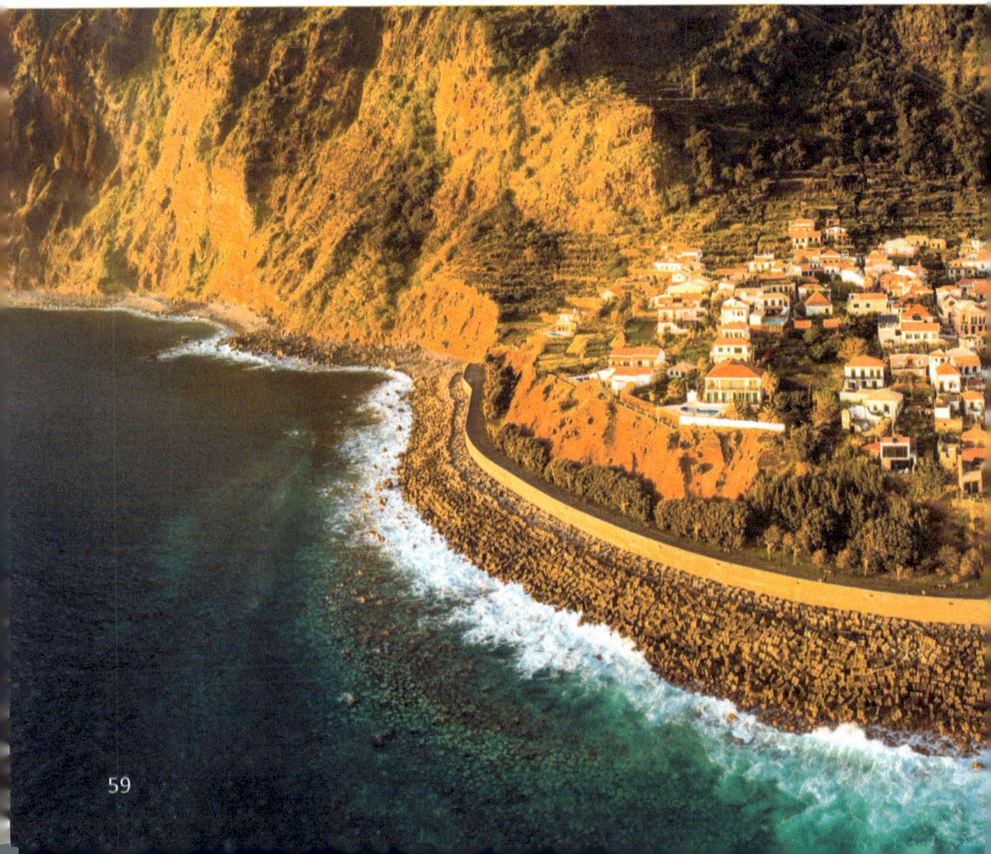

Bars und Restaurants

Restaurant Portinho (89)
Im Café Portinho findet man auf einer der Terrassen einen schönen gepflegten Platz, von dem man traumhafte Sonnenuntergänge erleben kann. Es ist die beste Adresse im Westen Madeiras, um gegrillte oder panierte Meeresfrüchte zu genießen. Die Napfschnecken sind eine Wucht und der gegrillte Tintenfisch ein kulinarischer Traum.

Joe's Bar (90)
Joe's Bar ist eine Mischung aus einer Seemannsspelunke und einem irischen Pub. Schalentiere, Fleisch und Fisch dominieren die Speisekarte. Der klassische Degenfisch Espada kommt hier fangfrisch in die Pfanne und sorgt in Kombination mit einer eisgekühlten Poncha oder einem frischen Maracujasaft für pures Urlauberglück. In Joe's Bar trifft man auch noch auf Einheimische, die Joes Hauswein im idyllischen grünen Garten genießen. Wer die Kneipenatmosphäre in vollen Zügen genießen will, findet zwei Billiardtische.

Unterkünfte

Woodlovers (91)
Die zwei Holzkubi mit einem aus Vulkangestein sind stylisch. Bei der Ankunft fällt einem gleich der kleine Garten mit selbst angebautem Gemüse und Früchten auf. Die drei Appartments sind modern, teils mit gar flippigen Accessoires ausgestattet. Sehr hell und sauber. Neben privaten Terrassen, die nur den einzelnen Appartments zur Verfügung stehen, gibt es einen gemeinsamen Pool-, Grill- und Chillout-Bereich. Im Winter kann der Pool gegen einen Aufpreis geheizt werden.

Slice of Heaven (92)
Slice of Heaven bietet ein Appartment und eine Hütte ("Romantic Seaside Cottage"). Wer Luxus sucht, ist hier falsch: Beide Angebote sind eher einfach eingerichtet, bieten aber Geräumigkeit, Sauberkeit und Gemütlichkeit. Die Terrassen laden zum Verweilen und Grillen ein. Wer hier schläft kann, sich vorstellen, für immer hierher zu ziehen. Allerdings ist Mindestaufenthalt von vier Tagen gegeben.

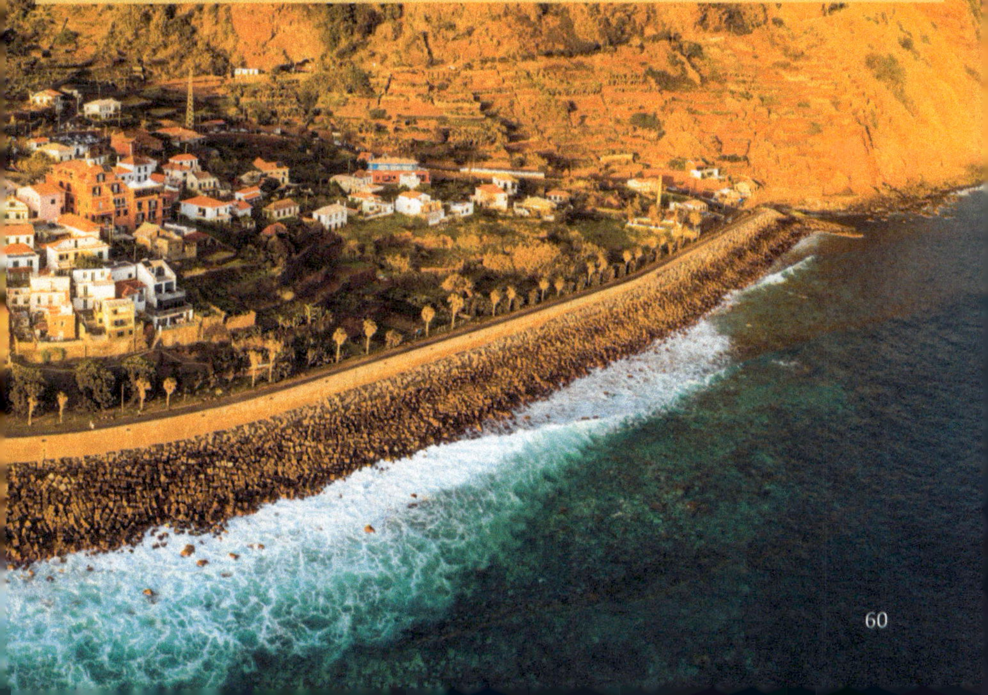

Prazeres

Quinta Pedagógica (93)

Im Quinta Pedagógica (dt. Pädagogischer Bauernhof) gibt es nicht nur für Kinder viel zu entdecken: Auf einem Lehrpfad wird einem die heimische Botanik näher gebracht. Im kleinen Zoo können Bauernhoftiere (Pfau, Kuh, Lama, Hühner,...) hautnah erlebt und gefüttert werden. Während die Eltern im Teehaus einen hervorragenden Kuchen genießen, könnnen sich die Kleinen auf dem Spielplatz austoben. Die handgemachten Liköre und Marmeladen sind der Hit und ein perfektes Mitbringsel.

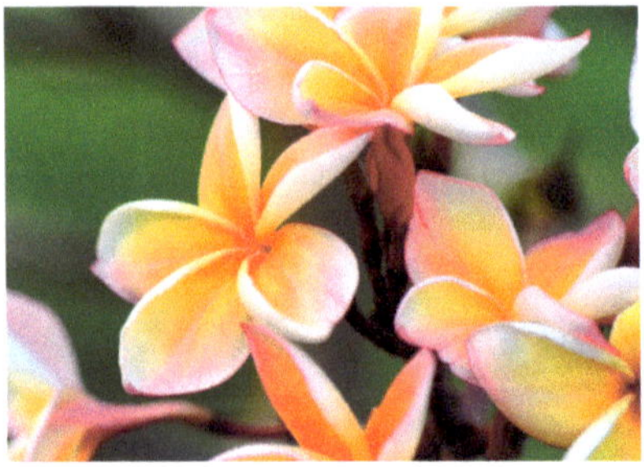

Bikulture (95)

In Sachen Fahrradfahren und Mountainbiking sind Joselino Sanchez und Jérémy Frotey die Ansprechpartner auf der Insel. Wer den kleinen Fahrradladen mit Werkstatt in Prazeres betritt, der wird sofort von der fröhlichen Stimmung der beiden angesteckt. Sie reparieren Fahrräder, bieten erstklassige Räder zum Mieten an und nehmen Urlauber mit auf geführte Touren. Joe Cycles ist noch ein echter Geheimtipp. Mountainbiker können über Joe Cycles einen Themen-Urlaub buchen, bei dem sich alles ums Mountainbiking dreht.

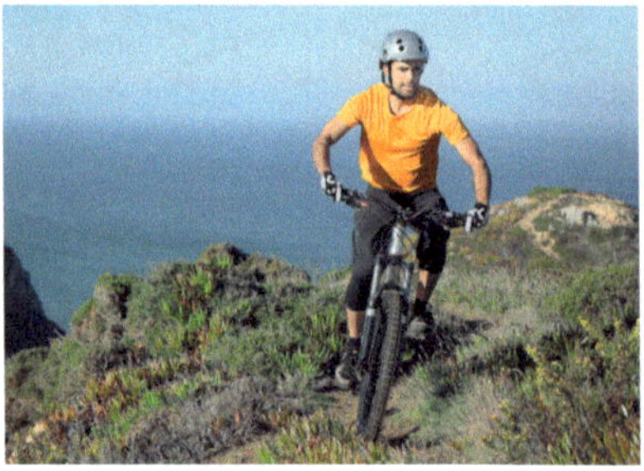

XS Cafe (94)

Super guter Kaffee

Wer in diesem schnuckeligen kleinen Cafe in die Auslage blickt, wird nicht drum herum kommen, einen handgemachten Apfelkuchen mit hausgemachtem Eis, eine Pastel de Nata oder eine Auswahl der kleinen Leckerbissen zu bestellen. Der Kaffee wird als einer der besten der Insel gehandelt. Lokale Craft Biere löschen den Durst nach etwas Erfrischendem.

Restaraunt Manjerico (96)

Der Restaurantname auf typisch portugiesischen Fliesen an einem alten Steinhaus verspricht Tradition und regionale Küche. Und genau das findet man im Restaurant Manjerico. Das Kochen, der Service, die Organisation - alles wird vom Besitzerehepaar mit großer Passion persönlich gemacht. Leider keine Spontanbesuche und Reservierung erst ab 4 Pers. möglich.

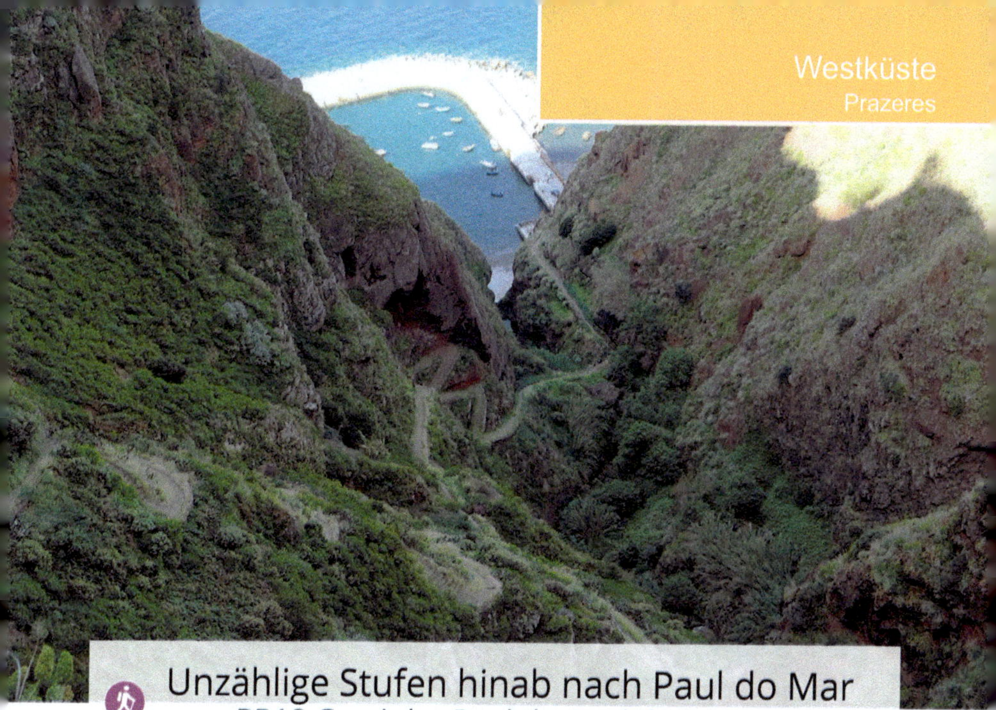

Unzählige Stufen hinab nach Paul do Mar
PR19 Caminho Real do Paul do Mar (97)

Wer sich für diesen Wanderweg entscheidet, der darf sich auf aufregende Momente freuen. Nicht nur die Aussicht ist atemberaubend, auch die steilen Abhänge lassen den Adrenalinspiegel steigen. Der Weg an sich ist gerade mal zwei Kilometer lang und man überwindet 550 Höhenmeter. Unvorstellbar, dass die Menschen hier früher unsagbar schwere Lasten hinauf- und hinuntertrugen. Der historische Pfad ist identisch mit dem heutigen Wanderweg und er führt im Zickzack durch die steilen Hänge. Dazwischen liegen terrassenartige Parzellen und verträumte Bauernhäuser. Die Parzellen sind reichlich bepflanzt mit Bohnen, Weintrauben, Kartoffeln und Getreide aller Art. Doch viel interessanter sind die Wildpflanzen entlang des Weges, wie der Zuckerbusch, den wir in Deutschland nur als schwer zu züchtende Kübelpflanze kennen.

Teile des Weges sind vor Jahrzehnten treppenartig angelegt worden. Das Pflaster ist aber an vielen Stellen mit Bodenpflanzen bewachsen und an Regentagen sehr rutschig. Ein Wanderstock gehört ins Gepäck und man sollte sich nicht auf den Schutz der wenigen Geländer und Absperrungen verlassen, denn die sind oft lose.

Die Steigungen sind extrem steil und der Aufstieg ist selbst für erfahrene Wanderer eine Herausforderung. Es ist ratsam, den Weg hinabzugehen und den Rückweg per Bus oder Taxi zurückzulegen. Der Parkplatz an der Caminho Lombo da Rocha ist ein idealer Ausgangspunkt für den Abstieg. Der Weg ist beschwerlich und nichts für Menschen mit Höhenangst. Wer es trotzdem wagt, der wird mit traumhaften Aussichten belohnt.

⏱	1,5 h
↔	1,8 km
∿	mittel

Visit Madeira Wanderungen

Paul do Mar

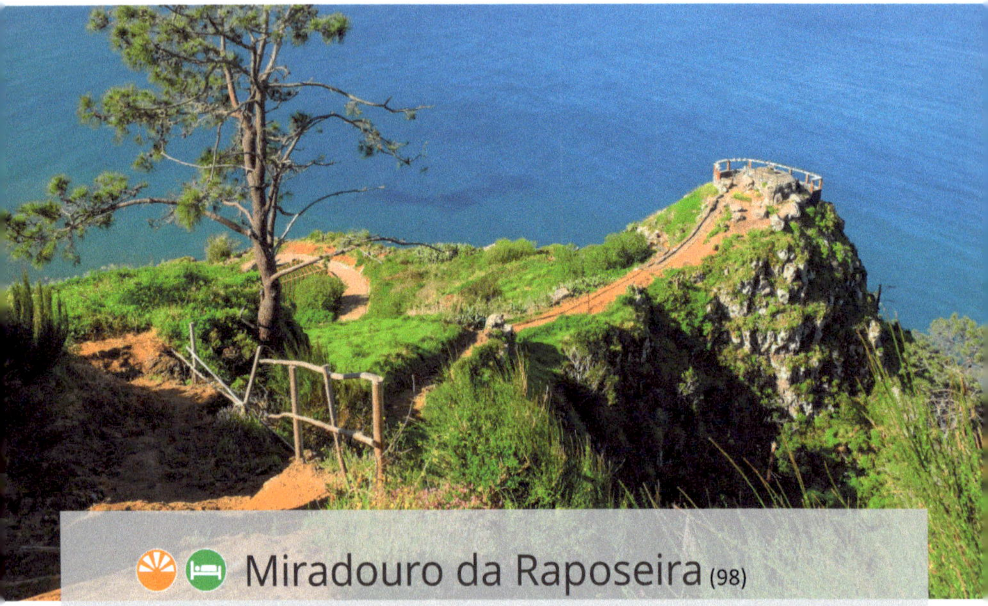

Miradouro da Raposeira (98)

Den wohl spektakulärsten Ausblick auf Paul do Mar bietet der Miradouro da Raposeira. Über einen kleinen Wanderweg erreicht man den auf einem Vorsprung gelegenen Platz. Durch seine exponierte Lage hat man eine tolle Aussicht. Entweder in der Kurve parken (3 Parkplätze) oder bei **Vi Naturae Glamping**. Die Glamping-Unterkunft wird im Laufe des Jahres 2023 frisch eröffnen und bietet diverse Globuszelte direkt an der Steilküste. Perfekt, um jeden Abend den Sonnenuntergang zu genießen. Einen Pool gibt es ebenfalls.

Wasserfall (99)

Den schönsten Blick auf den Wasserfall von Paul do Mar genießt man vom Meer aus. An sonnigen Tagen rinnt das Wasser nur an den Felswänden dahin. **Je länger es regnet, desto imposanter** wird der Wasserfall. Wer die anstrengende Wanderung (PR19, vorherige Seite) wagt, wird mit einem kleinen Abenteuer belohnt. Im Hafen steht die **Statue O Homem do Mar**. Der nackte Mann erinnert an die Fischer von Paul do Mar, die früher die Boote nackt an Land zogen. Der **Zugang war damals nur vom Wasser** aus möglich.

Unterkünfte

Da Paul do Mar ein kleines Fischerdörfchen ist, das sich eher für einen Tagesausflug eignet, gibt es nur begrenzt empfehlenswerte Unterkünfte. Die zwei großen Villen **"SeaPearl"** (100) und **"Villa Almond"**(101) sind mit ihren 3 bzw. 4 Schlafzimmern gut für Familien geeignet. Wer zu zweit unterwegs ist, findet in **"The Docks Villas"** (102)ein schickes Appartment in unmittelbarer Wassernähe.

Restaurants

Im Fischerdörfchen gehört Fisch auf den Tisch. Und nirgends bekommt man ihn hier besser serviert als bei **Sabor aMar** (103). Frisch aus dem Meer direkt auf den Grill. Besser geht es nicht. Unbedingt nach dem Fisch des Tages fragen und beraten lassen, denn der Service ist sehr gut geschult. Die Plätze auf der Terrasse bieten einen hervorragenden Blick.

Das **O Ideal** (104) sieht zwar aus wie ein Baggerseekiosk, ist aber ein echter Tipp! Der portugisisch-stämmige Südafrikaner weiß mit bestem Preis-Leistungs-Verhältnis zu begeistern. Das Prego Especial (typisch madeirianisches Sandwich) sollte unbedingt als Vorspeise bestellt werden, als Hauptspeise diverse hervorragende Meeresfrüchte und Fisch.

Kaum zu übersehen ist die **Bar de Pedra** und der direkt angrenzende **Maktup Pub** (105): Die bunten Häuser begeistern mit Surferflair und Raggaevibes. Auch wenn die beiden nicht zusammengehören, sind sie sich recht ähnlich: Besucher sitzen auf Terrassen und genießen bei guten Getränken den Sonnenuntergang. In der Bar de Pedra kann man besser Essen, der Maktup Pub weiß mit sehr guten Cocktails und kaltem Bier aufzutrumpfen.

Yoga Lena do Mar (106)

Yoga in dieser Kulisse zwischen weitem Meer und imposanten Hängen, das Rauschen der Wellen im Ohr - das ist ein ganz besonderes Erlebnis. Perfekt, um sich von der teils herausvordernden Natur Madeiras zu erholen, um zu reflektieren und herunterzukommen. Lena hat ihr Leben in Frankfurt hinter sich gelassen, als sie 2021 in Paul do Mar "hängengeblieben" ist. Der Ort hat sich gleich wie ein zweites Zuhause angefühlt und sie beschloss dort zu bleiben und **Yogastunden und -kurse** zu geben. Dienstags, mittwochs und donnerstags kann man **spontan** an Yogastunden vor Ort teilnehmen. Wer auf den Geschmack gekommen ist, der kann auch nach dem Urlaub von zu Hause aus weiter mit ihr Yoga machen, denn sie bietet Onlinestunden an. Workshops (Mandala, Meditationswanderung,...) und Retreats runden das Angebot ab. @Yoga.lenadomar

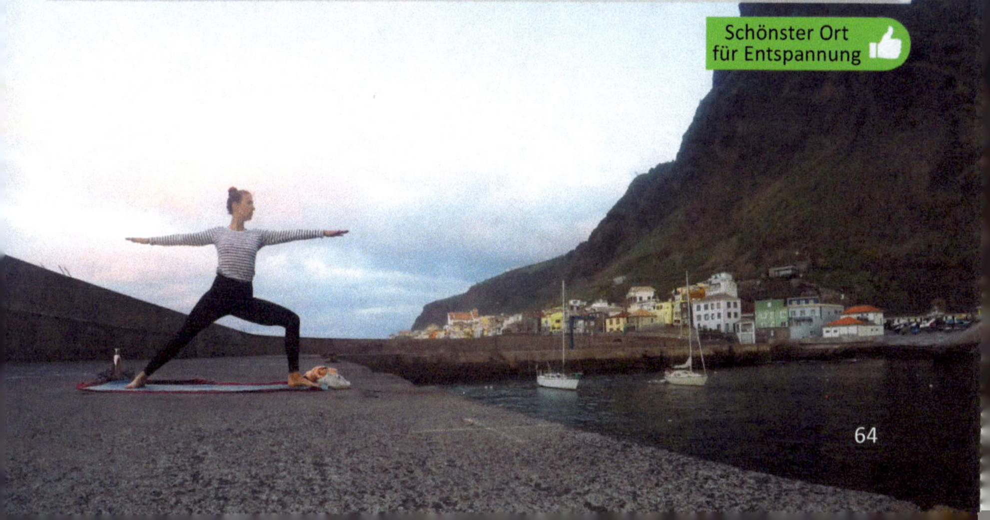

Fajã da Ovelha

Miradouro Vereda dos Zimbreiros (107)

Miradouro Vereda dos Zimbreiros war noch vor 70 Jahren ein Teil der Zugangsroute nach Paul Do Mar. Doch dann wurden Straßen und Tunnel gebaut. Es gab andere Zufahrtswege und Miradouro Vereda dos Zimbreiros wurde vergessen. Heute könnte er glatt als Lost Place durchgehen. Knapp 400 Meter über dem Meer liegt ein Aussichtsplateau. Wer es erreichen will, darf keine Höhenangst haben, denn der Weg hat keine Befestigung. Der Zugang erfolgt entweder über eine anstrengende Wanderung über die alte Zick-Zack-Zugangsroute von Paul do Mar aus (1 Std) oder bequemer vom Restaurant O Precipício in wenigen Minuten.

Miradouro do Massapez (108)

Den 300m über dem Meeresspiegel liegenden Picknickplatz von Miradouro do Massapez kann man bequem mit dem Auto erreichen. Er ist für gewöhnlich sehr gepflegt und hat neben bequemen, schattigen Sitzplätzen auch einen Grill, fließend Wasser und sogar eine Toilette zu bieten. Was will man mehr! Von hier oben hat man eine zauberhafte Aussicht auf Paul do Mar und manchmal sogar bis Jardim do Mar.
Direkt an diesem Aussichts- und Picknickplatz befindet sich auch das **Ferienhaus Villa Miradouro**. Eine absolute Empfehlung! Die Außenanlage gepaart mit dem Ausblick: Besser kann es nicht sein. Dazu ein großer Pool und eine geschmackvolle Einrichtung! Platz für 5 Pers.

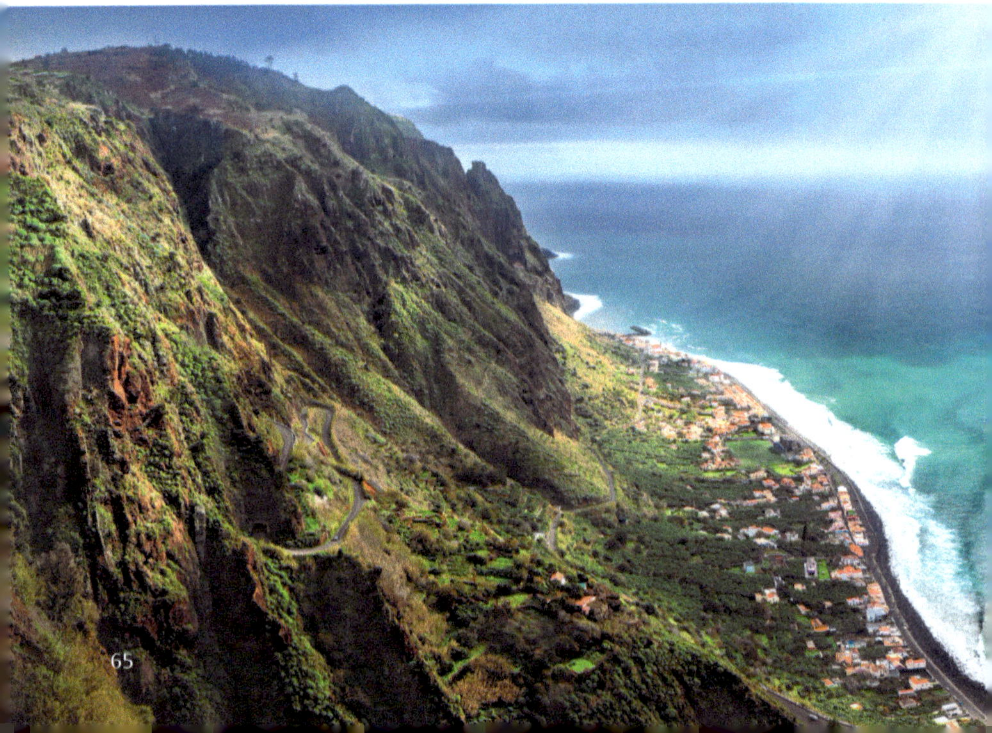

Ponta do Pargo bis Achadas Da Cruz

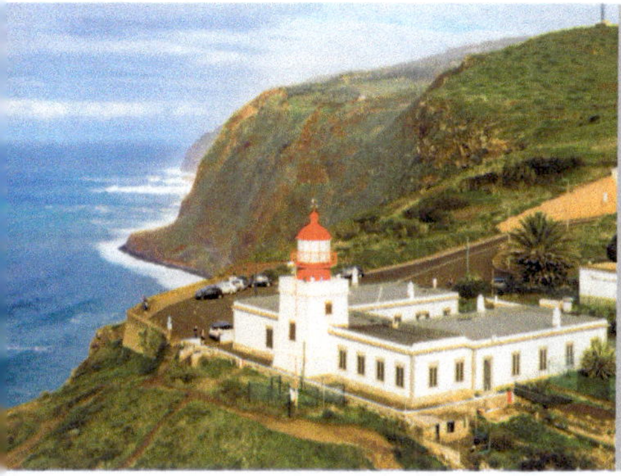

Ponta do Pargo Leuchtturm (109)

Der Leuchtturm von Ponta do Pargo markiert die westlichste Spitze von Madeira und thront 290 Meter über dem Atlantik. Jeden Abend tummeln sich hier Einheimische und Touristen, um unvergessliche Sonnenuntergänge zu erleben.

Miradouro Garganta Funda (110)

Für wahre Madeira-Kenner ist der Miradouro Garganta Funda der schönste Wasserfall der Insel. Er ist von einem frischen Grün umgeben und stürzt hinunter in ein schwarzes Loch. Die Aussicht kommt einer Hollywood Kulisse gleich. Im Winter nach Regentagen zeigt sich der Miradouro Garganta Funda von seiner imposanten Seite. Dann rauschen enorme Wassermassen hinab und das Brausen des Wassers schallt über das ganze Tal hinweg. Im Sommer ist die Luft trocken und der Miradouro Garganta Funda wirkt wie ein kleines verlassenes Rinnsal, dessen Wasser sich schon beim Weg in die Tiefe verflüchtigt.

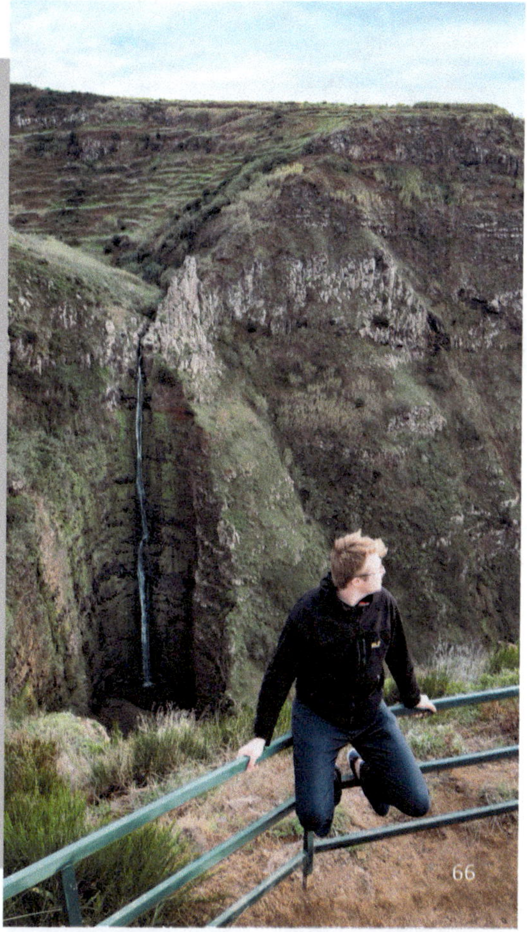

Restaurants

Teehaus "O Fio" (111)
Restaurant im schmucken Steinhaus. Die Aussicht von der Terrasse ist atemberaubend, für einen guten Platz zum Sonnenuntergang sollte man reservieren. Top Service. Neben der Tagessuppe sollte der Bacalhau (eingesalzener Kabeljau) nicht verpasst werden.

Restaurante O Forno (112)
Fleischfans kommen im Restaurant O Forno voll auf ihre Kosten. Das Rindfleisch am stehenden Spieß ist ein Hochgenuss. Fisch und Fleisch werden am offenen Holzgrill zubereitet. Es herrscht die typische portugiesische Atmosphäre eines Landgasthofes.

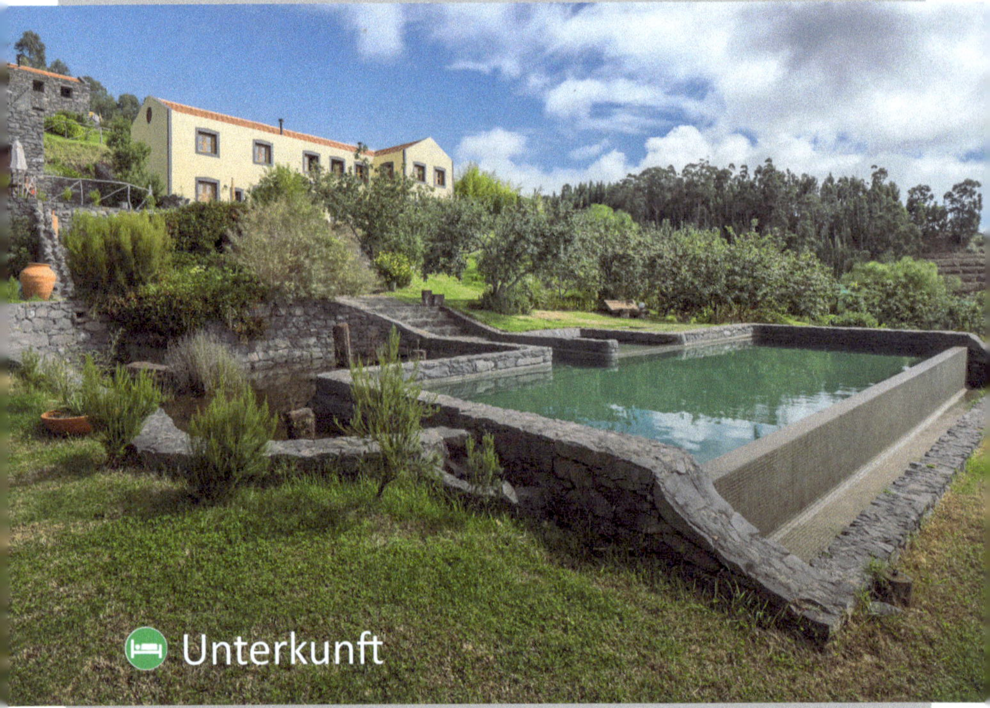

Unterkunft

Casas da Levada (113)
Dieses Apart-Hotel ist ein echtes Juwel. Es wurde nichts dem Zufall überlassen und auf jedes Detail wird Wert gelegt. Zwischen Levadas gelegene Bauernhäuser wurden auf sehr hohem Niveau saniert und mit viel Geschmack, wenn auch an manchen Ecken rustikal, eingerichtet. Die gepflegten Gärten laden zum Entdecken ein: Das Gemüse und die Kräuter dürfen gepflückt und probiert werden! Wenn man dann noch den Sonnenuntergang vom Infinitypool aus genießt, fühlt man sich frei und mit der Natur verbunden. Das Frühstück muss selbst zubereitet werden, die Zutaten (u.a. selbstgebackenes Brot und hofeigene Eier) werden gestellt. Die sogenannte Hobbit-Bar rundet das Angebot mit tollen Getränken ab. Ein Highlight sind die buchbaren Extras; vor Allem der Privatkoch lohnt sich sehr!

Achadas da Cruz

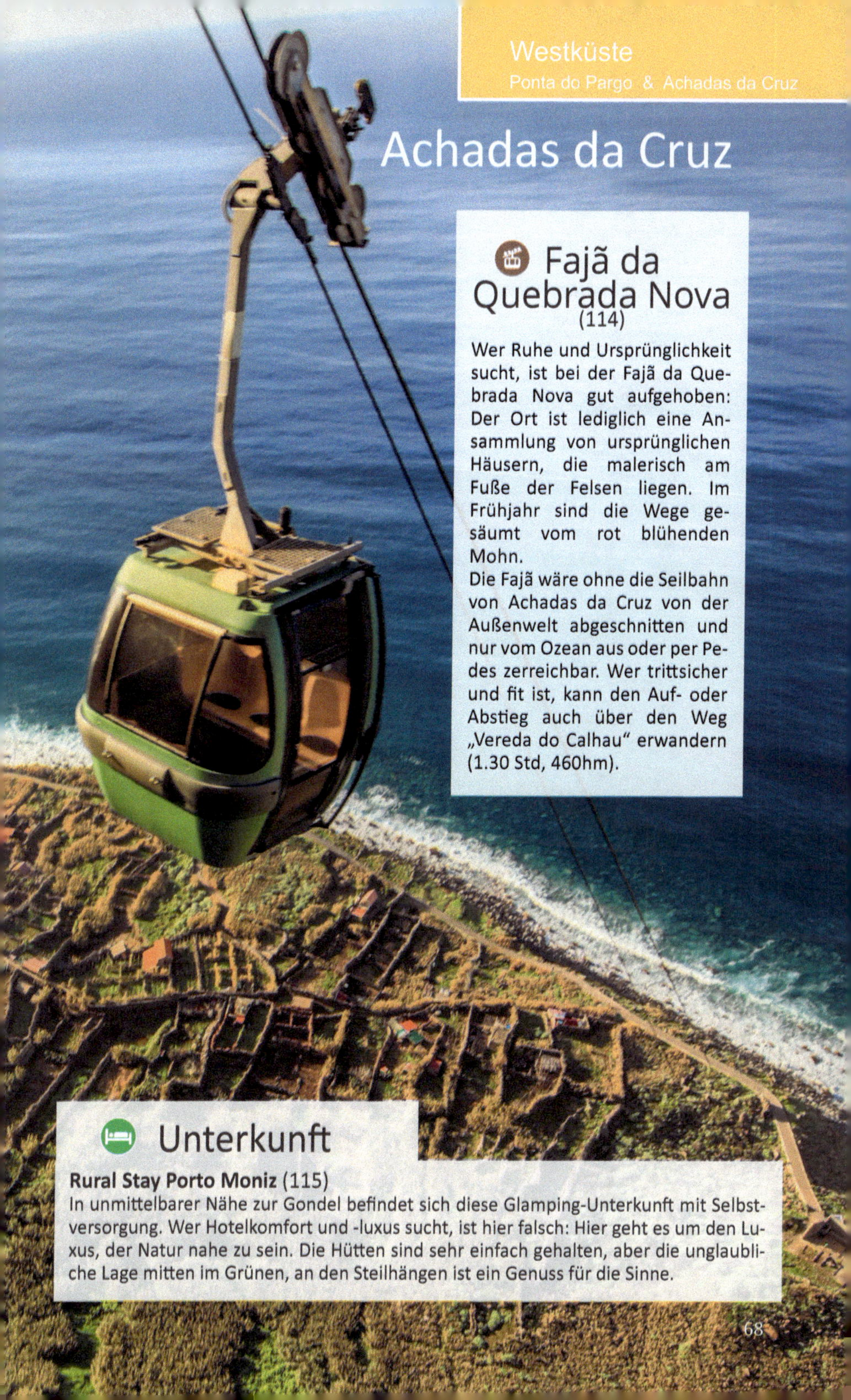

Fajã da Quebrada Nova (114)

Wer Ruhe und Ursprünglichkeit sucht, ist bei der Fajã da Quebrada Nova gut aufgehoben: Der Ort ist lediglich eine Ansammlung von ursprünglichen Häusern, die malerisch am Fuße der Felsen liegen. Im Frühjahr sind die Wege gesäumt vom rot blühenden Mohn.

Die Fajã wäre ohne die Seilbahn von Achadas da Cruz von der Außenwelt abgeschnitten und nur vom Ozean aus oder per Pedes zerreichbar. Wer trittsicher und fit ist, kann den Auf- oder Abstieg auch über den Weg „Vereda do Calhau“ erwandern (1.30 Std, 460hm).

Unterkunft

Rural Stay Porto Moniz (115)
In unmittelbarer Nähe zur Gondel befindet sich diese Glamping-Unterkunft mit Selbstversorgung. Wer Hotelkomfort und -luxus sucht, ist hier falsch: Hier geht es um den Luxus, der Natur nahe zu sein. Die Hütten sind sehr einfach gehalten, aber die unglaubliche Lage mitten im Grünen, an den Steilhängen ist ein Genuss für die Sinne.

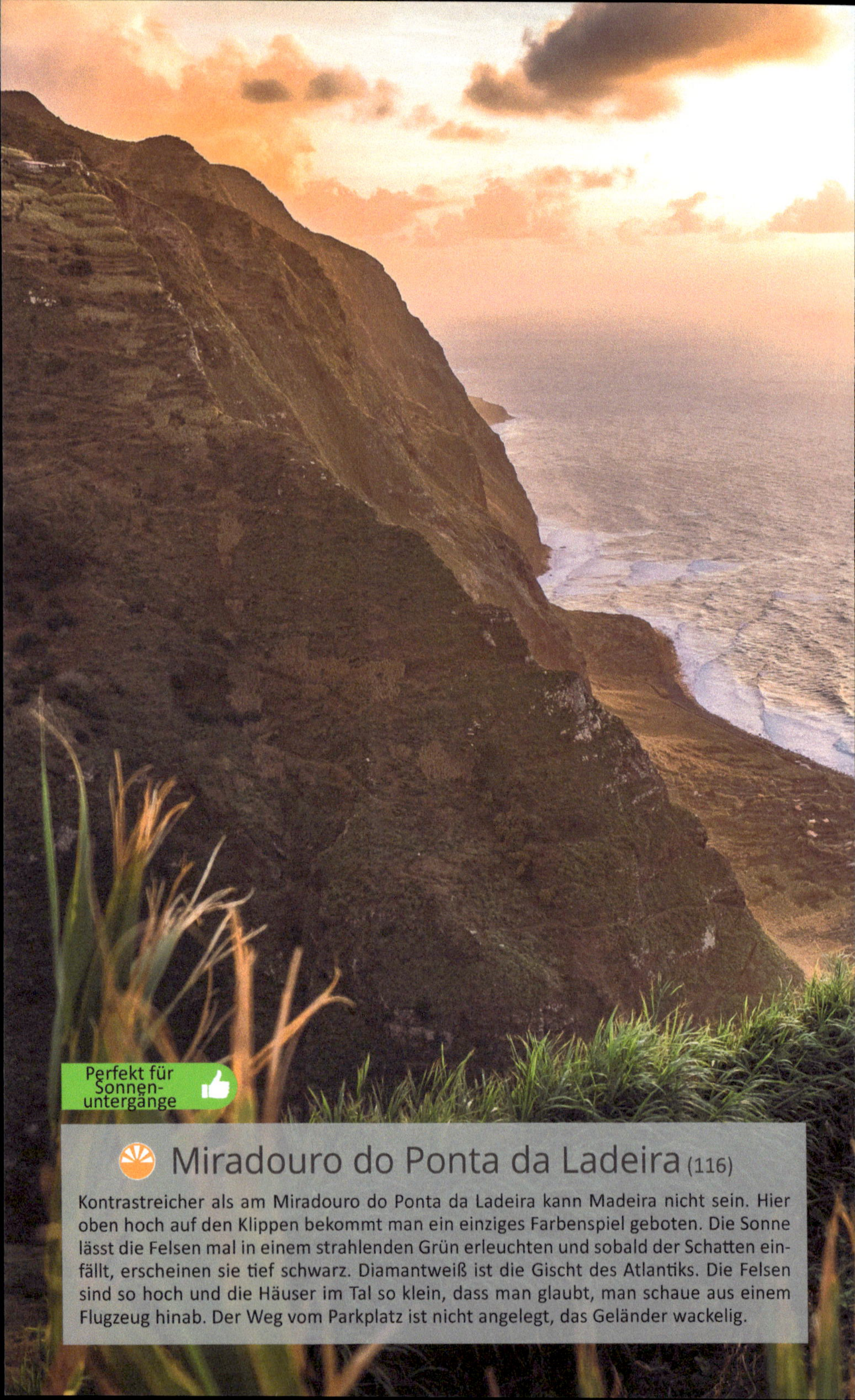

Perfekt für Sonnen-untergänge

Miradouro do Ponta da Ladeira (116)

Kontrastreicher als am Miradouro do Ponta da Ladeira kann Madeira nicht sein. Hier oben hoch auf den Klippen bekommt man ein einziges Farbenspiel geboten. Die Sonne lässt die Felsen mal in einem strahlenden Grün erleuchten und sobald der Schatten einfällt, erscheinen sie tief schwarz. Diamantweiß ist die Gischt des Atlantiks. Die Felsen sind so hoch und die Häuser im Tal so klein, dass man glaubt, man schaue aus einem Flugzeug hinab. Der Weg vom Parkplatz ist nicht angelegt, das Geländer wackelig.

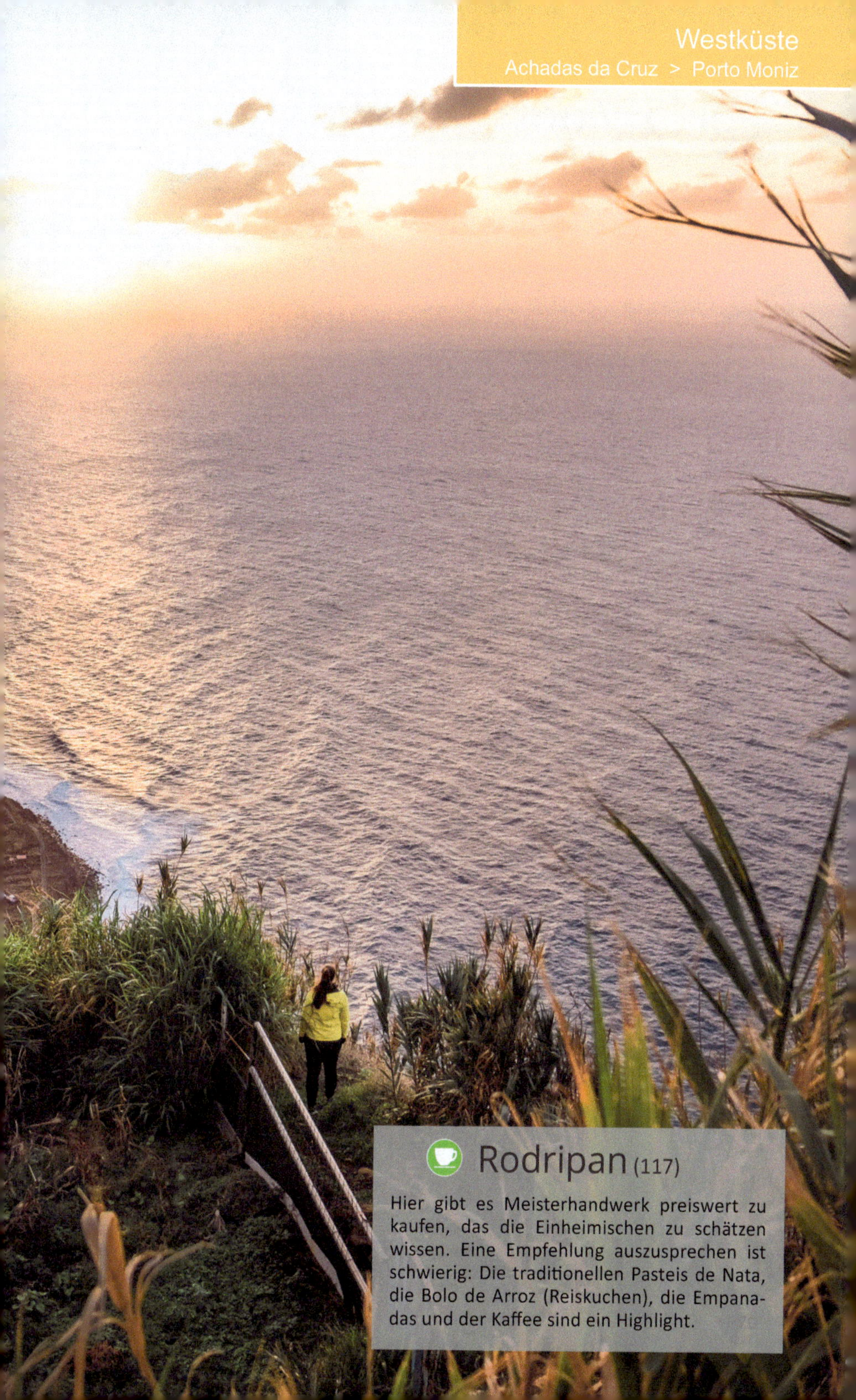

Rodripan (117)

Hier gibt es Meisterhandwerk preiswert zu kaufen, das die Einheimischen zu schätzen wissen. Eine Empfehlung auszusprechen ist schwierig: Die traditionellen Pasteis de Nata, die Bolo de Arroz (Reiskuchen), die Empanadas und der Kaffee sind ein Highlight.

Porto Moniz

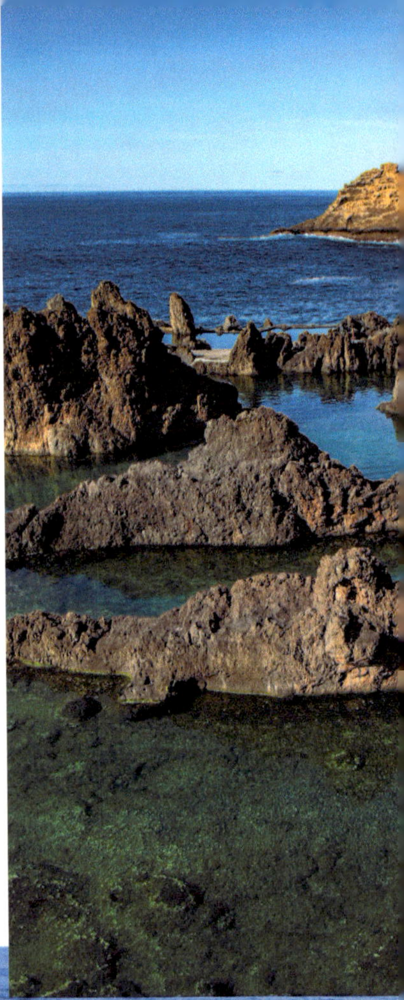

Miradouro da Santinha (118)

Von Santa Maria Madalena auf der E101 aus kommend, erwarten einen abenteuerliche Serpentinen durch satte grüne Natur. Zwischendurch lässt sich schon der eine oder andere Blick auf Porto Moniz erhaschen. Den perfekten Blick aufs Dorf hat man dann am Miradouro da Santinha. Hier halten auch viele gläubige Insulaner/innen an. Es ist quasi Pflicht, eine Kerze an der Nossa Senhora dos Caminhos anzuzünden. Die religiöse Figur steht für den lokalen Glauben. Einen schöneren Platz hätte man für sie nicht finden können, denn die Aussicht auf Porto Moniz versetzt selbst die Einheimischen immer noch ins Staunen.

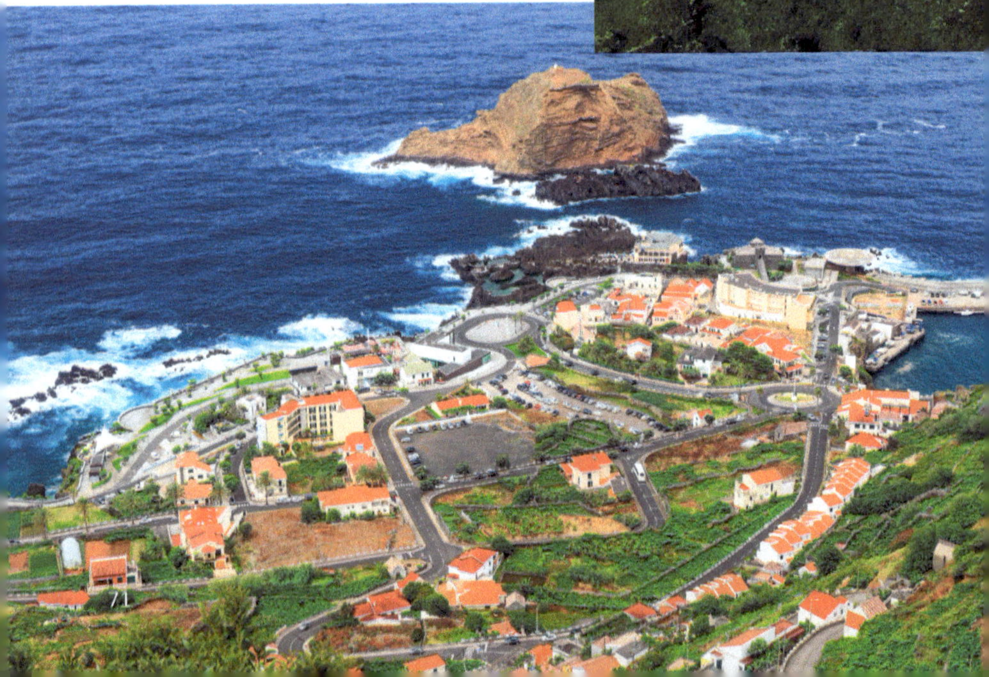

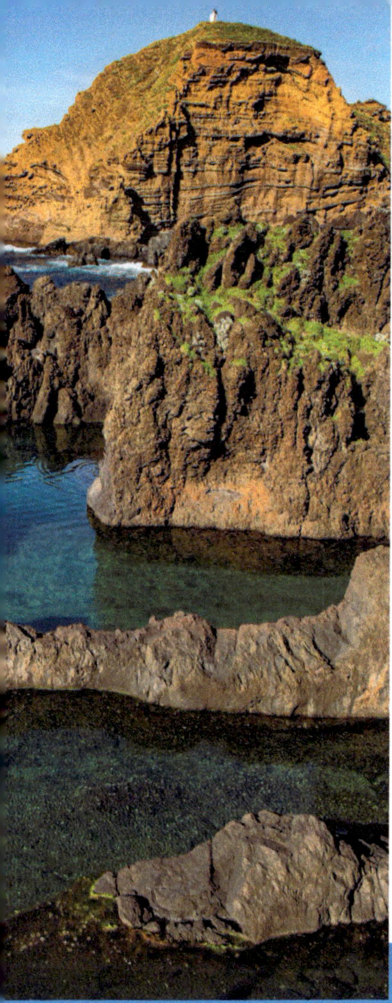

Schwimmen

Piscinas Naturais Velhas (119)
Die Piscinas Naturais Velhas entstanden aus Lava und die ursprüngliche Form hat sich fast nicht verändert. Die spitzen hohen Lavafelsen bilden dabei natürliche Pools, die die Badenden vor den Wellen schützen. Am Vormittag ist es hier selbst am Wochenende leer. Bei stürmischem Wetter schlagen die Wellen über die Felswände hinüber, dann findet man hier kein trockenes Plätzchen.

Porto Moniz Natural Swimming Pools (120)
Die Natural Swimming Pools von Porto Moniz sind etwas unnatürlicher als die oben beschriebenen Naturbecken, da Betonplateaus und Treppen in die Felsen gegossen wurden. Das bietet den Komfort eines Freibades und ist auch für Kinder geeignet, fühlt sich aber auch etwas weniger natürlich und abenteuerlich an. Bei ruhiger See kann man auch im offenen Meer schwimmen und sich von einem Plateau von den Felsen hinunter ins Meer stürzen. Die Naturpools sind ideal, um sich von einer der Wanderungen zu erholen. An Wochentagen ist es hier ruhig; am Wochenende ist ein Besuch nicht zu empfehlen.

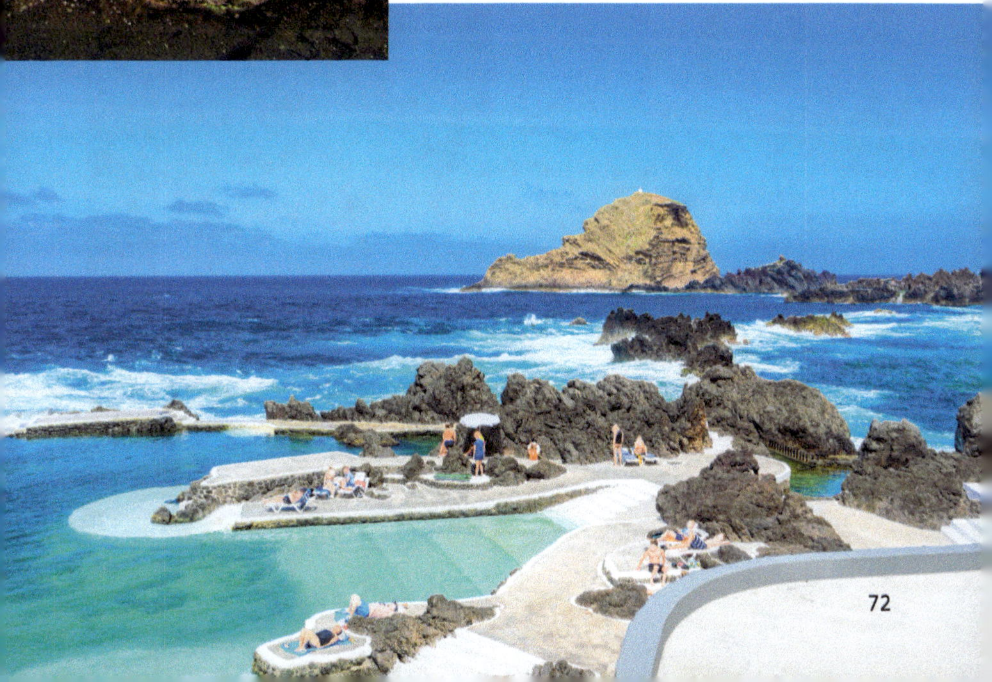

Bars und Restaurants

Porto Moniz ist eine Touristenhochburg und eher für die Pools statt für kulinarische Highlights bekannt. Solides Essen findet man hier:

Sea View Rooftop Bar (121)
Diese Rooftop Bar (nicht das Restaurant) sollte man wegen der Lage und des Panoramas besuchen. Der Blick auf das Wasser und die Vulkanfelsen machen einfach Spaß. Das Essen ist für eine Bar gut, die Speisekarte ist wild durchmischt: Von madeirianischen Speisen, über Hamburger, bis zu Sushi gibt es viel Auswahl. Zu empfehlen sind die Nachspeisen.

Conchinha (122)
Etwas versteckt liegt dieses Restaurant im 1. Stock im Gebäude links neben der Touristeninfo. Die Salate und Kuchen sind nicht nur ein Augenschmauß.

Bolo do Caco (123)
Ja, im Café auf der anderen Straßenseite hat man einen besseren Blick, aber hier in zweiter Reihe gehen die Madeirer hin und das Preis-Leistungs-Verhältnis stimmt. Super für einen Mittagssnack und Kaffee. Der Besitzer ist sehr nett und hat manchmal noch einen guten Tipp.

Unterkünfte

Aqua Natura Bay Hotel (124)
Das Aqua Natura Bay Hotel ist für viele Reisende in Porto Moniz die erste Wahl, wenn sie Luxus, Natur und maximale Entspannung verbinden möchten. Allein wegen des großen Dachpools, der einen Blick über die berühmten Naturpools und die Küste erlaubt, ist dieses saubere und gepflegte Hotel eine Empfehlung wert. Nach längeren Wanderungen lädt der Wellnessbereich des Aqua Natura Bay Hotel zu Massagen und mehr mit regionalem Bezug ein.
Gäste schätzen das reichhaltige Frühstück, bei dem die Küche besonderen Wert auf die Saisonalität und die Regionalität der gereichten Köstlichkeiten legt.
Manche Gäste raten von der Buchung der Halbpension ab, da anscheinend den Hausgästen im Restaurant nur eine Speisekarte mit deutlich kleinerer Auswahl zur Verfügung steht.

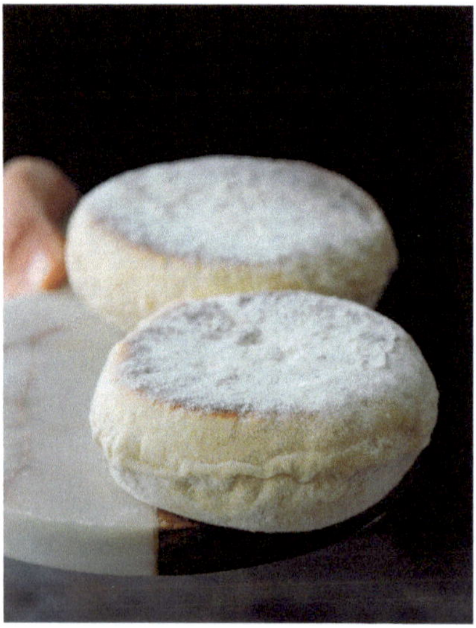

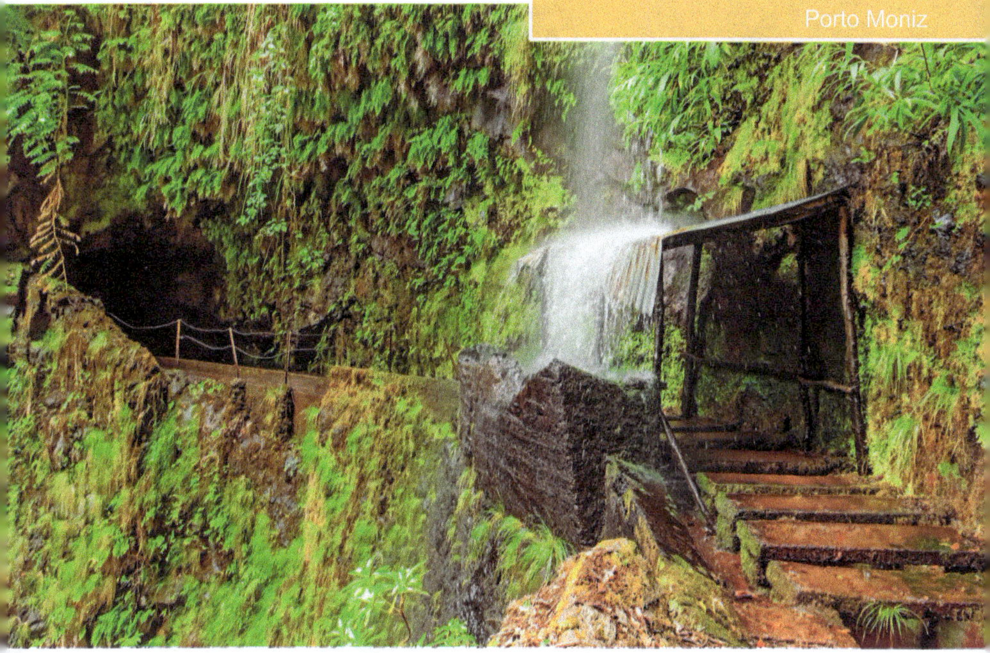

Wo man sich ganz klein fühlt
Levada da Ribeira da Janela (125)

Zu jeder Jahreszeit ein Erlebnis. Im Sommer steht alles in voller Blüte und die Landschaft zeigt sich farbenfroh und friedvoll. Es duftet nach allen möglichen Blumen, die Lorbeerwälder und Eukalyptusbäume sind satt grün und man würde sich am liebsten niederlassen und diese Gegend nie wieder verlassen. Trotzdem bleibt so mancher Wanderer ratlos zurück und verzweifelt bei der Suche nach den Wasserfällen. Das liegt daran, dass fast alle Fälle nur im Frühjahr und im Winter reich an Wasser sind. Im Sommer sind die Wasserfälle nichts anderes als steinige Felsen. Es sind gerade diese saisonalen Veränderungen, die diesen Wanderweg so einzigartig machen. Auch die vielen Tunnel tragen ihr Übriges dazu bei. Im Winter tropft das Wasser sogar von der Tunneldecke hinab. Eine wasserdichte Jacke und eine Taschenlampe gehören ins Wandergepäck. Einer der zahlreichen Tunnel ist 2km lang! Einige Felsen ragen über 800 Meter hinauf. Kleine Teiche sind der ideale Ort für ein Picknick. Viele Zugvögel machen hier halt und so gibt es immer andere Arten zu entdecken. Stockenten leben das ganze Jahr über an den Wasserläufen. Zu den schönsten Vögeln gehört der majestätische Seidenreiher mit seinen gelben Krallen, der hier heimisch geworden ist. Es ist ein faszinierendes Naturschauspiel, wenn er auf der Suche nach Nahrung ist, im Sturzflug in das Wasser abtaucht und mit einer Forelle im schwarzen Schnabel wieder auftaucht.

⏱	7 h
↔	23 km
∿	mittel

https://rebrand.ly/Wjanela

Nordküste

Google-Maps
Nordküste

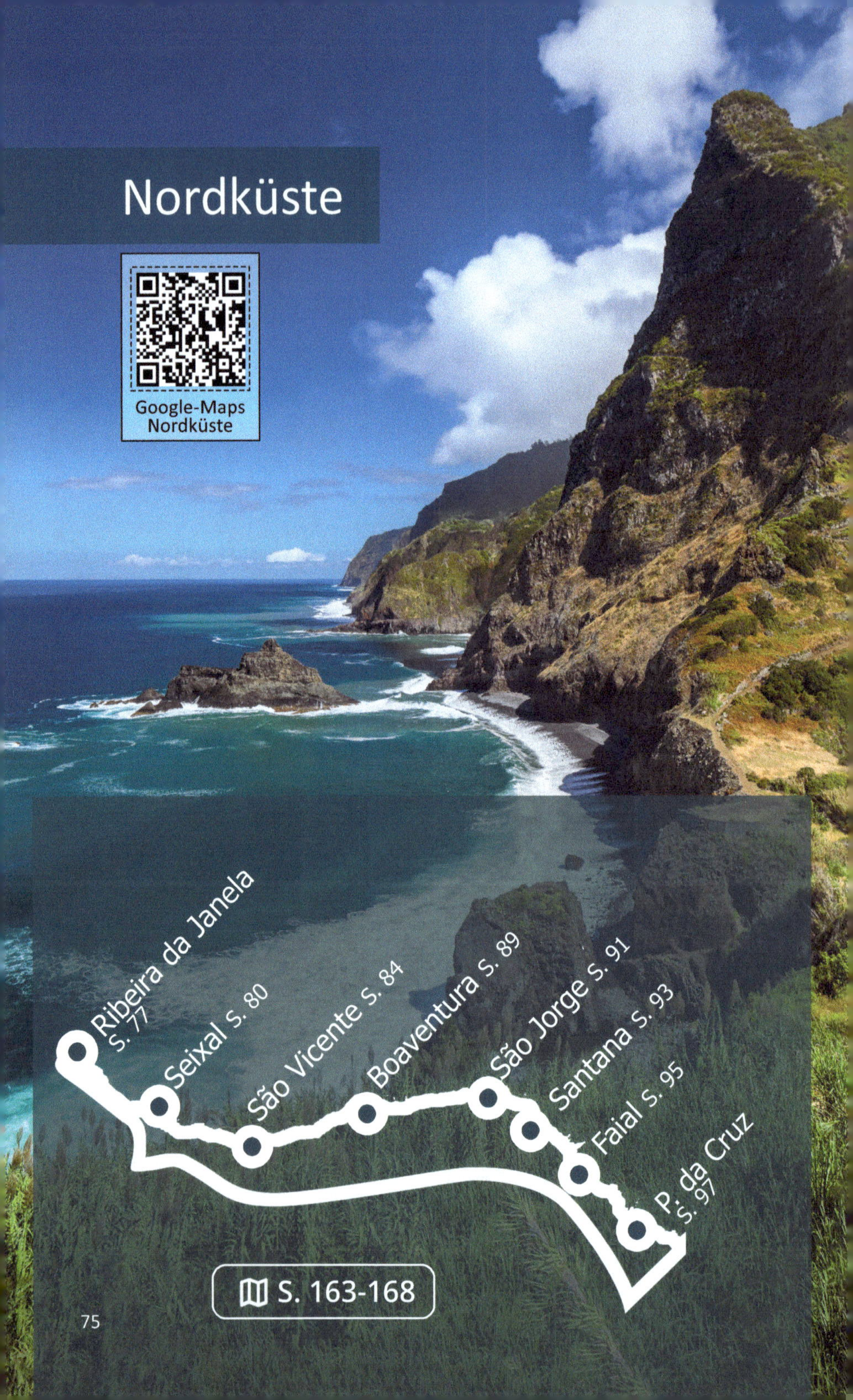

S. 163-168

Der Norden Madeiras ist so ursprünglich wie kein anderer Teil der Insel. Die Küsten sind wild, unberührt, voller Naturschönheiten und Kontraste. Die Klippen ragen mal hoch in den Himmel hinauf, als würden sie die Wolken berühren und dann zerklüften sie wie eine flache Öffnung zum Meer hin. Hier fällt mehr Regen als in allen anderen Teilen der Insel. Das ist aber kein Nachteil, denn die Landschaft bekommt dadurch einen ganz anderen Charakter. Von den Bergen bis hinunter zum Meer ist alles üppig grün. Die Bäume tragen mehr Blätter und selbst die steinigen Felsen sind mit Moos und anderen Steinpflanzen überzogen.

Wasser Marsch an allen Ecken

Wasser ist im Norden Madeiras ein Lebenselixier. Die Levadas sind hier breiter und der Atlantik rauer. In den Herbst- und Wintermonaten wird es ruhig in den malerischen Küstenorten. Dann werden die Wellen mit viel Wind an die Küste gespült. An Regentagen tragen die Kanäle reichlich Wasser. Aus dem einstigen Rinnsal wird schnell ein reißender Bach. Der Norden ist von imposanten Wasserfällen durchzogen. Die Wasserfälle entlang des Wanderweges Levada Fajã do Rodrigues sind zum Beispiel einzigartig. Die Levadas sind hier teilweise treppenartig angelegt und viele Wasserfälle liegen so versteckt, dass man sie suchen muss. In den kleinen Teichen und an den Kanälen bei Seixal und São Vicente tummeln sich verschiedene Fischarten und blühenden Pflanzen geben den Ufern einen ganz eigenen Charakter. Eine wunderschöne Aussicht auf die wasserreiche Landschaft genießt man am Aussichtspunkt Ribeira do Inferno.

Schwarze Felsen und mystische Vulkanhöhlen

Aktive Vulkane gibt es auf Madeira nicht mehr. Auch die Gefahr, dass sie jemals wieder ausbrechen, halten Forscher für unwahrscheinlich. Trotzdem haben Sie den Norden geprägt. Die Lava der einst aktiven Vulkane Pico Ruivo, Pico do Arieiro und Pico das Torres formten die Landschaft. Die Grotten von São Vicente zeugen noch heute davon und Sie versetzen Besucher auch nach Jahrhunderten noch immer ins Staunen (derzeit leider geschlossen). Vor über 890.000 Jahren floss die Lava bei São Vicente ins Meer. Der Atlantik kühlte sie äußerlich ab, aber innen blieb sie heiß und ihre Gase bildeten diese märchenhaften Grotten. Bei Seixal ist die vulkanische Vergangenheit noch offensichtlicher zu erkennen. Hier liegt einer der vier Sandstrände von Madeira. Im Gegensatz zu den anderen Stränden ist der Sand hier schwarz und die Harmonie mit den grünen Felsen versprüht einen Hauch von Magie.

Architektonische Wunderwerke aus vergessenen Zeiten

Eine aufregende moderne Architektur hat Madeira nicht zu bieten. Das ist auch gar nicht nötig, denn die Insel überzeugt mit baulichen Meisterwerken, die man schon als Kunst bezeichnen kann. Dazu gehören die **traditionellen bunten Häuser bei Santana**. Ihre Dächer reichen bis zum Boden und sie sind mit regionalem Getreide gedeckt. Früher lebten die Insulaner darin und nutzten die natürlichen Materialien der Insel zum Bau. Heute sind in den kunstvollen Miniaturhäusern kleine Läden untergebracht, in denen lokale Produkte verkauft werden.

Zwischen den landwirtschaftlichen Flächen gibt es einige Ruinen und verfallene Gebäude, die historisch von Bedeutung sind. Zu den schönsten Ruinen gehört die von **Calhau de São Jorge**, die einst zu einer Zuckerrohrmühle gehörte. Sie liegt direkt am Meer und der antike Torbogen öffnet sich zum Atlantik hin.

Ribeira da Janela

Die kleine Gemeinde Ribeira da Janela steht für das landwirtschaftliche Madeira, das hier seit Jahrhunderten Tradition hat und außergewöhnlich ist. Der ganze Ort mit seinen urigen Bauernhäusern und den Ackerflächen liegt inmitten der steilen Hänge. Hier gedeihen Süßkartoffeln, Mais, Kartoffeln, Bohnen und die Reben der Madeiraweine. Es ist das einzige Gebiet der Insel, in der die Trocaz-Taube brütet. Verständlich, dass sich der Vogel diese unverwechselbare Landschaft ausgesucht hat, denn die Felsen öffnen sich wie ein großes Fenster, durch das man hinaus auf den saphirblauen Ozean schaut.

Praia da Ribeira da Janela (126)

Von Westen kommend ist man leider gezwungen, den neuen Tunnel zu nehmen; die alte E101 ist in diesem Bereich eine Einbahnstraße. Sobald man den Tunnel allerdings verlässt, zeigt sich die Spitze des Wahrzeichens des Orts: Die Lavasäulen der Inseln Janela und Rib. Direkt vor dem Zutritt zum Steinstrand befinden sich Parkplätze (und öffentliche Toiletten). Schon der Zugang auf der gegenüberliegenden Seite des Wasserkraftwerks wirkt wie aus einem Fantasyroman: Eine Treppe, die durch die spektakulären Vulkanfelsstrukturen ins Nichts zu führen scheint. Wer die 34 Stufen hinaufgeht, wird einen schönen Blick auf die vorliegenden Inseln bekommen. Mit gutem Schuhwerk ausgestattet, sollte man sich aber nicht entgehen lassen, etwas Zeit auf den riesigen Steinen des Strandes zu genießen und dem Wellenschauspiel zuzuschauen.

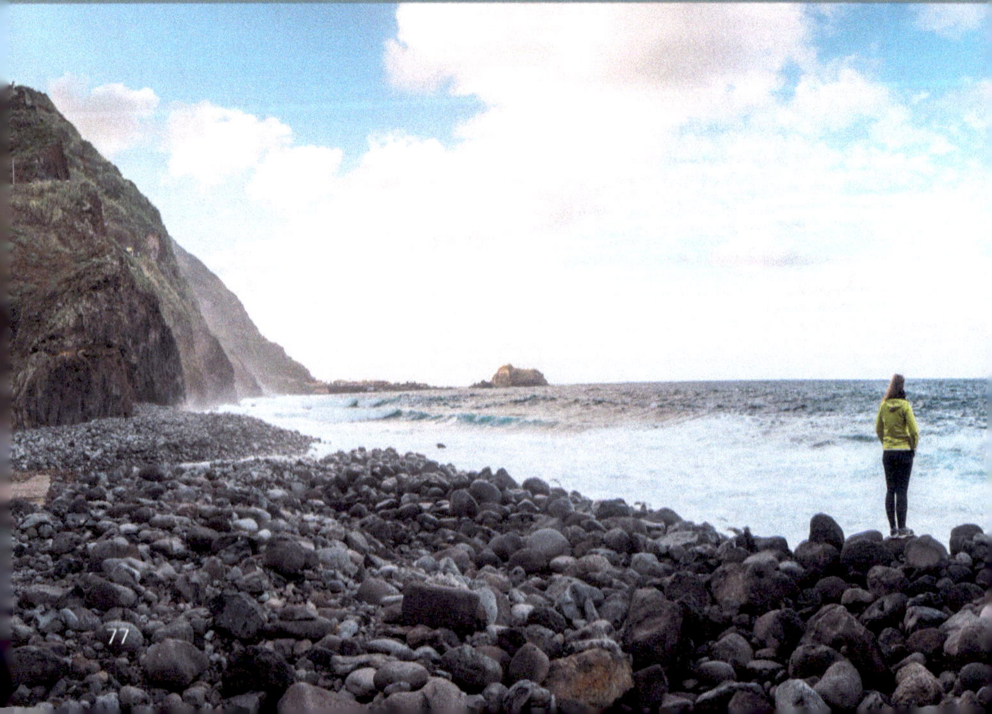

Cascata do Lombinho (127)

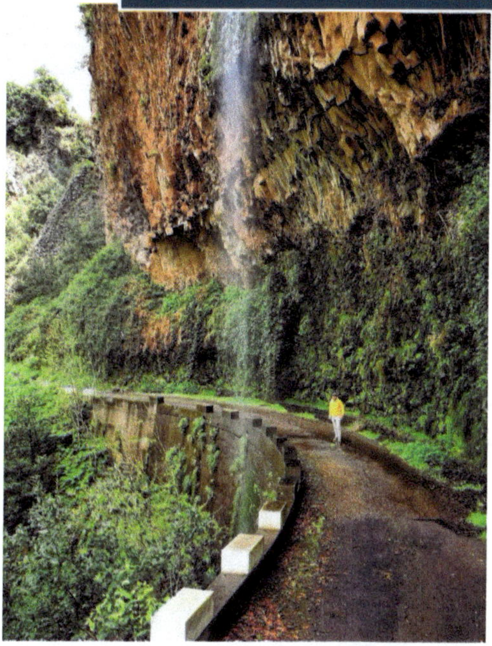

Von der E209 geht eine unscheinbare Straße ab, die talaufwärts führt. Es lohnt sich, dieser Straße entweder mit dem Auto oder zu Fuß zu folgen (vorsicht, Steinschlag!), denn sie selbst ist ein kleines Abenteuer. Umgeben von herrlicher Natur führt sie zu einem kleinen Wasserfall, der auf den Asphalt regnet. Je nach Jahreszeit ist der Wasserfall eher ein Rinnsal, aber das Gesamtszenario macht diesen Ort zu etwas ganz Besonderem.

Die Wanderung Levada da Ribeira da Janela liegt geografisch im Janela-Tal; aufgrund der Erreichbarkeit des Startpunktes haben wir sie aber dem Ort Porto Moniz zugeordnet. > S. 74

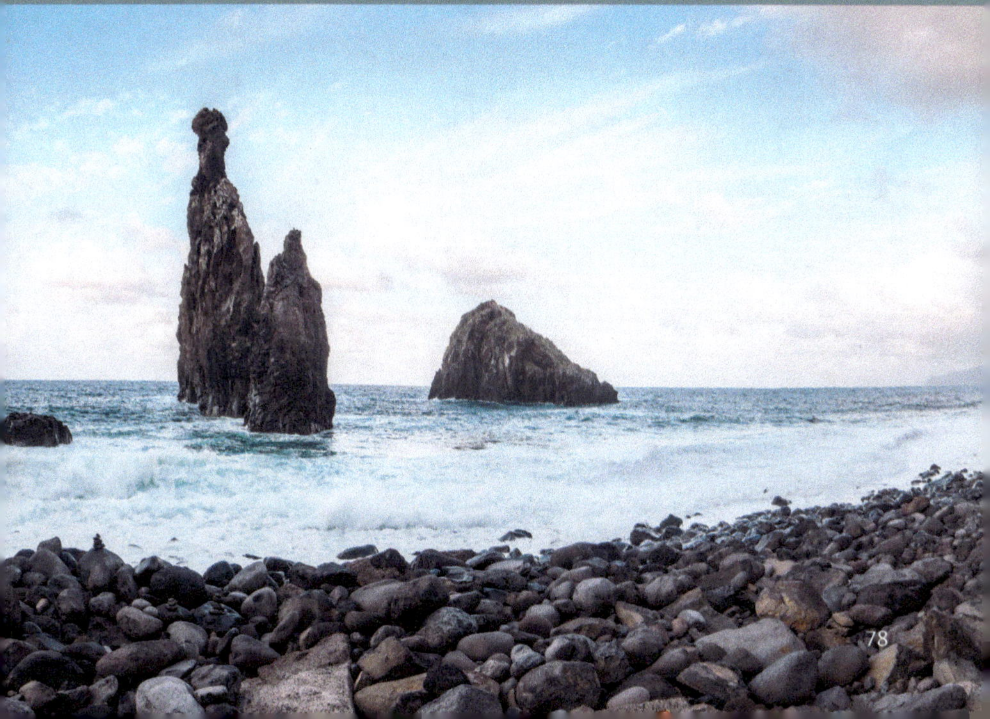

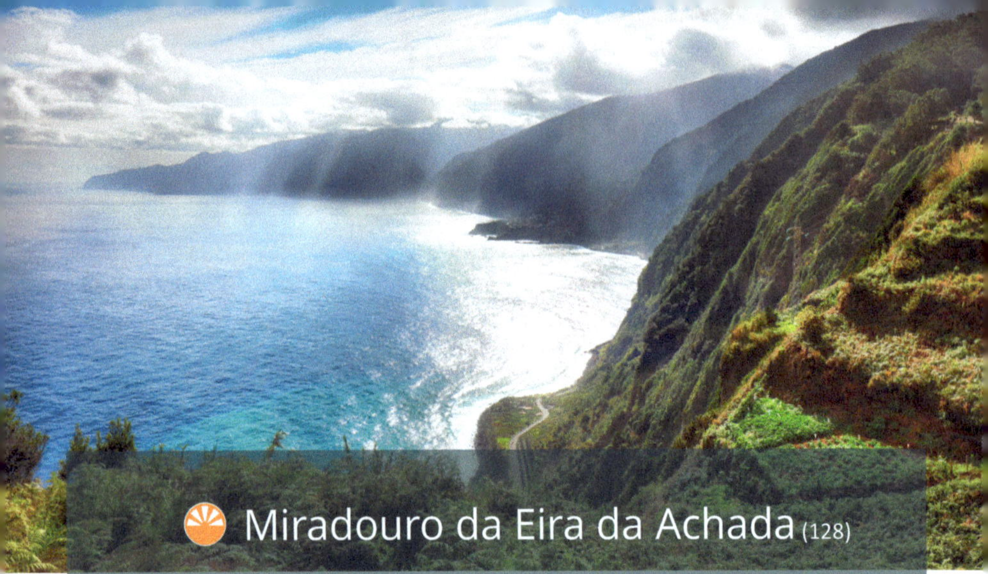

Miradouro da Eira da Achada (128)

Vom Janela-Tal ausgehend ist der Teil der alten E101 leider für Autos gesperrt. Die ER209 bringt einen auf die Hochebene. Auf dem Weg dorthin liegt ein Aussichtspunkt, der seinesgleichen sucht. Hortensien soweit das Auge reicht, Palmen in allen Größen. Die Felsen ragen sanft und samtig hinauf und ihr Schatten lässt den Sand der Lavastrände noch schwärzer erscheinen, als er ohnehin schon ist. Es ist das Lichtspiel zwischen Sonne und Schatten, das diese Gegend so geheimnisumwittert macht.

Fisch-Farm-Ruinen (129)

Das Janela-Tal durch den Tunnel über die ER101 verlassend, kommt man an dem Örtchen Contreiras vorbei. Danach ergibt sich die Gelegenheit, auf den alten Teil der ER101 abzubiegen. Hier folgen alsbald die Ruinen einer alten Fisch Farm. Ein Lost Place, an dem es sich schön rätseln lässt, wofür welche Bauten genutzt wurden. Außerdem ein cooler Fotospot direkt am Meer. Wie immer bei Lost Places: So den Ort verlassen, wie man ihn vorgefunden hat, damit auch andere Spaß daran haben können.

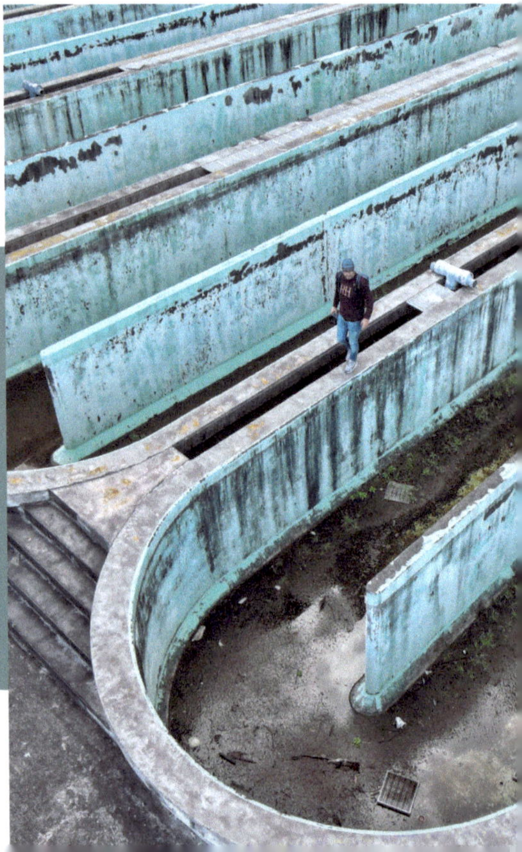

Seixal

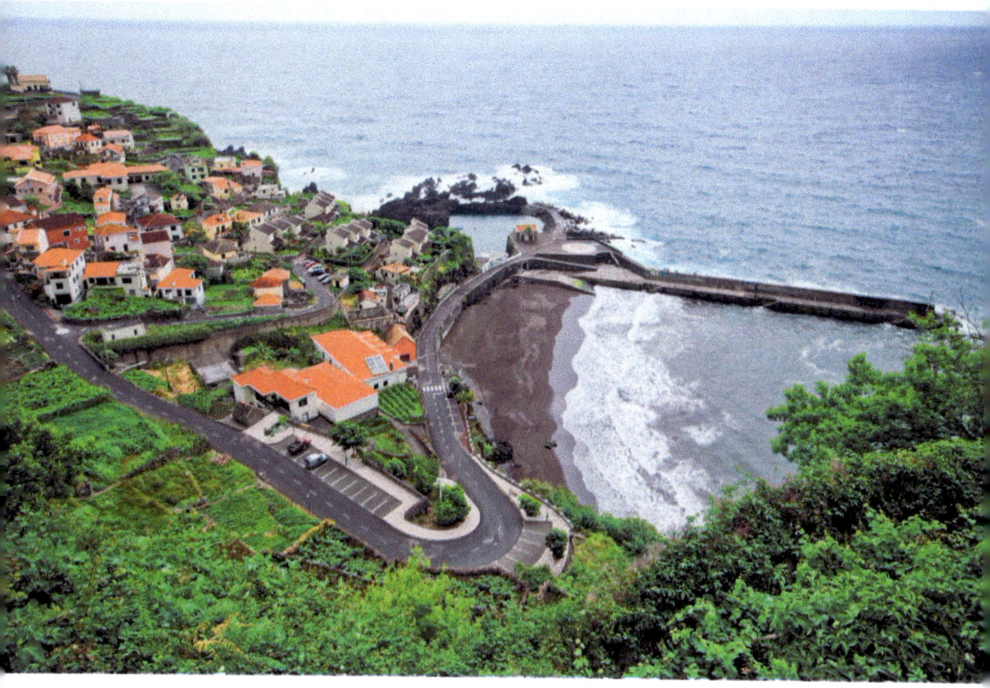

Seixal Naturbecken (130)

Diese Pools sind eine Naturschönheit, die aus Lavagestein geformt wurde und die ihre Ursprünglichkeit bewahrt hat. Die Höhlen laden zum Schwimmen und Schnorcheln ein. Die Kulisse ist einmalig. Da dieser Ort sehr beliebt ist, ist es ratsam, früh am Morgen zum Sonnenaufgang hierher zu kommen. Dann kann man ganz allein am Wasser sitzen und in den Becken schwimmen. Der warme Morgenwind und das kühle Wasser beleben die Sinne. Vorsicht ist geboten: Es gibt keine Badeaufsicht. Zur Erfrischung ist die Bar oberhalb zu empfehlen: wirklich günstige Preise und gute Qualität, vor Allem die Ponchas und Cocktails.

Die Parkplätze direkt an den Pools sind über eine steile Straße (33% Gefälle) erreichbar, die östlich von der Post abgeht (bei Google Maps falsch eingezeichnet). Wer sich und seinem Auto das nicht zutraut, parkt auf den Parkplätzen oberhalb, westlich der Post.

Einen weiteren Naturpool gibt es nördlich des Praia do Porto (folgende Seite).

Praia do Porto (131)

Schönster Strand

Der schönste Strand Madeiras! Die Kulisse macht Praia do Porto do Seixal zu einem Paradies. Hinter dem Sandstrand erstreckt sich diese unglaubliche Bergwelt, in der versteckt arkadische Wasserfälle liegen. An der anderen Seite erstreckt sich die alte Hafenmauer von Seixal. Baden macht hungrig. Nur wenige Schritte entfernt liegt die Lounge Bar Clube Naval do Seixal, wo man leckere Meeresfrüchte genießen kann. Am Strand von Praia do Porto do Seixal kann man einen ganzen Tag verbringen, ohne dass es langweilig wird. Der Besuch lässt sich hervorragend einer Erkundung der Naturpools beim Clube Naval kombinieren. Am Wochenende kann es hier voll werden.

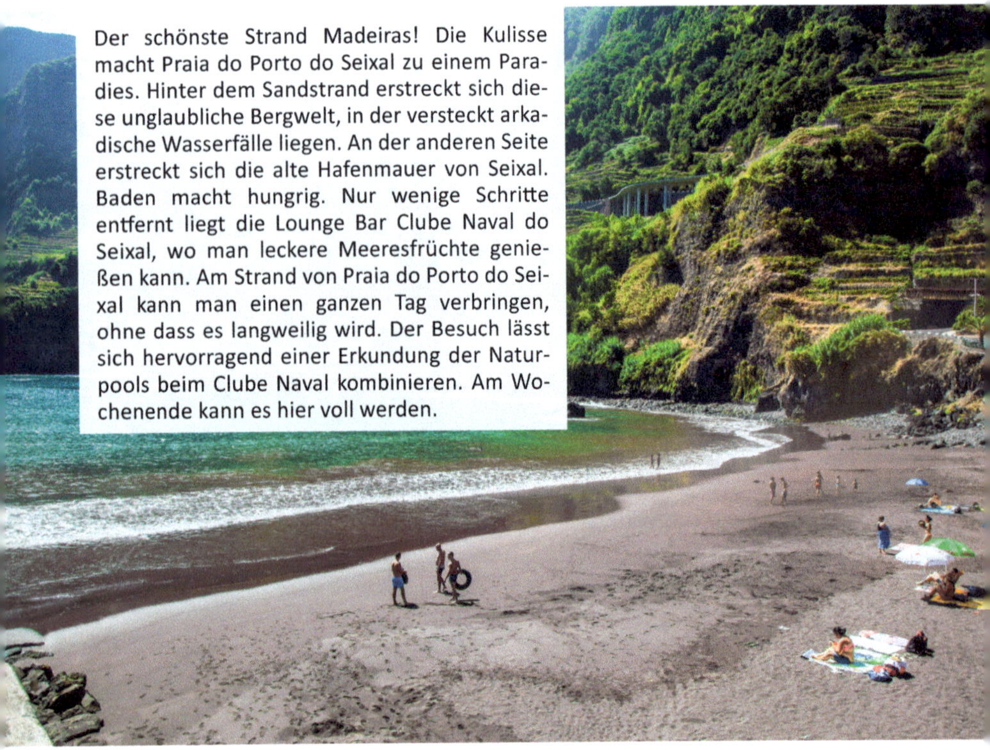

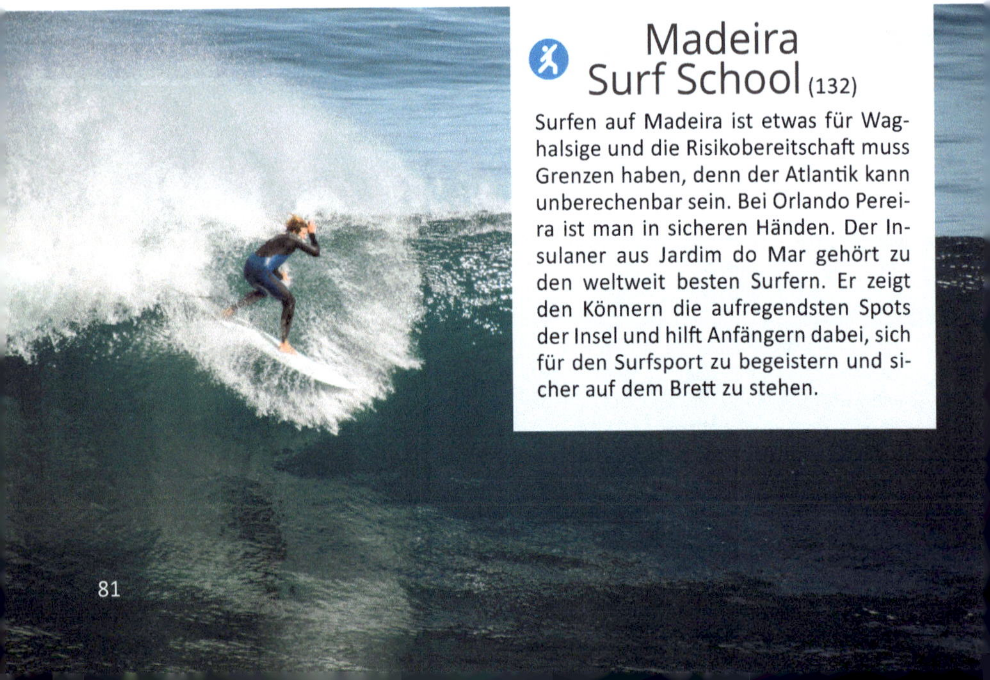

Madeira Surf School (132)

Surfen auf Madeira ist etwas für Waghalsige und die Risikobereitschaft muss Grenzen haben, denn der Atlantik kann unberechenbar sein. Bei Orlando Pereira ist man in sicheren Händen. Der Insulaner aus Jardim do Mar gehört zu den weltweit besten Surfern. Er zeigt den Könnern die aufregendsten Spots der Insel und hilft Anfängern dabei, sich für den Surfsport zu begeistern und sicher auf dem Brett zu stehen.

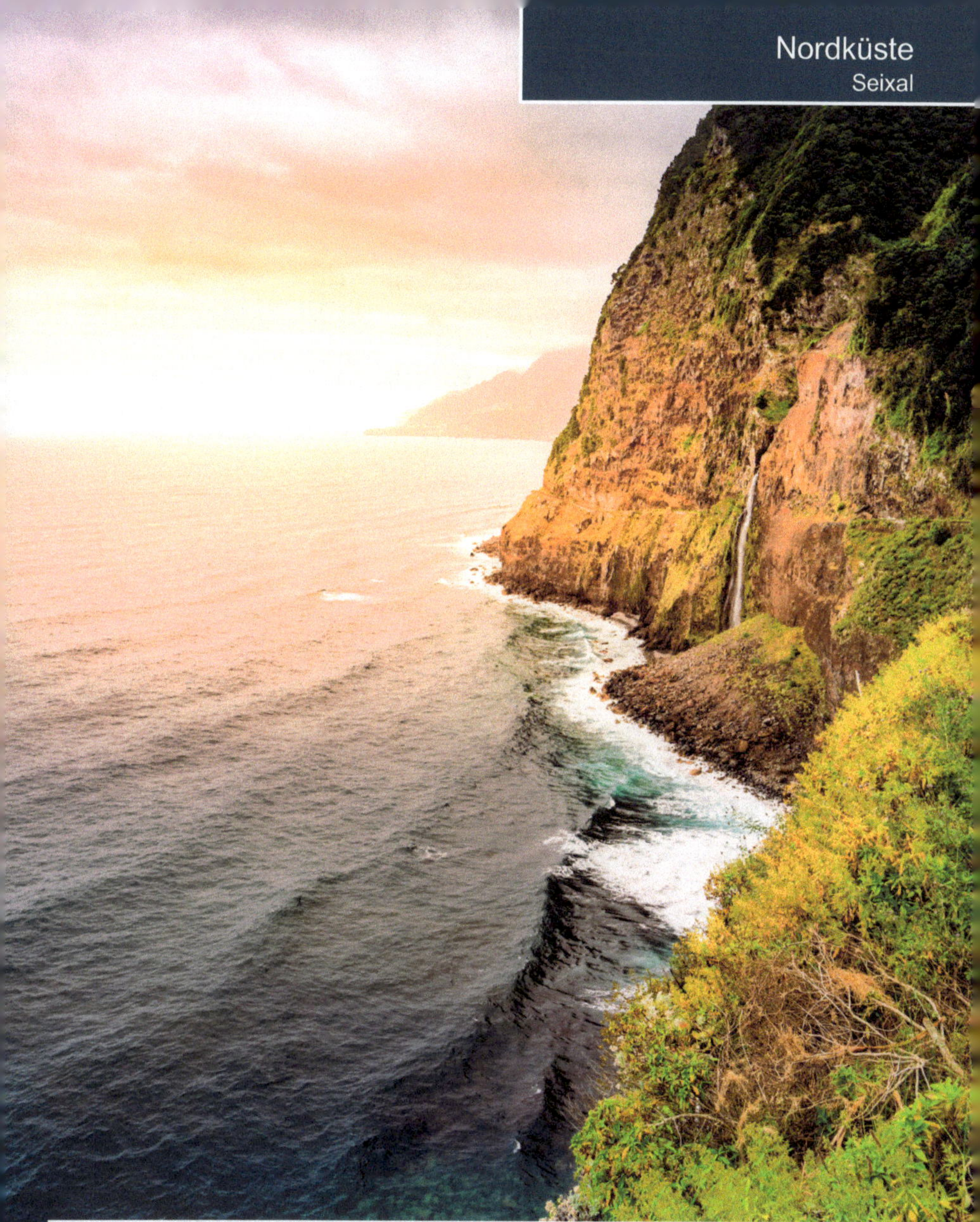

Miradouro do Véu da Noiva (133)

Eines DER Postkartenmotive Madeiras: Beim Anblick dieses malerischen Wasserfalls wird schnell klar, warum die Insulaner ihn als Brautschleier bezeichnen. Er fällt wie ein weißes Band steil hinab in den Ozean. Der Aussichtspunkt ist aufgrund seiner Beliebtheit gut ausgeschildert. Es ist gut zu erkennen, dass einst die alte ER101 hier entlang führte und welche gewaltige Kraft ein Erdrutsch haben kann.

Unterkünfte und ein Café

The Dock House (134)
Das Dock House in Seixal macht seinem Namen wirklich alle Ehre. Mit seiner exponierten Lage direkt am Hafen, ist das Haus tagsüber stets von Menschen umgeben. Abends kehrt Ruhe ein und man kann den Hafenflair genießen. Die nette Gastgeberin Joana hilft gerne bei der Planung von Touren in der Nähe.

Casa das Videiras (135)
Solides kleines Hotel, das besonders mit seiner guten Lage überzeugt. Mittlerweile ist es etwas in die Jahre gekommen, doch genau das und die museal wirkenden Einrichtungsgegenstände sind an diesem Hotel charmant.

Snackbar Avista Navios (136)
Mit großer Kulinarik darf in dieser Snackbar nicht gerechnet werden, doch besonders die Pancakes, die mit selbst gemachten Marmeladen serviert werden, haben es bereits zahlreichen Reisenden angetan.

Casa de Pasto Justiniano (137)
Hier genießt man typisch madeirianische Speisen in uriger Atmosphäre. Ein sehr guter Ort, um die inseltypischen Fleischspieße Espetadas zu probieren.

Lounge Bar Clube Naval do Seixal (138)
Überzeugt mit ihrer ausgezeichneten Lage direkt am kleinen Hafen, weniger mit kulinarischen Höhepunkten. Für den kleinen Hunger oder ein Glas Bier nach der Erkundung des Ortes bietet sich die Einrichtung, die vorwiegend von Touristen aufgesucht wird, allerdings durchaus an.

Kleine Wanderung zum Wasserfall Poço dos Candeeiros (139)
Zum Glück sind die Wassermassen in dieser Gegend gering. Besucher müssen einige Meter durch einen Bach (der meist trocken ist) laufen, um diesen märchenhaften Wasserfall zu erreichen. An der Brücke parken und dem kleinen Pfad ca. 15 Minuten flussaufwärts folgen. Wenn die Bedingungen gut sind, kann man im Wasserfallpool baden. Lässt sich gut mit einem Besuch im Restaurant **Casa de Pasto Justiniano** kombinieren.

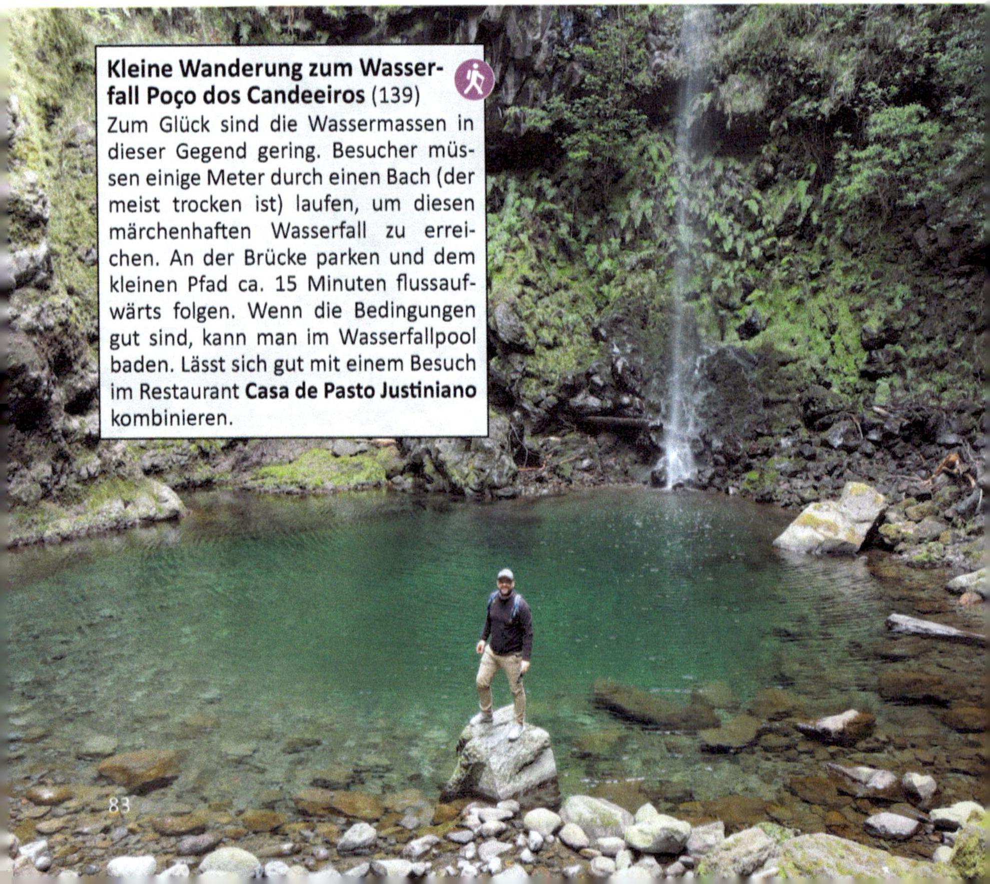

São Vicente

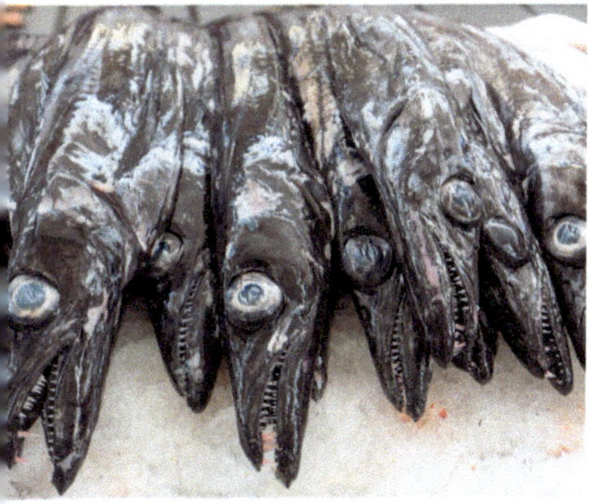

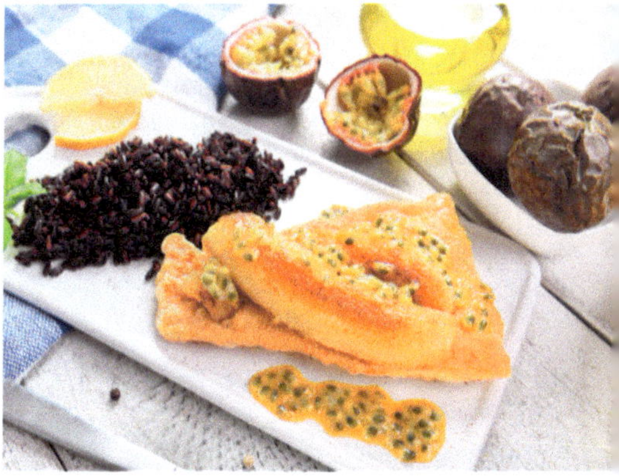

Promenade

Die Promenade von São Vicente zählt mit circa 600 Metern nicht zu den längsten auf Madeira, aber bestimmt zu den schönsten. Wer seine Unterkunft nicht im Ort hat, der parkt direkt an der Promenade oder nutzt, sofern sich kein freier Platz finden lässt, den Parkplatz an der ER104.

Soll die Zeit nach einem gemütlichen Spaziergang entlang der Promenade etwas verlängert werden, so empfehlen sich die **Padaria do Calhau** (140), mit hervorragenden Käse-Maracuja-Kuchen und die urige **Bar Porto de Abrigo** (141), in der es sehr gute Ponchas gibt. Eines der größten Sortimente an portugisischen Weinen findet sich bei **Vinhos do Norte** (142), wer die edlen Tropfen im schönen Ambiente allerdings auch probieren möchte, der ist im Shop der Önologin **Diana Silva** (143), die sich übrigens für den berühmten Ilha-Wein verantwortlich zeigt, besser aufgehoben.

Fällt der Hunger größer aus, so empfehlen sich das solide **Restaurante Caravela** (144) und der **Braseiro grill**, der besonders Fleisch- und Fischliebhaber mit fairen Preisen überzeugt.

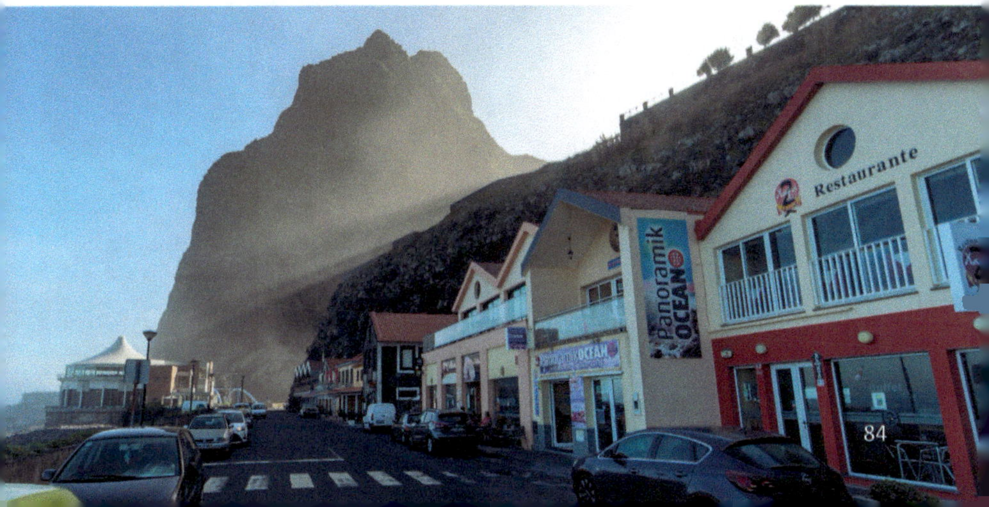

Miradouro von der Capelinhade Nossa Senhora de Fátima (145)

Circa 200 steile Stufen trennen einen vor dem Aufstieg zur Capelinha de Nossa Senhora de Fátima vom besten Blick auf São Vicente. Bis zur ersten Stufe gelangt man mit dem Auto, der Aufstieg verlangt dann aber Beinarbeit. Die Kapelle, die sich in dem etwas ungewöhnlichen Türmchen befindet, ist zumeist geschlossen, doch durch das Gitter kann ein Blick ins Innere geworfen werden.

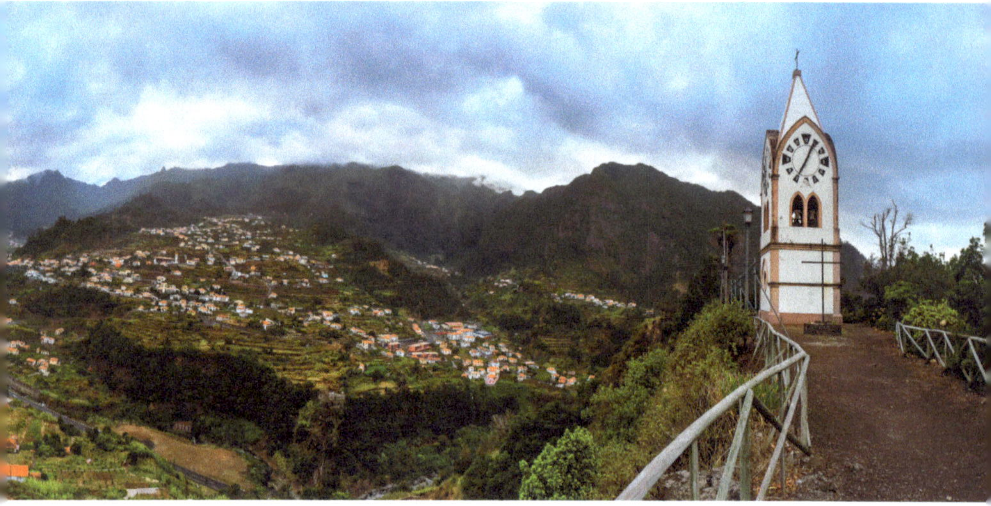

Quinta do Barbusano Winery (146)

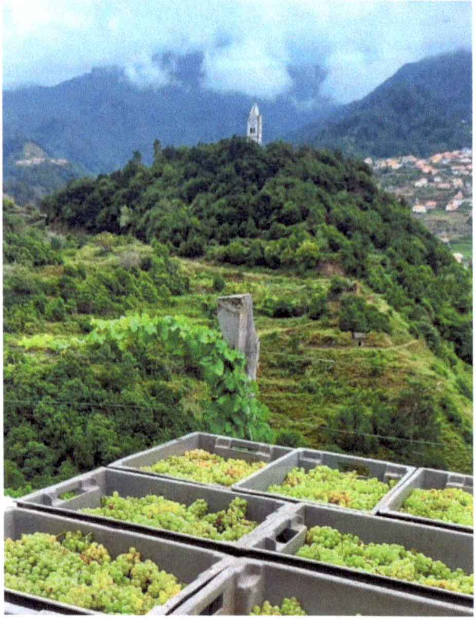

Das Weingut Quinta do Barbusano ist nicht einfach zu finden, weshalb unbedingt ein Navi zur Anfahrt genutzt werden sollte. Auf 15 Hektar baut der Önologe Tito Brazão Sorten die Sorten Verdelho, Aragones, Touriga Nacional und die Spezialität Arnsburger, eine Kreuzung zweier Riesling-Klone, an. Eine Weinprobe und ein Spaziergang durch die Steilhänge mit dem Besitzer lassen das Herz jedes Weintrinkers höherschlagen.

Madeira Surf Center (147)

Das Team dieser Surfschule ist der Hit! Ruben, Andreia und ihr Team strotzen nur so vor Motivation, Spaß und dem Drang, ihre Schüler/innen auf das Brett zu bringen. Ruben weiß genau, was er tut, schließlich hat er jahrelang an Europa- und Weltmeisterschaften teilgenommen. Es gibt verschiedenste Kurse für jedes Level. Manchmal bekommt man auch spontan einen Platz in einem Kurs. Sie bieten auch eine empfehlenswerte Unterkunft in São Vicente an. Ein Besuch auf der Homepage ist sehr zu empfehlen: www.madeirasurfcenter.pt

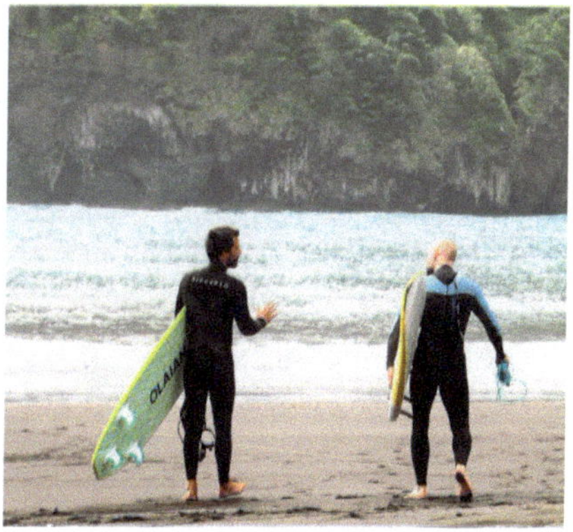

Unterkünfte

Madeira Surf Lodge (148)
Die perfekte Unterkunft für Surfer und solche, die es werden wollen. Wer etwas modernes sucht, ist hier falsch. Wer Authentizität, Gemütlichkeit und einen saftig-grünen Außenbereich bevorzugt, wird sich hier wohlfühlen. Ein großer Faktor ist der gemeinschaftlich genutzte Wohnbereich, in dem man leicht ins Gespräch mit Gleichgesinnten kommt.

Granny´s Farm (149)
Paradiesisch!
Bilder und Worte werden der Schönheit dieser Unterkunft nicht gerecht. Sie liegt mitten im Grünen, etwas ab vom Schuss. Es gibt die Möglichkeit in Bungalows oder Zelten zu übernachten, letztere sind naturgemäß sehr hellhörig. Äußerst schön mit einer Mischung aus Boho- und Skandi-Style ausgestattet. Purer Wohlfühlfaktor! Der Außenbereich ist ein Paradies!

Chalé Fajã de Cima (150)
Für Selbstversorger, die es einsam mögen: Ein wunderschönes Chalet im grünen Nichts, umgeben von Bergen und Blumen. Innen dominiert Holz. Gemütlicher Außenbereich mit Außenküche, Liegen und Hängematte.

The Waves Apartments & Hostel (151)
Ein Hostel, das seinesgleichen sucht. Die Hang-Loose-Vibes verbreiten gleich ab der Ankunft gute Laune. Die Lage ist genial: Direkt am Meer gelegen, schläft man bei Meeresrauschen ein. Sehr groß und sauber. Schneller und unkomplizierter Kontakt mit den Besitzern.

Restaurant

Lavrador São Vicente (152)
Auch wenn dieses Restaurant fast nur von Touristen besucht wird, ist es dennoch eins der besten der Nordküste. Die Aussicht in die Berge ist atemberaubend. Aber das Highlight sind die Speisen: Die Madeira-Vorspeisenplatte, der Thunfisch auf heißem Stein, und jegliche Steaks sollten nicht verpasst werden. Wie die günstigen Preise gehalten werden können, ist uns ein Rätsel.

Panoramastraße ER101 von São Vicente bis São Jorge (153)

Kurz hinter São Vicente erinnert die Landschaft an Mauritius. Am Fuße der **gewaltigen Felsen** erstreckt sich eine **üppig grüne Landschaft**. Der Atlantik erstrahlt in allen Farben und Palmen säumen den Weg. Auf halber Strecke nach Ponta Delgada führt die Straße noch enger an den Felsen vorbei und der Oleander überzieht plantagenartig ganze Landstriche. Hinter Ponta Delgada wird es eng und der darauffolgende Tunnel kann nur immer in eine Richtung gleichzeitig befahren werden. **Ab jetzt beginnt der Nervenkitzel** und jeder versteht, warum die ER101 zu den **gefährlichsten Straßen in Europa** gehört. An der einen Seite geht es steil hinunter ins Meer und auf der anderen Seite berührt man fast die Felswände. Das Aussichtsplateau **Miradouro do Bom Jesus** lockt mit einer traumhaften Aussicht. Zeit um noch mal tief durchzuatmen, denn jetzt geht es langsam aufwärts und es wird kurvenreicher. Die Gegend erstrahlt in allen Grüntönen und die blühenden Blumen sehen aus wie bunte Farbtupfer. Spitzkehren geben sich ein Stelldichein und es geht rauf und wieder runter.
Oberhalb von Arco de São Jorge geht es wieder zurück in Richtung Küste und Autofahrer werden von einem **wunderschönen Panorama** begleitet. Ein Stopp ist empfehlenswert, denn Arco de São Jorge ist die Stadt des Wassers und des Weines. Im Weinbaumuseum kann man sich über die Weinherstellung der Region informieren und an den vielen Trinkbrunnen kann man **wohltuendes Quellwasser** probieren. Der Weg führt ins Landesinnere zurück und fortan ist alles noch dichter bewachsen als vorher. Ein Halt am Aussichtspunkt **Miradouro da Beira da Quinta** (154) ist ein Muss, denn erst beim Blick auf den Ozean bemerkt man den tatsächlichen Höhenunterschied.

Die Panoramastraße ER101 ist **eine Herausforderung** in jeder Hinsicht. Die anspruchsvolle Strecke verbindet typische Facetten der Insel. Es sind die Kontraste und diese stetig grüne Landschaft, an der man sich einfach nicht sattsehen kann. Manchmal lässt die Gegend einen auch nachdenklich zurück und man fragt sich, wie die Menschen sich früher ohne Autos versorgt haben. Kein Wunder, dass jedes Haus einen Nutzgarten besitzt. Manche Insulaner verkaufen **frisch geerntetes Obst und Gemüse** am Straßenrand. Die **Qualität ist unübertrefflich**. Einige Bauernhäuser sind zu Cafés und Restaurants umgebaut wurden. Die Einkehr lohnt sich, denn oftmals kommen nur traditionelle Inselgerichte auf den Tisch. Zudem kommt man schnell mit Einheimischen ins Gespräch und lernt **Madeira von einer anderen Seite** kennen. Entlang der gesamten Strecke findet man überall kleine Wanderwege und Naturpfade, an denen es einiges zu entdecken gibt.

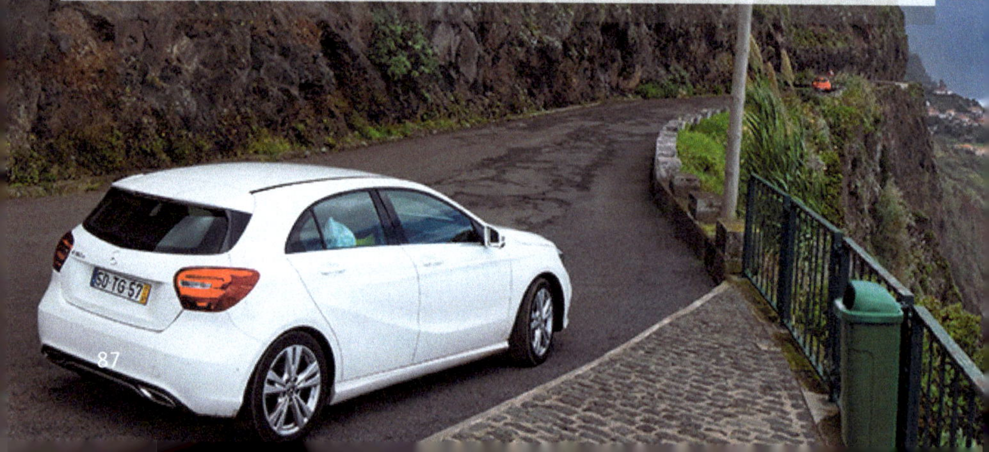

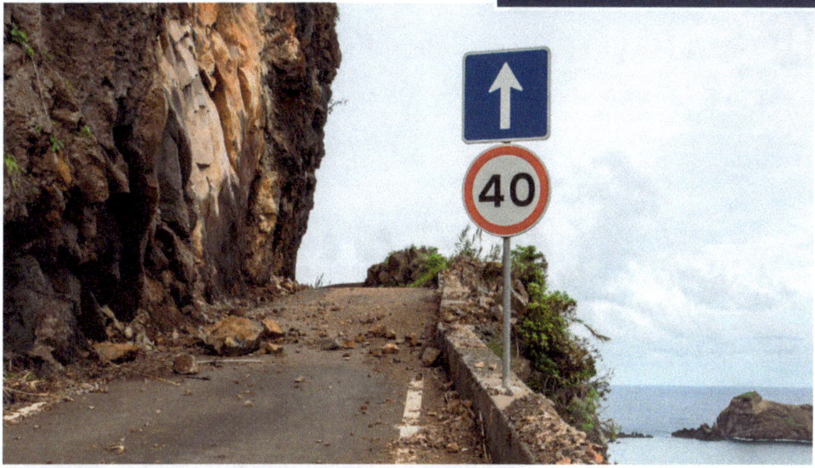

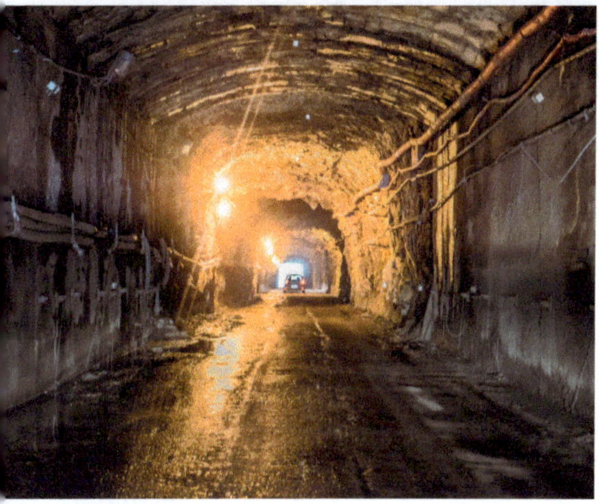

Bevor man die Küstenabschnitte der ER101 befährt, weisen große Schilder auf die **Gefahr des Steinschlags** hin. Auch wenn Straßen geschlossen werden, wenn (bspw. durch Regenguss) akute Gefahr herrscht, sollte man sich dieser immerwährenden Gefahr bewusst sein.

Die **Tunnel gehören teils zu den ältesten Madeiras**. Sie sehen mit ihren rauen Wänden gewöhnungsbedürftig aus, sind aber sicher.

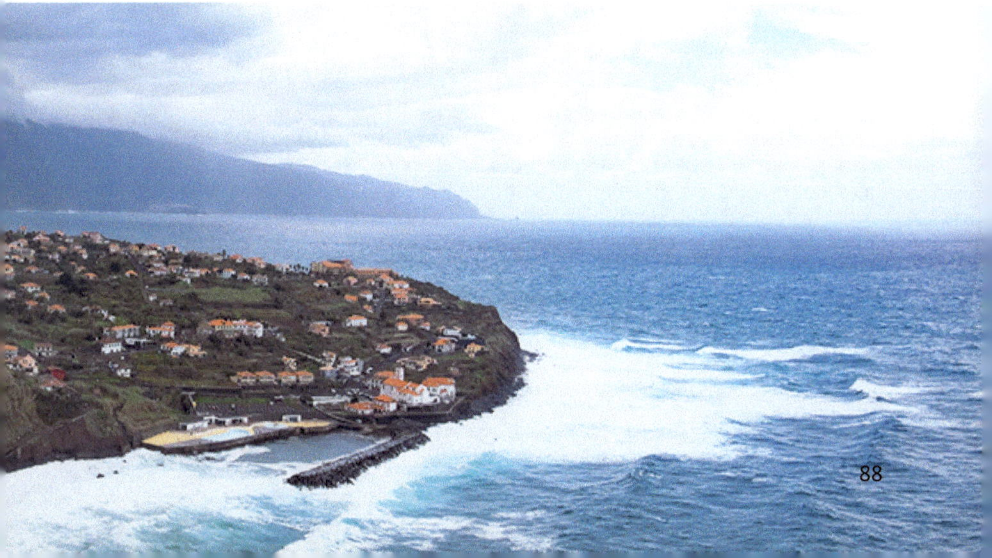

Boaventura

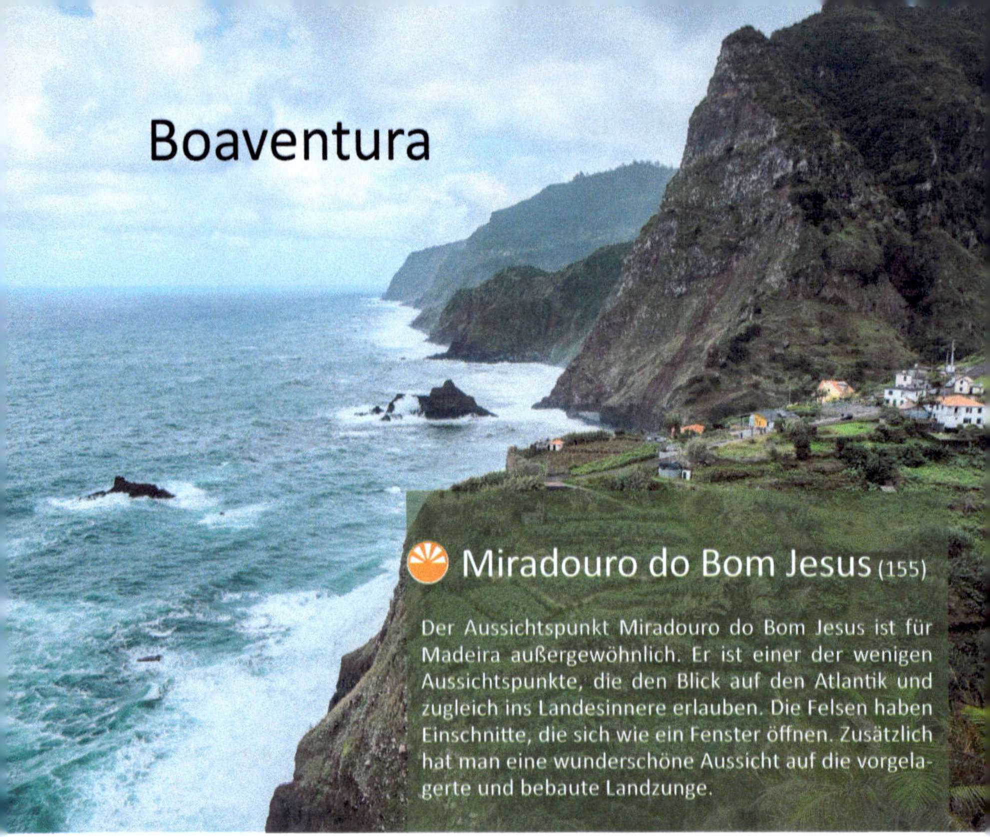

Miradouro do Bom Jesus (155)

Der Aussichtspunkt Miradouro do Bom Jesus ist für Madeira außergewöhnlich. Er ist einer der wenigen Aussichtspunkte, die den Blick auf den Atlantik und zugleich ins Landesinnere erlauben. Die Felsen haben Einschnitte, die sich wie ein Fenster öffnen. Zusätzlich hat man eine wunderschöne Aussicht auf die vorgelagerte und bebaute Landzunge.

Terra Bona Nature and Vineyards (156)

Der Weintourismus steckt auf Madeira, abgesehen vom Madeirawein, noch in den Kinderschuhen. Die Familie, die sich mit großer Leidenschaft und Hingabe dem Aufbau der Terra Bona Nature and Vineyards widmet, geht als erstklassiges Beispiel voran. Weinliebhaber, die mehr über den Anbau, über alte Reben und dergleichen erfahren möchten und dabei Tag für Tag in eine Welt der Genüsse eintauchen wollen, sind bei Terra Bona Nature and Vineyards bestens aufgehoben.

Penalti (157)

Beste Espetada

Zwar klingt die Snackbar Penalti eher nach einer Absteige für johlende Fußballfans, damit hat man allerdings weit gefehlt. Die Bar, die eher ein Restaurant ist, bietet erstklassige Mahlzeiten zu mehr als fairen Preisen. Je nach Saison kommen einzelne Zutaten, wie Salat oder Kartoffeln aus dem eigenen Garten. Außerdem ist es einer der besten Orte, um die typisch madeirianischen Fleischspieße Espetada zu essen. Frisch über Kohle gegrillt, sind sie ein wahrer Genuss!

Poço de André (158)

Der Weg zu diesem kleinen, aber nicht minder schönen Wasserfall ist kurz, aber schwierig. Er beginnt außerhalb von São Cristóvão, in Küstennähe und ist nur etwas für sehr geübte Wanderer, die zusätzlich über das passende Schuhwerk verfügen. Denjenigen, die den nur 1,2 Kilometer langen, aber unbefestigten Weg zurücklegen möchten, wird dringend geraten, dies nur nach mehreren trockenen Tagen zu tun, da schon nach wenigen Stunden des Regens der Weg praktisch unbegehbar wird. Wer den kaum besuchten Weg hinter sich bringt, der wird mit einem Idyll der Ruhe belohnt, das es selbst auf Madeira nur noch selten zu finden gibt.

Caminho da Entrosa (159)

Alte Küstenwege, die vor dem Bau der Straßen die Ortschaften miteinander verbanden, sind auf Madeira heute kaum mehr aufzufinden.
An der Nordküste ist ein bezaubernder Abschnitt eines solchen Saumpfades erhalten geblieben, nur 2 km lang. Der Weg ist breit und asphaltiert und hat keine exponierten Stellen oder Geländer. Er liegt stellenweise 200 m über dem Ozean, sodass diese Tour eher etwas für Schwindelfreie ist. Wanderer sollten auf diesem Weg immer wieder die Augen aufhalten, denn zu einer der Besonderheiten dieses Wegs zählen die alten Ruinen, von denen nicht mehr viele ihrer ursprünglichen Funktion zuzuordnen sind.

Ocean Retreat

Restaurante de São Cristovão (160)

Restaurant mit bester Aussicht

Das Restaurant lockt mit üppigen Portionen, der Fisch ist delikat und zu den Fleischspießen sieht man so hoch hinauf wie zu den Felsen. Kein Wunder, dass es hier immer voll ist. Der Miradouro direkt am Restaurant gelegen, wird von Manchen als einer der schönsten Madeiras gehandelt.

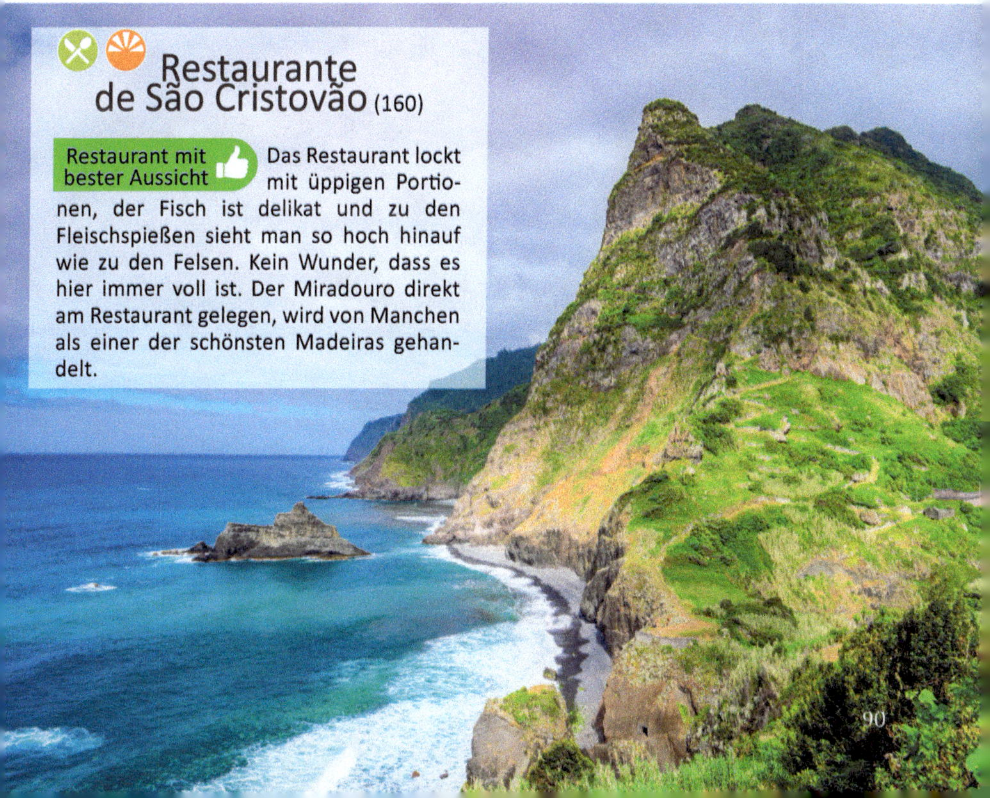

ER101 bis São Jorge

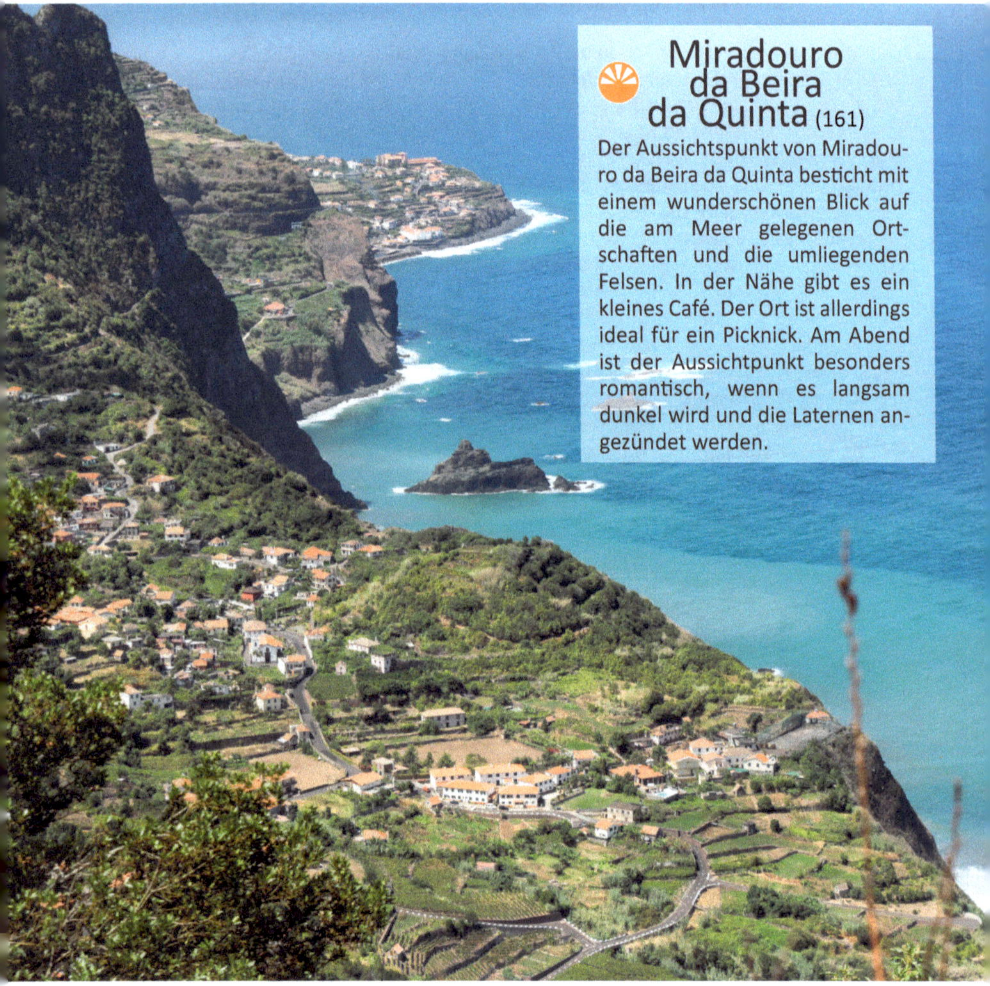

Miradouro da Beira da Quinta (161)

Der Aussichtspunkt von Miradouro da Beira da Quinta besticht mit einem wunderschönen Blick auf die am Meer gelegenen Ortschaften und die umliegenden Felsen. In der Nähe gibt es ein kleines Café. Der Ort ist allerdings ideal für ein Picknick. Am Abend ist der Aussichtpunkt besonders romantisch, wenn es langsam dunkel wird und die Laternen angezündet werden.

Restaurant und Hotel

Cabo Aéreo Café (162)
Im Cabo Aéreo Café steht der Chef persönlich am Grill. Das Interieur ist sauber, hell und modern, die Gerichte sind köstlich – mit Abstand die beste Einkehrmöglichkeit in São Jorge.

Casas das Proteas (163)
Fernab vom Trubel wartet das kleine Steinhaus von Teresa und Luis auf Gäste. Für Individualreisende und Paare zählt diese Unterkunft mit zum Besten, was es in der Gegend zu finden gibt. Die Eigentümer kennen die Region in- und auswendig. Allerdings liegt es etwas abgelegen, daher nur für Autofahrer empfehlenswert.

Die Königslevada
PR18 Levada do Rei (164)

Dieser Wanderweg vermittelt Eindrücke, die man noch lange in Erinnerung behalten wird. An vielen Stellen überragt das Grün der Bäume und Pflanzen so stark, dass man glaubt im tiefsten Dschungel zu sein. Die steinigen Abschnitte wirken dagegen schon fast karg. Überall plätschert Wasser und bricht diese wohltuende Stille. Ein idealer Ort, um dem Alltag zu entfliehen. Den Wasserfall kann man selbst an heißen Tagen nicht trocken passieren. Wer sich durch die Wassermassen traut und weiter hinauf steigt, der erreicht eine friedvolle kleine Lagune. Die Aussicht auf Santana und die landwirtschaftlichen Flächen ist sagenhaft.

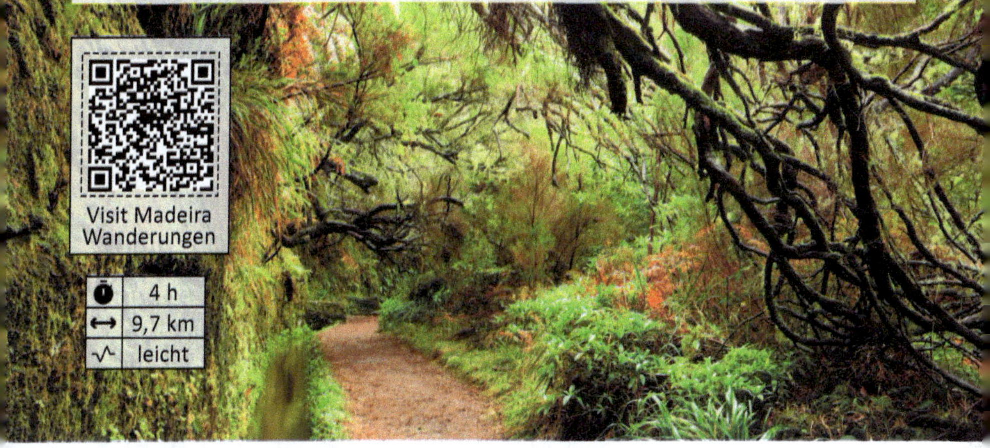

Visit Madeira Wanderungen

⏱	4 h
↔	9,7 km
⩘	leicht

Ruinen von São Jorge (165)

Die Ruins of St. George sind die Überreste einer alten Zuckerrohrmühle. Ein Torbogen ist erhalten geblieben und weist den Weg zu einem der wenigen Strände der Insel. Im Winter ist es hier an Wochentagen menschenleer und durch das trübe Wetter herrscht eine mystische und schon fast unheimliche Atmosphäre. Einige Ruinen liegen in den Felsen und wirken wie eine Ausgrabungsstätte.

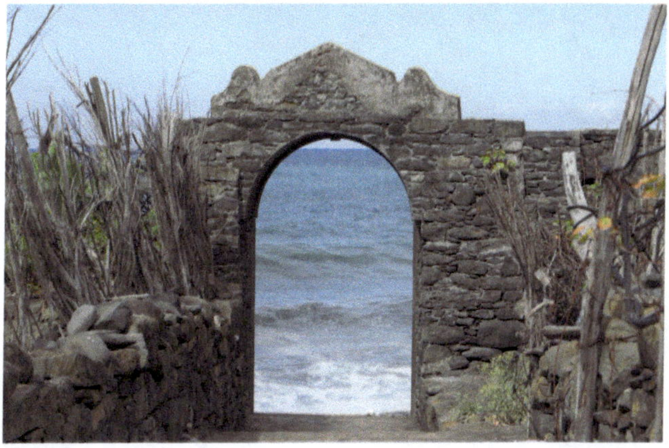

Santana

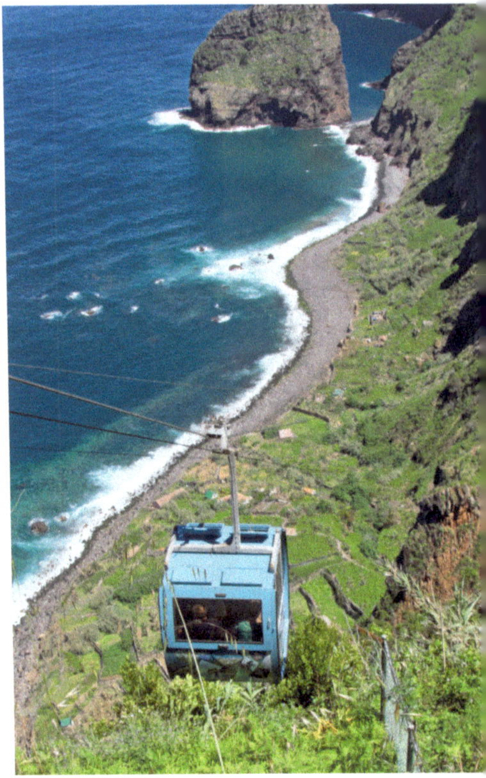

Santana Cable Car (166)

Die Fahrt mit der Seilbahn ist nichts für Menschen mit Höhenangst. Wer sich trotzdem traut, der wird mit spektakulären Aussichten belohnt und kann sich nicht satt sehen an diesen Naturschönheiten. Die Fahrt kostet Hin und Zurück 5€, dauert nur fünf Minuten und bleibt doch ein unvergessliches Urlaubserlebnis. Die Seilbhan wurde ursprünglich nicht für Touristen gebaut, sondern sollte den Bauern einen schnelleren Zugang zu den Feldern gewähren. Leider ist sie immer wieder mal geschlossen, man muss also ein bisschen Glück haben. Aber auch wenn sie nicht fährt, hat man von hier aus einen wunderbaren Ausblick auf die steilen Weinhänge. Wer eine große Anstrengung nicht scheut und sehr trittsicher ist, kann hinabwandern (1 Std pro Strecke). Belohnt wird man mit mehreren Wasserfällen, herrlichen Ausblicken und ein bisschen Einsamkeit. Der Strand unten ist nicht zum Baden geeignet.

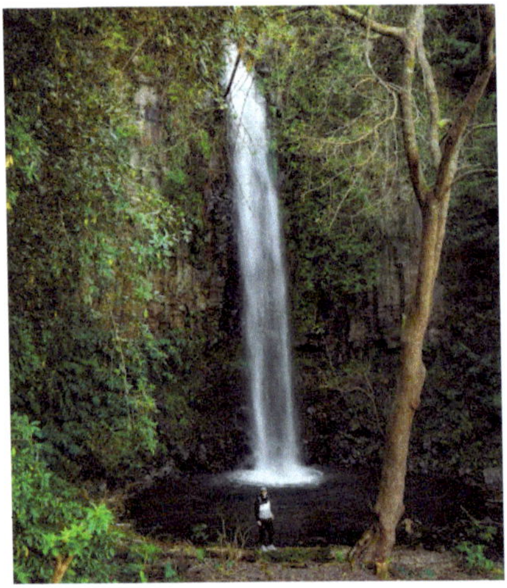

Cascata da Aguage (167)

Den Wasserfall Cascata da Aguage muss man im Winter besuchen. Dann trägt er enorme Mengen an Wasser, das sich quer über die Felsen ergießt und hinab donnert. An der Straße Est. de St. Antonio (Markierung auf Onlinekarte) nach dem Schild "Caminho da Ribeira do Cantinho" Ausschau halten. Diesem Schild folgen. 10 Min Fußweg.

Traditionelle Santana Häuser (168)

Die typischen Santana-Häuser sind schon seit Jahrzehnten ein Merkmal für die gesamte Insel. Immer wieder finden sich einige der Reetdachhäuser, deren Dächer alle vier bis fünf Jahre ausgetauscht werden müssen, in der Landschaft. Im Zentrum von Santana befinden sich ein paar moderne Nachbauten der Häuser, in denen allerdings hauptsächlich Souvenirs verkauft werden. Einst stellten die einfachen, schnell zu errichtenden Häuser ein gewisses Level an Wohlstand für die Inselbewohner dar, heute dienen sie fast ausnahmslos dem Tourismus.

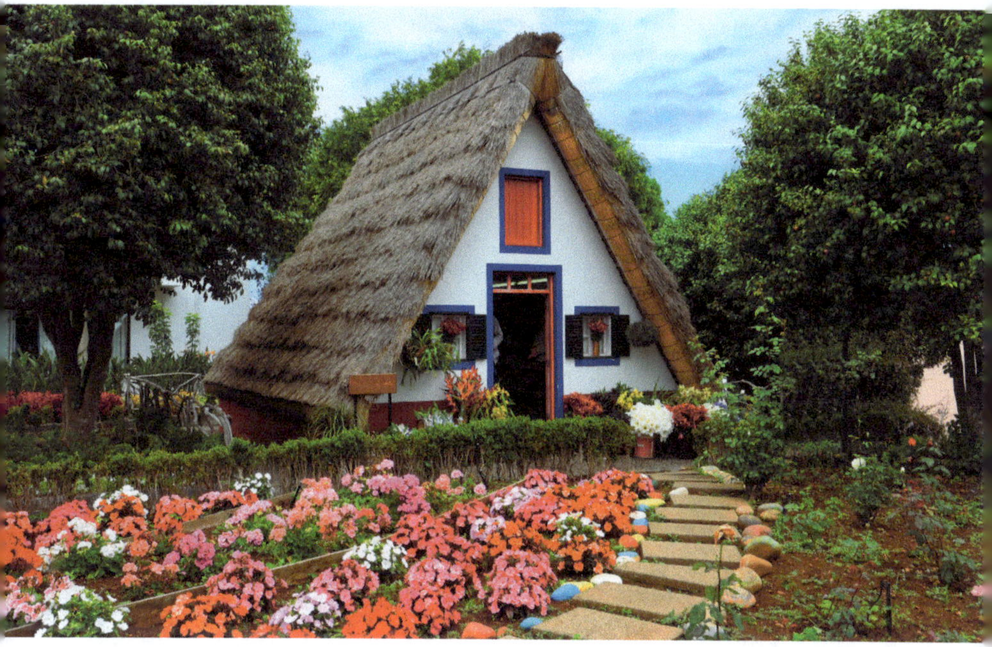

Unterkunft

Quinta do Furão (169)
Ein in jeder Hinsicht außergewöhnlich traumhaftes Hotel, bei dem wirklich jedes Detail stimmt. Die Lage direkt an den Klippen ist kaum zu toppen. Es lohnt sich ein Zimmer mit Meerblick! Nicht gerade günstig, aber genau das Richtige, um zu entspannen.
www.quintadofurao.com

Restaurant

Sabores da Ritinha (170)
Eine einfache Snackbar, wie sie im Buche steht. Die Gerichte sind preiswert, einfach und bei Ritinha gibt es immer die Möglichkeit, Einheimische kennenzulernen. Das Tagesmenü darf jedem Besucher ans Herz gelegt werden. Der Ort, um Francesinha zu probieren!

Von Santana aus führt eine Straße bis zum Wanderparkplatz des Pico Ruivo. S. 133

Faial

Miradouro de Nossa Senhora dos Bons Caminhos (171)

Miradouro de Nossa Senhora dos Bons Caminhos hat etwas Magisches. Das ganze Jahr über kommen Pilger zur Madonnenstatue, die geschützt hinter einer Scheibe steht. Im Mai und Oktober finden hier oben Prozessionen statt. Wochentags kann man hier am Vormittag eine himmlische Ruhe genießen.

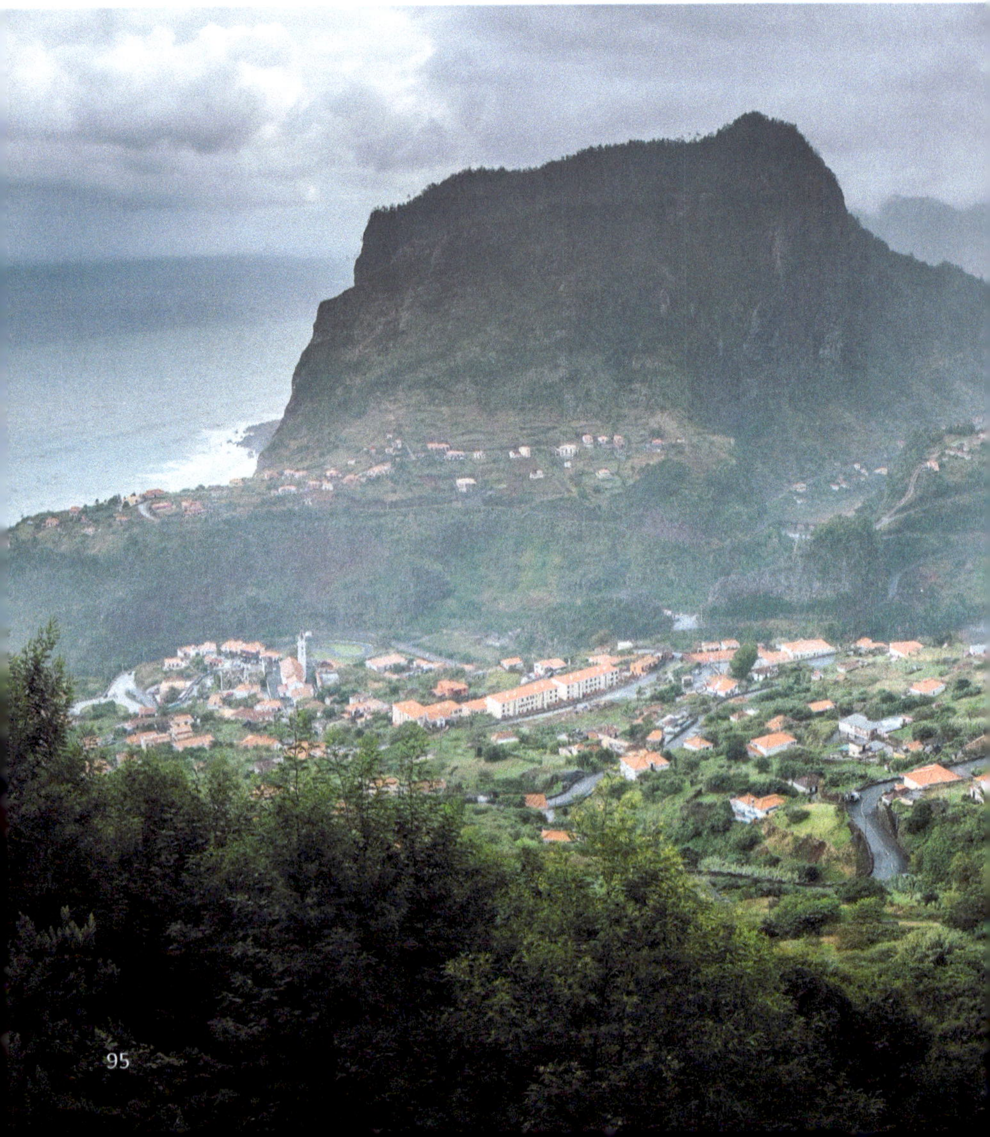

Miradouro do Guindaste (172)

Das Meer hat den Felsen bei Miradouro do Guindaste diese rollenartige Form gegeben. An diesem Aussichtspunkt sind zwei Glasplattformen zu finden, die über die Klippen hinwegragen. Nervenkitzel und grandioser Ausblick gleichzeitig. Wenn man den Skywalk zum Sonnenaufgang besucht, bricht die Sonne an den Felsen, der Frühnebel löst sich langsam auf und am Horizont kommt Porto Santo zum Vorschein.

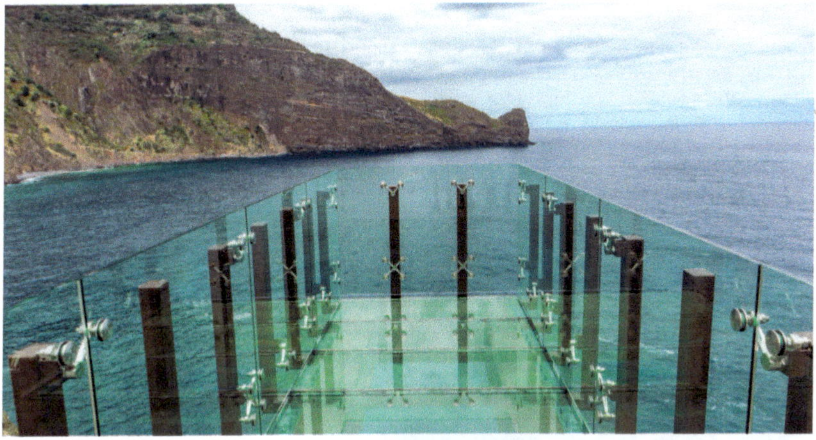

Cascata Agua d'Alto (173)

Wild, feucht, abenteuerlich

Einer dieser Orte, die Madeira so besonders machen. Ein versteckter Wasserfall, der nicht ausgeschildert und nicht allzu leicht zu erreichen ist. Nichts für Höhenängstliche. Nur mit Wanderschuhen! Da man nah an privaten Gärten vorbeigeht, sollte man sich besonders respektvoll verhalten. Am Schild "Água D'Alto Municipal Road - Ramal 2" / Sackgasse (auf Karte markiert) dem asphaltierten Weg folgen. Betonplattenweg hoch. Überwucherte Treppen weiter bis zur Levada gehen, hier links stromaufwärts bis zum Wasserfall.

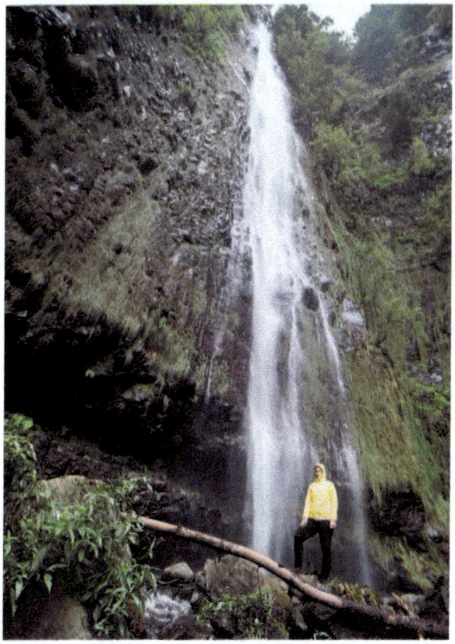

Von Faial aus führt die ER103 über einen Bergkamm mit wundervollen Ausblicken in die Bergregion. Siehe S. 121

Porto da Cruz

Baden und Strände

Die zwei Strände von **Alagoa Beach** (174), **Praia da Maiata** (175) und das **Schwimmbad von Porto da Cruz** (176) liegen unmittelbar beieinander. An der Rua so Cais in Porto da Cruz kann man seinen Wagen abstellen und die zwei Strände auch innerhalb einer Wanderung erkunden.

Im **Piscina do Porto da Cruz** findet jeder einen Platz, der ein Meerwasserschwimmbad mit Sonnenliegen, Duschen und Toiletten dem Strand vorzieht. Es ist günstig und in der Saison sehr sauber. In der Nebensaison ist es nicht zu empfehlen.

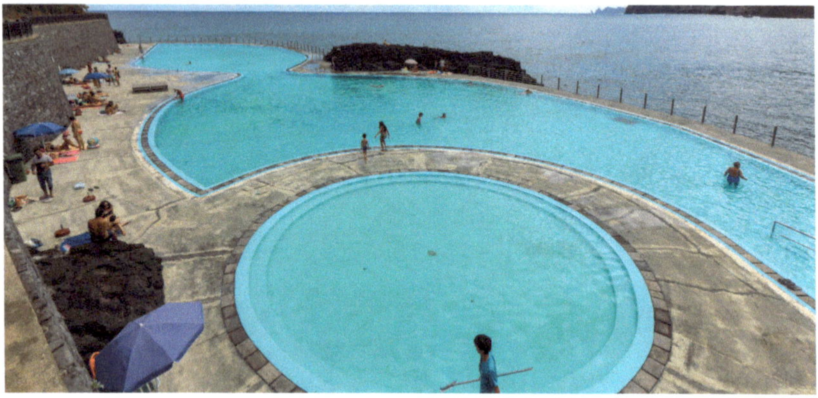

Alagoa Beach ist eine Mischung aus einem schwarzen Sand- und Steinstrand, vor dem sich ein imposanter und klobiger Felsen erhebt. Hier tummeln sich bei windigem Wetter viele Surfer. Es gibt gleich mehrere Surfschulen. Das Stadtzentrum von Porto da Cruz kann man in wenigen Minuten zu Fuß erreichen. Es gibt einen Wanderweg, der direkt an der Küste entlang führt.

Der **Strand Praia da Maiata** ist unter Touristen weniger bekannt. Er liegt wunderschön in einer Bucht östlich von Porto da Cruz und ist mit dem Auto erreichbar. Die Felsen ringsherum sind von mäßiger Höhe und dadurch genießt man einen großartigen Weitblick. An windigen Tagen kommen Insulaner zum Surfen hierher. Nach einem Strandtag kann man in Porto da Cruz zu Abendessen.

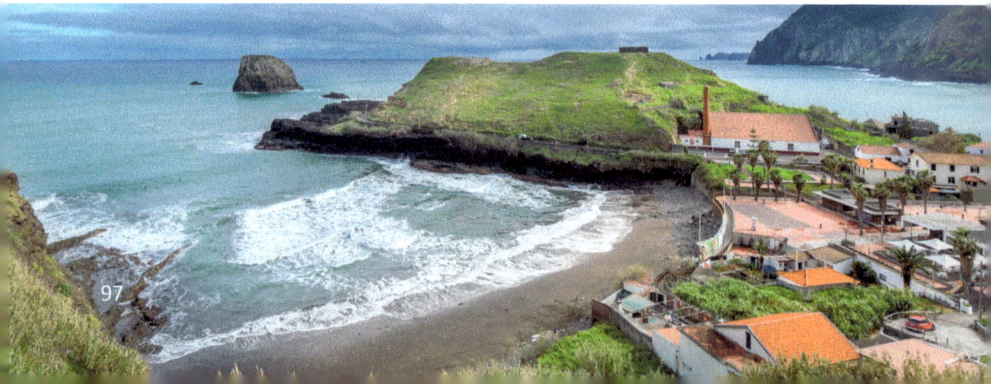

Engenhos do Norte Brennerei (177)

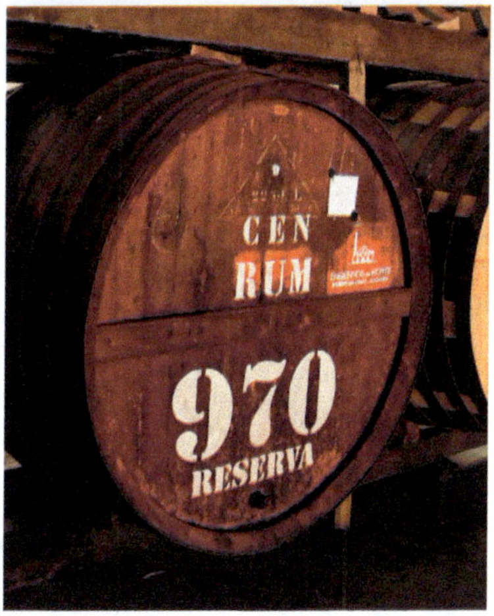

Der Geschmack des weißen Rums ist unschlagbar und er versetzt einen direkt in eine unbeschwerte Urlaubsstimmung. Die Brennerei Engenhos do Norte existiert schon seit 1927 und ist ein Überbleibsel aus der glorreichen Zuckerrohrzeit. Die Maschinen sind neu, aber der Rum ist immer noch so geschmackvoll wie damals. Zwischen März und Mai gibt es jedes Jahr verschiedene Veranstaltungen. Besonders zu empfehlen: Zarco Natrual 60 und die 970er und 980er.
www.engenhosdonorte.com

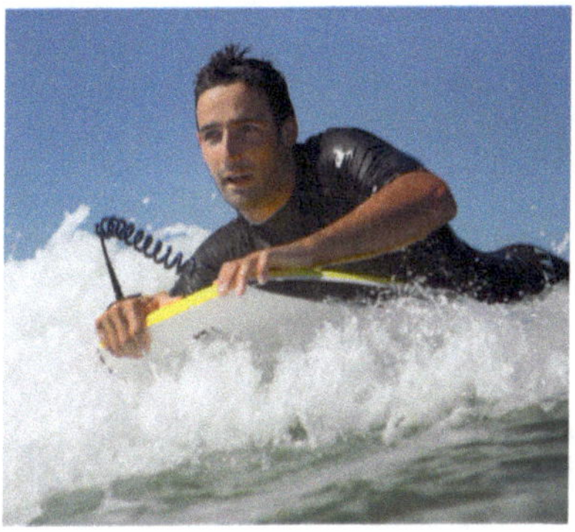

Madeira New Wave (178)

Carina Carvalho weiß, was sie tut: Bis 2016 hat sie mehrere Top10-Plätze der Europäischen Bodyboard Meisterschaften belegt. Beim Bodyboarden hat man ein kürzeres und breiteres Brett als beim Surfen und man kniet sich hin, statt zu stehen. Einfacher zu lernen, aber nicht minder spaßig als Surfen! Leider kein Deutsch, nur Englisch/ Portugiesisch. 80€/2-Stunden-Kurs.
www.madeiranewwave.com/

MadAir Paragliding (179)

Unvergessliches Erlebnis

Der Blick hinab von den vielen Aussichtsplateaus ist atemberaubend. Wer glaubt, dass es spektakulärer nicht geht, der irrt gewaltig. Mit MadAir Paragliding kann man die Insel von oben erleben und über sie hinweg gleiten. Hartmut ist 2000 von Deutschland nach Madeira ausgewandert und fliegt seitdem fast jeden Tag. Alle Flüge sind Tandemflüge und dauern im Durchschnitt zwischen 15 und 20 Minuten. Für 80 Euro kann man Madeira aus einer ganz anderen Perspektive kennenlernen.
www.madeira-paragliding.com
Wer Englisch kann, findet bei www.madeira-wings.com eine hervorragende Alternative.

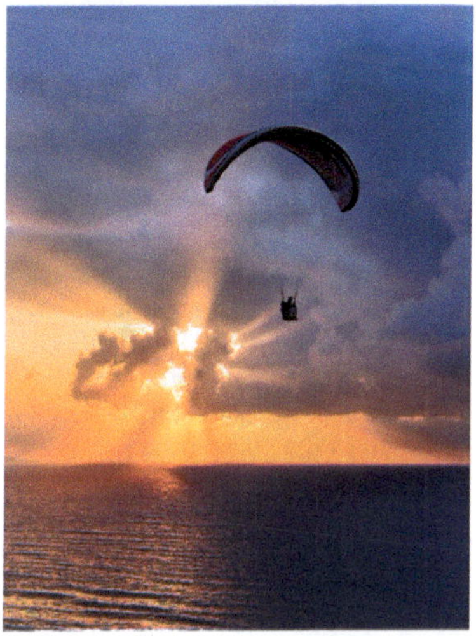

Bars und Restaurants

A Pipa (180)
Lieblingsrestaurant
Nicht wenige gehen so weit und zählen das A Pipa zu den besten Restaurants auf Madeira. Untergebracht in einem typischen Steinhaus, ist das kultige Restaurant ein Tempel für Fleisch- und Fischliebhaber. Besonders zu empfehlen sind das Thunfischsteak medium rare und die Lapas.

Praça Velha (181)
Grundsolide Gerichte, doch es ist weniger das Essen, als vielmehr die Lage, die das Restaurant Praça Velha zu einem viel besuchten Ort macht. Erst von wenigen Jahren wurde der namensgebende Platz umgebaut, er wirkt heute sauber und modern, aber weniger charmant als zuvor, würde mancher Kenner behaupten.

Ohana Bistro & Bar (182)
Eine einfache Bar mit spartanischer Einrichtung, die allerdings bei jungen Leuten und Einheimischen beliebt ist. Gut aufgehoben sind hier alle, die sich bei den Locals den ein oder anderen Tipp zu den besten Stellen fürs Wellenreiten geben lassen möchten.

Dino's Bar (183)
Der Place-to-be, wenn der Abend etwas länger werden darf. Wie an vielen anderen Orten auch wird die Poncha in Dino's Bar frisch zubereitet und natürlich auch in rauen Mengen von den bunt gemischten Besuchern genossen. Mit einem Besuch in dieser Anlaufstelle für Jung und Alt ist der Grundstein für unvergessliche Erinnerungen und so manchen Kater am nächsten Morgen gelegt.

Unterkünfte

Hotel Vila Bela (184)
Kleines und nicht besonders edles Hotel, das dennoch gerne von Reisenden gebucht wird. Zur Hochsaison kann es schon einmal etwas eng werden und zu Stoßzeiten scheint es manchmal so, als wäre das Personal etwas überfordert. Dennoch eine Empfehlung für alle, die mit Gleichgesinnten ins Gespräch kommen wollen.

Jaca Hostel (185)
Über Hostels hat sich wahrscheinlich schon jeder einmal seine eigene Meinung gebildet. Das Jaca Hostel ist in vielerlei Hinsicht genau anders als das typische Bild eines Hostels. Untergebracht ist das Hostel, das neben Dorms einige Privatzimmer mit Doppelbetten hat, in einem renovierten Familienhaus aus dem 19. Jahrhundert. Die Einrichtung ist exquisit und das Ambiente einzigartig.

Madeira Surf Camp (186)
Das Guesthouse zur Surfschule. Während der Saison treffen sich hier die Lernwilligen, um gemeinsam über Wellen zu diskutieren, in der Nebensaison ist es eine günstige, wenn auch einfache Bleibe.

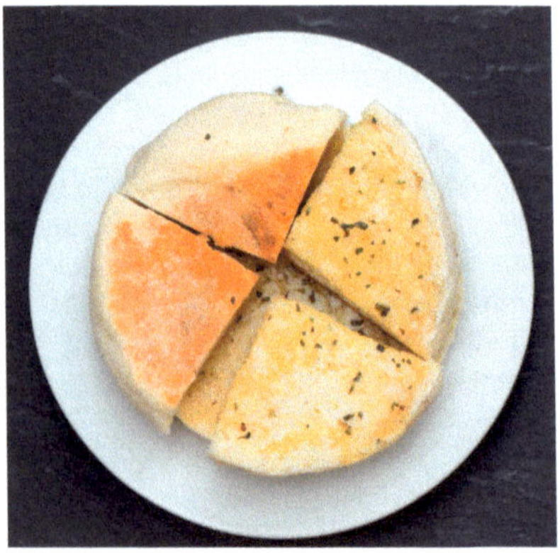

Miradouro da Portela (187)

Am farbenfrohen Blick über Machico kann sich so mancher kaum sattsehen. Verständlich ist, dass der Reisende auf Madeira nicht jeden Miradouro mitnehmen will und kann, doch dieser sollte schon auf der Liste stehen, da er weite Blicke über das landschaftlich genutzte Land um Machico herum erlaubt. Gerade zur Blütezeit erstreckt sich vor einem ein Meer der Farben, das schier kein Ende nehmen will. Passend dazu findet sich am Miradouro manchmal ein kleiner Stand, an dem ein Bauer selbst seine Produkte verkauft.

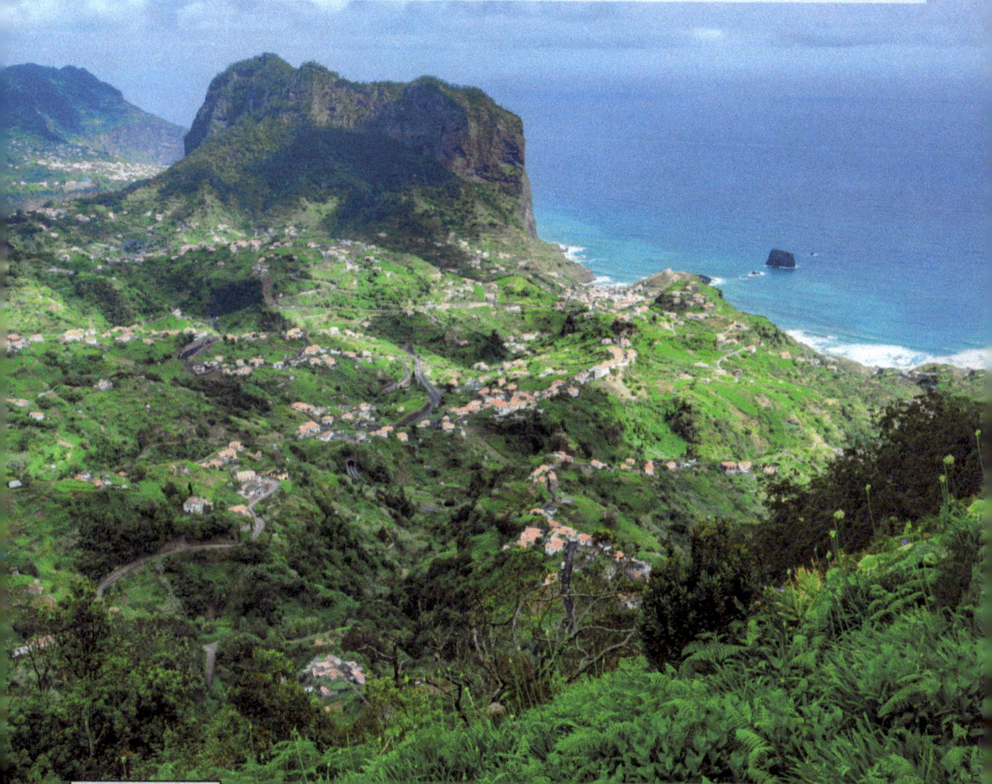

Unsere Wegbeschreibung

Von hier geht auch die Wanderung **Vereda das Funduras (PR5)** (188) los. Kein anderer Wanderweg lässt den Naturliebso sehr in die Schönheit des südlichen Lorbeerwalds eintauchen wie dieser. Er beginnt am hier am Miradouro da Portela und endet am westlichen Zipfel von Machico. Mit **7,5 Kilometern** Länge, **4 Std** Dauer und gut ausgebauten Wegen ideal für den **durchschnittlichen Wanderer.**

Im Restaurant **Portela a Vista** (189) werden die Espedatas dieses rustikalen Restaurants noch wie vor langer Zeit im offenen Kamin gebraten und zählen für so manchen Stammgast zu den besten der gesamten Insel.

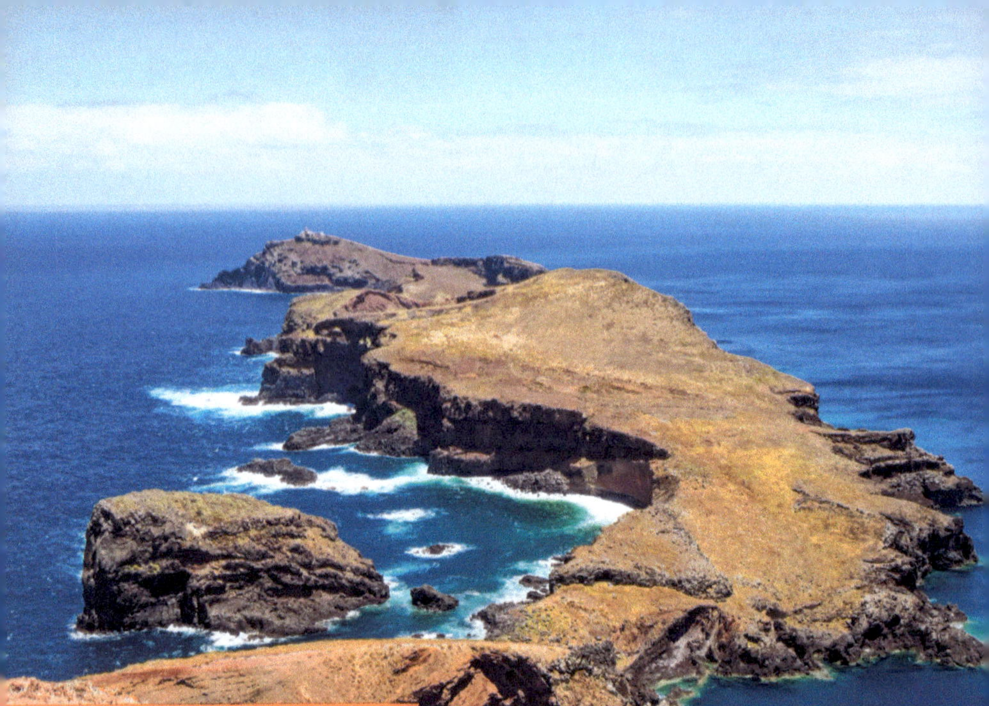

Ostküste

S. 169-174

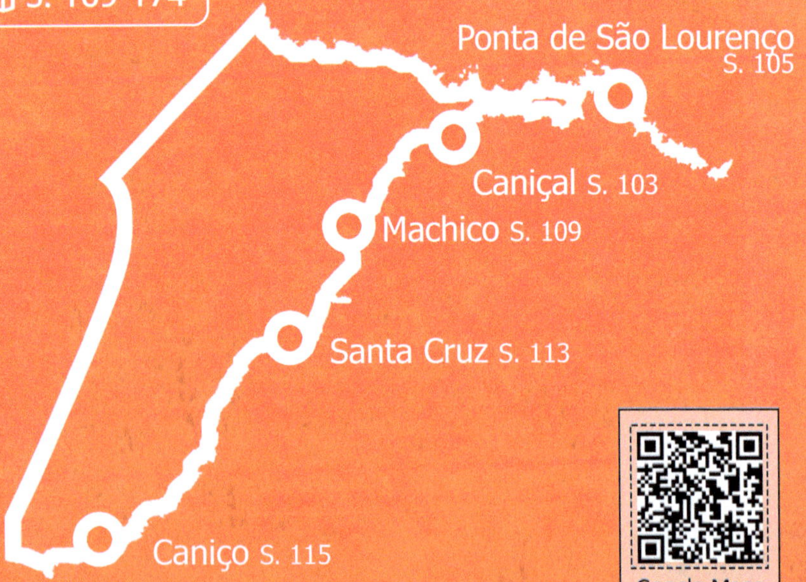

Google-Maps Ostküste

Die Ostküste Madeiras präsentiert sich als die perfekte Anlaufstelle für die aktiven Urlauber, die den Genuss mit der ein oder anderen sportlichen Aktivität, wie dem Wandern oder dem Golfen, vereinen möchten.

Beim Osten der Insel handelt es sich insofern um den ältesten Teil der Blumeninsel, als dass dort vor vielen Jahrhunderten die ersten **Entdecker zum ersten Mal einen Fuß auf das Eiland** setzten. Noch heute finden sich im Städtchen **Machico** Spuren der ersten Siedler. Doch nicht nur Freunde der Geschichte kommen in Machico auf ihre Kosten, indem sie etwa über die älteste Kirche der Insel, die Capela dos Milagres, staunen, auch so hat die Ortschaft, mit ihren **ikonischen, engen Gassen**, einiges zu bieten.

Die Ostküste bietet Naturliebhabern einzigartige Möglichkeiten, um in natürlichen Basaltpools ein erfrischendes Bad zu nehmen. Einen weiteren Höhepunkt im Osten bildet Jahr für Jahr das **Apfelfest in Camacha**. Generell bietet es sich an, an der Ostküste mehr über die **Traditionen und die Folklore** der Insel in Erfahrung zu bringen. Neben Korbwaren gibt es noch eine Menge anderer handgefertigter Kostbarkeiten, die bei Weitem nicht nur den Touristen als Andenken dienen, sondern bei der ländlichen Bevölkerung nach wie vor zum Einsatz kommen.

Mit Kindern bietet sich an der Ostküste ein Abstecher in den Ort Canical an. Im dortigen **Walfangmuseum** wird mit großem Sachverstand und viel Hingabe die eigene Vergangenheit, die vom Walfang dominiert war, aufgearbeitet.

Die Sportlichen, die zudem ein Interesse an der malerischen, wenn auch schroffen Landschaft zeigen, finden im Osten eine Menge Wanderwege und Berge, die bestiegen werden wollen. Bei der **Ponta de São Lourenço** handelt es sich zwar um keinen Berg, dafür aber um einen Ort, wie es ihn auf der gesamten Insel kein zweites Mal gibt. Die Landzunge, die sich durch ihre steilen Klippen definiert, kann bis zu ihrem Ende abgeschritten werden. Die Eindrücke, die der Wanderer dabei sammelt, lassen ihn garantiert nicht wieder los. Allerdings muss hierbei gleichzeitig angemerkt werden, dass die Wanderungen, wie sie auf der Ponta de São Lourenço und an weiteren Stellen an der Ostküste zu finden sind, eher etwa für den geübten und trittsicheren Geher sind.

Für **Sonnenanbeter und Wasserratten** bieten sich die beiden Orte Pico de Fancho und der **schwarze Naturstrand** Prainha an. Da sich gerade in den kleineren Orten im Osten weniger Gäste niederlassen, bietet sich dieser Inselteil an, wenn man auf der Suche nach **ungestörten Momenten in der Natur** ist.

Bekannt ist der Osten für seine Miradouros, von denen mancher sogar einen Blick auf die viel kleinere Nachbarinsel Porto Santo erlaubt. Wer von den natürlichen Pools, den Klippen, der schroffen Küste und der malerischen Natur genug gesehen hat, der besucht den Aquapark, der verschiedenste Arten von Wasserattraktionen bereithält und schon fast ein **Muss für Familien mit größeren Kindern oder Jugendlichen ist.**

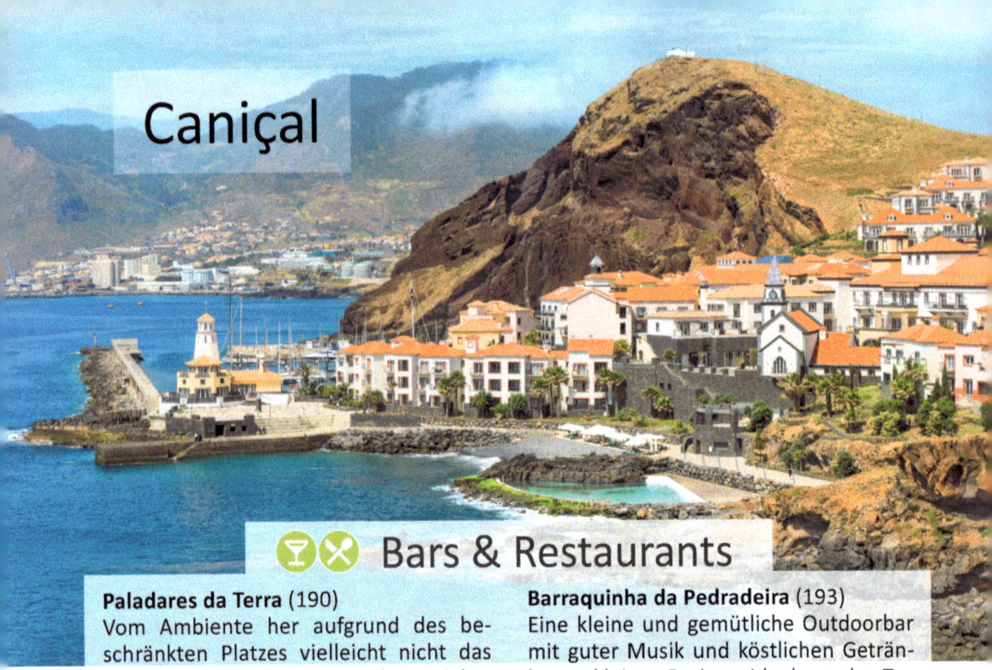

Caniçal

Bars & Restaurants

Paladares da Terra (190)
Vom Ambiente her aufgrund des beschränkten Platzes vielleicht nicht das beste Restaurant, aber was die Gerichte angeht, ein klarer Volltreffer. Die meisten Gerichte, so etwa der berühmte Meeresfrüchte-Reis, werden in Portionen für zwei serviert.

Mange Tout Café (191)
In unmittelbarer Nähe zum Walfangmuseum. Ideal für den Kaffee mit Nata oder anderem Gebäck am Nachmittag.

Tasca do Samão (192)
Eine Tasca, wie sie typischer nicht sein könnte. Hier feiern die Einheimischen bei lauter Musik, Poncha, kühlem Coral bis in die Morgenstunden. Gerade weil sich hierhin weniger Touristen verirren, ist diese Tasca einen Besuch wert.

Barraquinha da Pedradeira (193)
Eine kleine und gemütliche Outdoorbar mit guter Musik und köstlichen Getränken zu kleinen Preisen. Ideal, um den Tag ausklingen zu lassen.

Bar Twelve's (194)
Weniger eine Bar als vielmehr ein Paradies für Gourmets. Kaum an einem anderen Ort auf der Insel gibt es bessere Napfschnecken (Lapas) und das auch noch zu einem fast unverschämt günstigen Preis. Die Atmosphäre und das nette Personal lassen ebenfalls keine Wünsche offen.

Restaurante Pizzaria Ancora (195)
Die erste Wahl für alle, die genug von der typischen Küche des Eilands haben und sich einfach mal wieder eine gute Pizza gönnen möchten.

Unterkünfte

Casas do Baleeiro (196)
Für diese nette Unterkunft wurde das ehemalige Haus eines Walfängers einfach, aber stilvoll umgebaut. Für Reisende, die erst spät auf der Insel landen oder die ersten Tage besonders gemütlich gestalten möchten, bietet sich diese Unterkunft wegen ihrer Nähe zum Flughafen an.

Vila Cais da Gaivota (197)
Ein kleines, privates Paradies mit Garten, Terrasse und absoluter Ruhe. Sehr begehrt und daher oft ausgebucht.

FLH Luxury Villa Mar (198)
Eine der luxuriösesten und größten Villen, die mit sechs Doppelzimmern reichlich Platz für große Reisegesellschaften bietet.

Museu da Baleia da Madeira (199)

Empfehlung für Hobby-Meeresbiologen und Familien. Das Konzept des Museums ist modern, es wird mal mehr mal weniger kritisch mit dem damaligen und dem heutigen Walfang umgegangen. Zu den Höhepunkten dieses Museums zählen auf jeden Fall die lebensgroßen Modelle von unterschiedlichen Meeressäugern, die gekonnt die manchmal schier unvorstellbaren Dimensionen dieser Tiere aufzeigen.
Um die Ausstellung besonders intensiv zu erleben, bietet sich der Audioguide an, der unter anderem in Deutsch verfügbar ist. Man sollte 1-2 Std einplanen. www.museudabaleia.org

Strände

Praia da Ribeira de Natal (200)
Dieser Steinstrand wartet mit glasklarem Wasser und Strandliegen auf. Ein Betonsteg erleichtert den Zugang zum Wasser. Öffentliche Toiletten. Ein Besuch der Strandbar **Ritual do Sal** lohnt: Gut gemixte Cocktails!

Prainha do Caniçal (201)
Der dunkle Strand ist der perfekte Abschluss einer São **Lourenço**-Wanderung. Das Wasser ist hier kristallklar und bietet somit ausgezeichnete Möglichkeiten zum Schnorcheln. Gleich hinter dem Strand erstreckt sich die ursprüngliche Landschaft Miradouro da Prainha. Von hier oben hat man einen perfekten Blick auf das Meer und die Küste.

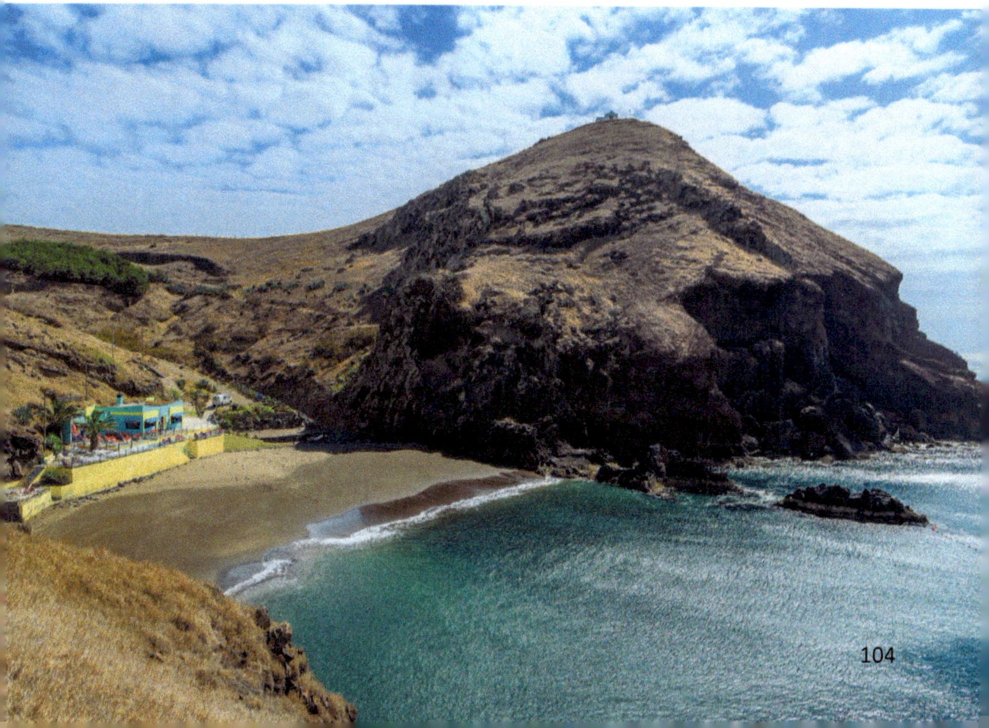

Ponta de São Lourenço

Madeiras spektakulärste Landschaft?

Miradouro da Ponta do Rosto (202)

Miradouro da Ponta do Rosto ist magisch und der beste Ort auf der Insel, um einen spektakulären Sonnenaufgang zu erleben. Die kurze Wanderung kann man hervorragend mit einer São Lourenço-Wanderung verbinden. Ponta do Rosto ist auch einer der windigsten Orte Madeiras. Eine Jacke gehört in jedem Fall ins Wandergepäck. Das Bild unten zeigt die Aussicht beim Sonnenaufgang.

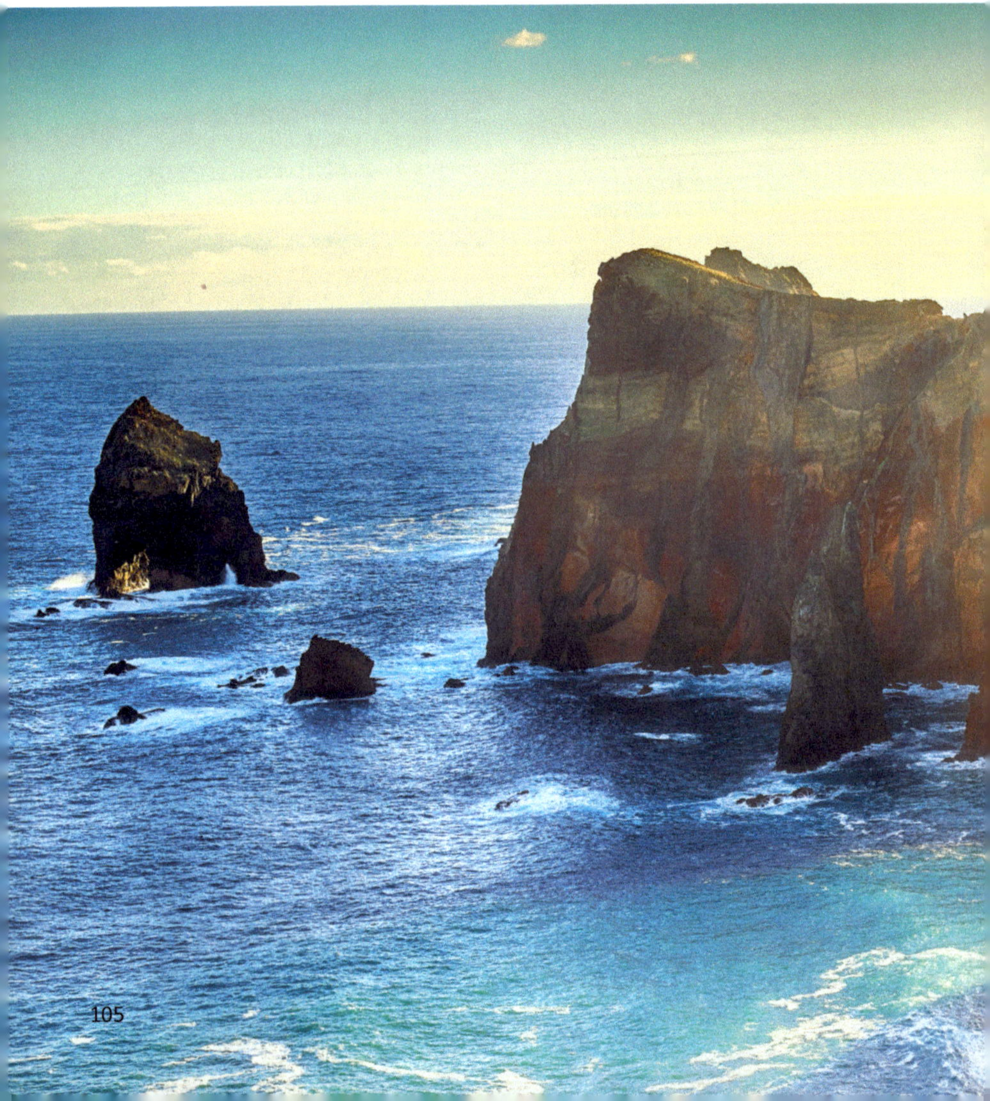

Madeira Sea Emotions (203)

Die faszinierende Landschaft von São Lourenço kann man auch vom Boot aus entdecken. Madeira Sea Emotions bietet aufregende Touren mit dem Zodiac an. Die Touren führen zu den Höhlen und Buchten entlang der steinigen Küste. Mit einem Meeresbiologen geht es hinaus auf die offene See, um Delfine, Wale und Meeresschildkröten zu entdecken. madeiraseaemotions.com

Miradouro Caniçal (204)

Der Miradouro von Caniçal zählt zu den weniger bekannten Orten und ist einfach mit dem Auto zu erreichen, Parkmöglichkeiten sind ebenfalls reichlich vorhanden. Für alle, die sich bereits in der Nähe befinden oder die wegen einer Wanderung anreisen, empfiehlt es sich, São Laurenço mit dem Miradouro von Caniçal zu verbinden. Am Abend erstrahlen die Felsen im warmen Licht und bilden damit den perfekten Abschluss für den Tag.

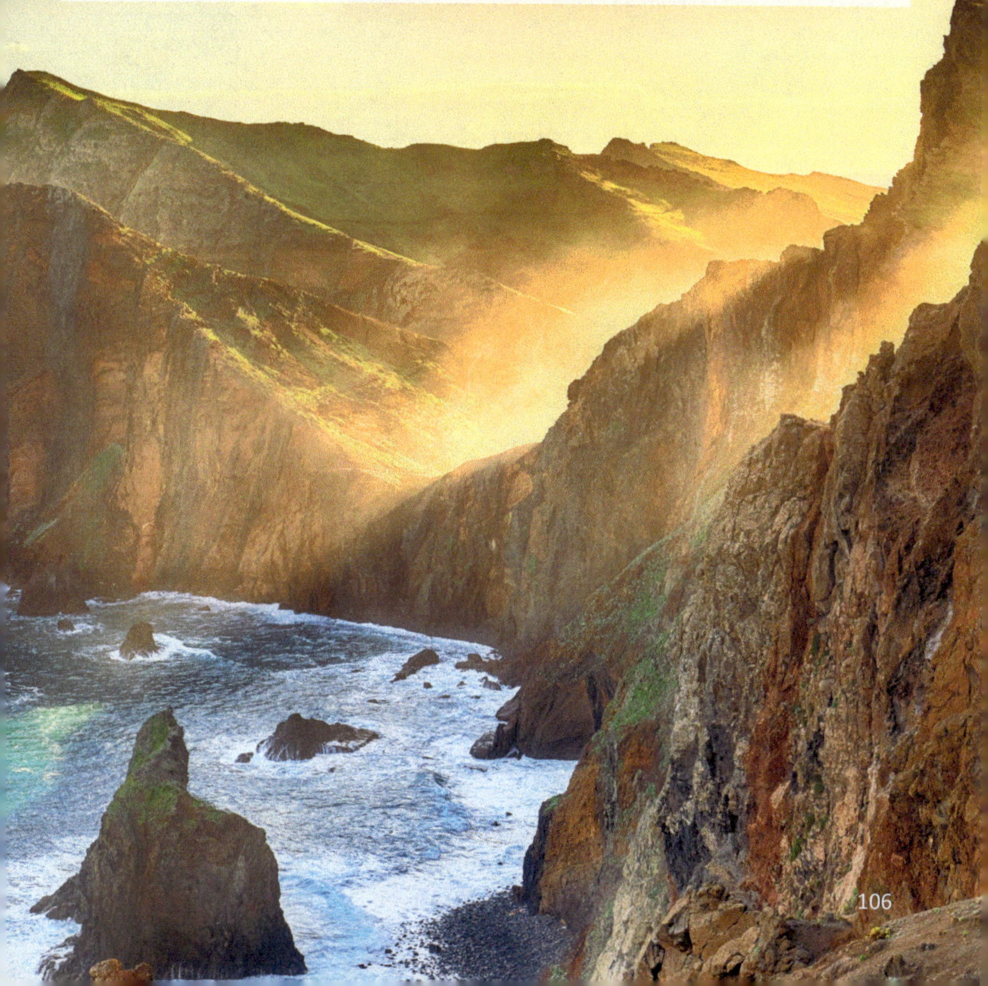

Unwirkliche Marslandschaft

PR8 Vereda da Ponta de São Lourenço PR8 (205)

Zum Sonnenaufgang ein Traum

Diesen Wanderweg kann man gar nicht beschreiben. Er verändert sich mit jedem Schritt und sieht auch zu jeder Tageszeit anders aus. Für einen Moment glaubt man auf dem Mond zu stehen. Doch hinter der ursprünglichen Vulkanlandschaft und den seltsam wirkenden Felsen erstreckt sich der tiefblaue Ozean. Dreht man sich um, dann erinnert das nächste Bild an die Südsee und an manchen Stellen hat die Natur den Charme des Maghreb. Die Sonne spiegelt sich im Wasser, wodurch sich die Intensität verstärkt und eine **Kopfbedeckung, Sonnencreme und Sonnenbrille** in den Wanderrucksack gehören. Kurz bevor man die Spitze der Landzunge erreicht, kann man in der **„Bärenoase"** (auf dem Bild unten rechts zu erkennen) einkehren. Sie lädt zum Verweilen ein und ein kühles Getränk und ein leckeres Sandwich mit Ei und Schinken geben wieder Kraft für den Rückweg.

In der Saison ist der Wanderweg ein Hotspot für Touristen. Dann muss man an den engen Stellen oft warten, weil manche Pfade für mehrere Personen zu schmal sind. Wahre Inselkenner gehen den Touristenströmen aus dem Weg und erreichen die Aussichtspunkte **in den frühen Morgenstunden**. Es ist ein unvergesslicher Moment, wenn die Sonne aufgeht und wie aus dem Meer emporsteigt. Die Wanderung lässt sich wunderbar mit einem Abstecher zum Aussichtspunkt **Ponta das Gaivotas** verbinden. Die Landschaft hat hier einen wüstenähnlichen Charakter. Inmitten des sandigen, roten Bodens erheben sich majestätisch einige Palmen.

⏱	3,5 h
⟷	6,5 km
∿	leicht

Visit Madeira Wanderungen

Wichtig: Für die Wanderung musst du dich registrieren und 1€ p.P. zahlen.
Das kannst du auf dieser Seite über den PC (oder Smartphone-Browser auf Desktopwebsite stellen) erledigen. Der Button „Anfrage" links auf der Seite führt dich zum richtigen Formular: www.rebrand.ly/SLticket

Tipp: Beim Parkplatz ist kaum Empfang und du wirst viele Touristen sehen, die ihre Handys in die Luft strecken. **Buche also unbedingt im Voraus!**

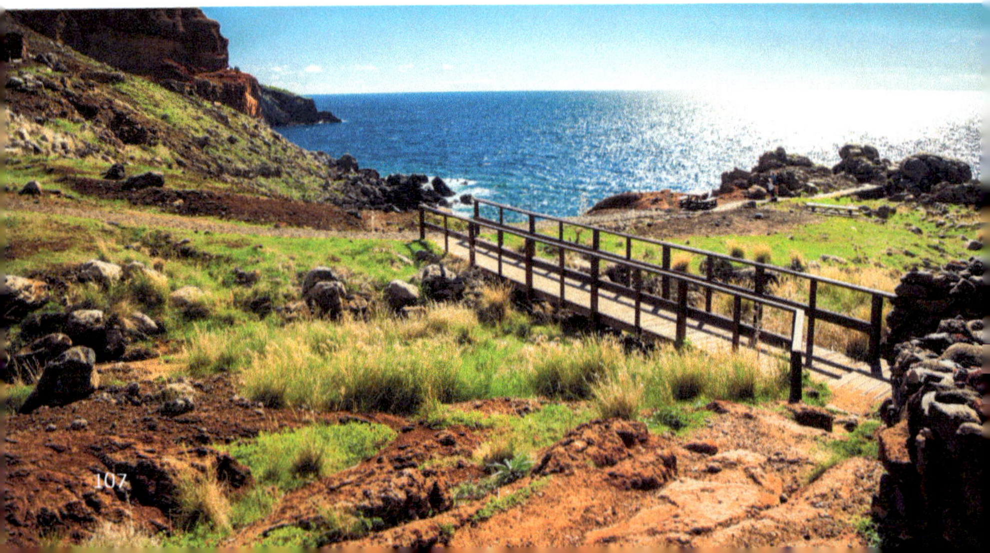

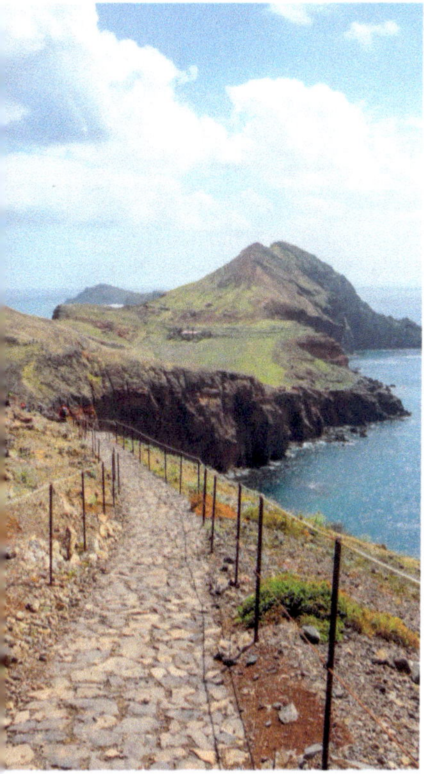

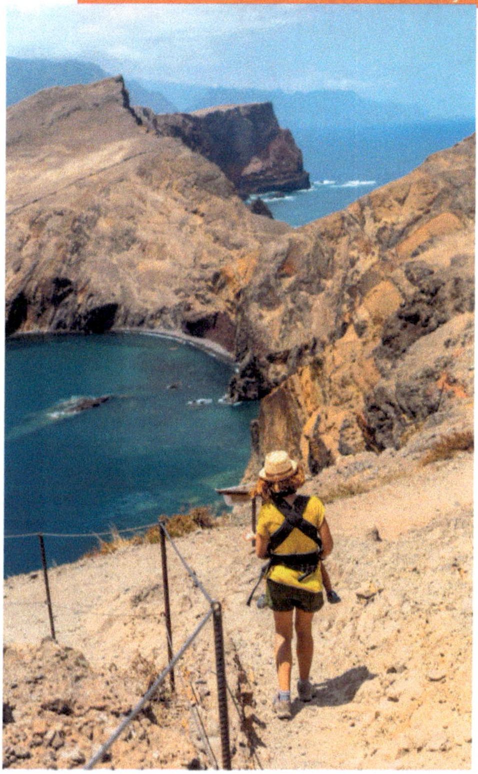

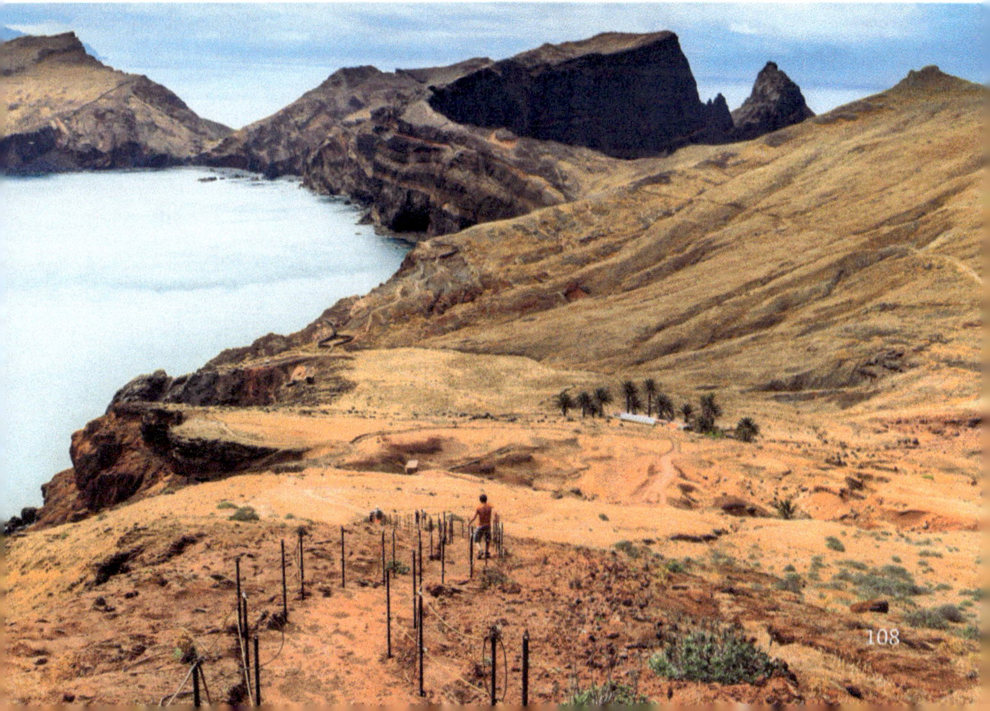

Machico

Bars und Restaurants

Blue Restaurante (206)
Im Blue Restaurante wird die Speisekarte von einheimischen Fisch- und Fleischgerichten dominiert. Gewürzt wird mit frischen Inselkräutern und auch die lokalen Früchte sind eine beliebte Beigabe. Am Abend und an den Wochenenden wird es in dem gemütlichen Restaurant voll und wer noch einen Tisch bekommen will, der muss früh da sein.

O Secreta (207)
Das Restaurant O Secreta liegt versteckt in einer Seitenstraße. Hier gibt es die leckersten Bruschetta der Insel. Die Salate und Hamburger-Varianten sind ein idealer Snack zur Mittagszeit. Es gibt auch schmackhafte Gerichte für Veganer und Vegetarier. Empfehlenswert ist das günstige Frühstück bestehend aus Getränken, einem Brot mit Rührei und Bacon und einer Portion frischen Früchten.

Snackbar Caravela (208)
Große Portionen für kleine Preise – das könnte das Motto dieser beliebten Snackbar sein. Kleine, etwas wackelige Tische, die immer gleichen Serviettenspender auf den Tischen – wer sich in den unverwechselbaren Charme der Snackbars verliebt hat, der wird diesen Ort lieben.

Talhadas Restaurante & Pub (209)
An diesem relativ beliebten Restaurant scheiden sich die Geister. Die einen schwören darauf, andere wiederum lassen kein gutes Haar an den Gerichten und am Service.

Pico Da MaréAlta (210)
Definitiv das edelste und teuerste Restaurant in der Gegend von Machico, doch nur bedingt eine Empfehlung. Die Gerichte sind geschmacklich in Ordnung und schön anzuschauen, bedauerlicherweise können sie mit den rustikalen Gerichten so manches Traditionsrestaurants nicht mithalten.

Restaurante Família (211)
Kaum Touristen, altbackene Einrichtung, etwas zu laut und dennoch einfach herrlich. Was dieses Restaurant an Atmosphäre vermissen lässt, das macht es mit hervorragendem Essen wieder wett. Mit dem Fisch des Tages liegen Gäste immer richtig.

Churrasqueira Adega do Petisco (212)
In einem Ort wie Machico darf natürlich eine Churrasqueira nicht fehlen. Hier gibt es das beste Frango, gegrillte lokale Würste, Rippchen und Fisch erster Güte.

Scorpio Madeira wild life (213)

Im Gegensatz zu vielen anderen Whale-Watching-Unternehmen auf der Insel setzt dieses auf kleine Boote und die Beratung durch erfahrene Meeresbiologen. Sichtungen gibt es beinahe immer und die passende Erklärung folgt sofort. Auch für Kinder ein einmaliges Erlebnis. www.madeirawildlife.com

Unterkünfte

V.I.P. Baia (214)
Dieses Penthouse-Apartment ist das Richtige für Gruppen oder Familien, die viel Platz benötigen und im Urlaub auf nichts verzichten möchten. Der Blick von der eigenen Dachterrasse, die große Küche, die lichtdurchfluteten Schlafzimmer und vieles mehr trösten darüber hinweg, dass die Möbel vom Stil her nicht mehr so richtig in die Zeit passen.

Nidia's Place (215)
Ein einfaches Apartment mit Terrasse, bei dem es sich aufgrund seiner guten Lage lohnt, frühzeitig zu reservieren. Ein Vorteil für Rucksackreisende ist die vorhandene Waschmaschine. Mehr etwas für Aktivreisende, weniger etwas für frisch verliebte Paare oder Erholungssuchende.

Casa da Praia (216)
Im Casa da Praia, einem eleganten Häuschen mit eigenem Garten, fühlen sich Gäste schnell wie zu Hause. Das liegt nicht nur an der modernen und geschmackvollen Ausstattung, sondern auch am netten Besitzer und an der professionellen Agentur, die stets dafür sorgt, dass Gäste jede Minute ihres Aufenthalts genießen.

Casa da Graça AL (217)
Sauberes, modernes 200m² großes Apartment mit eigener Dachterrasse. Im Sommer aufgrund der Nähe zum Sandstrand Banda d'Alem schnell und oft ausgebucht.

Praia da Banda Além (218)

Madeira ist nicht für seine Sandstrände bekannt, die Praia da Banda Além bildet dabei allerdings die große Ausnahme. Für diesen Strand, der zumeist bestens gepflegt ist, wurden extra Unmengen an Sand importiert. Am besten lässt sich der beliebte Strand zum Ende der Sommersaison, im September, genießen. Am Wochenende und an Feiertagen kann es schon mal voll werden.

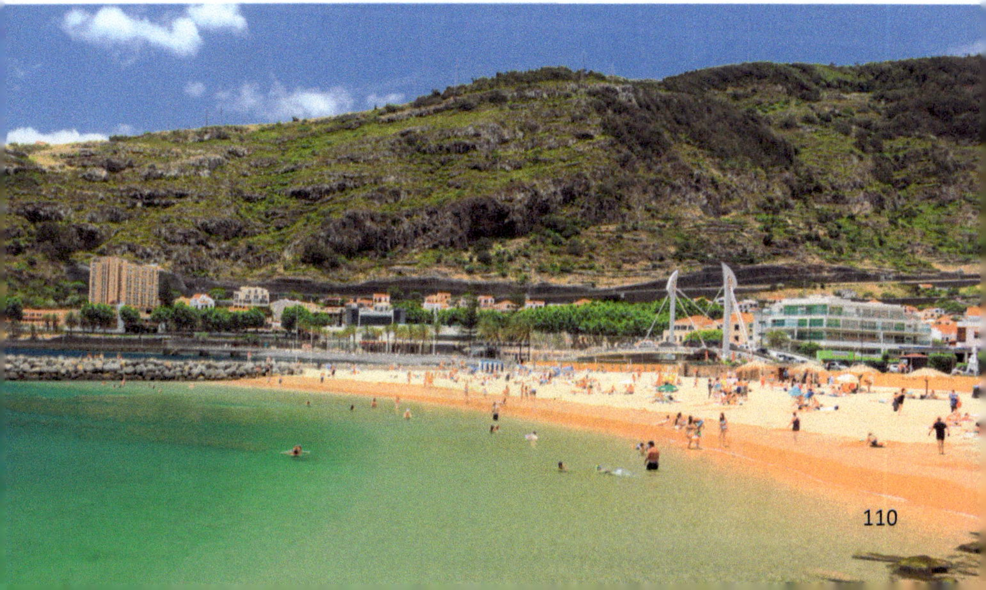

Miradouro do Pico do Facho (219)

Der Aussichtspunkt Miradouro do Pico do Facho lockt mit einem spektakulären Panorama über den Strand Praia de Machico. Früher war hier eines vieler Leuchtfeuer vorbereitet, das entfacht wurde, wenn Piraten oder andere Feinde gesichtet wurden. War das der Fall, wussten die Wachen, die an anderen Feuerpunkten Ausschau hielten, Bescheid und entfachten ebenfalls ihr Feuer. So konnte die ganze Region gewarnt werden und die Festung in Machico machte sich zur Verteidigung bereit.
In der Noite dos Fachos wird traditionell das Fest der Fachos am letzten Samstag im August gefeiert. Hier werden riesige Figuren mit Hilfe von Feuerbällen dargestellt. Den Trailer hinter dem QR-Code zu gucken, lohnt sich.
Er ist auch ein beliebter Treff für Plane-Spotter, die einen möglichst guten Blick auf landende und startende Flugzeuge haben möchten. Besonders schön ist die Aussicht im Dunkeln, wenn die Positionslichter die Umgebung hell erleuchten. Im Dezember und Januar stehen die Aloe-Vera-Pflanzen hier in voller Blüte und verwandeln die Gegend in einen orangen Teppich. Am nahegelegenen Kiosk gibt es leckeren Madeira-Kuchen und kalte und warme Getränke.

Infos & Trailer
Fachos

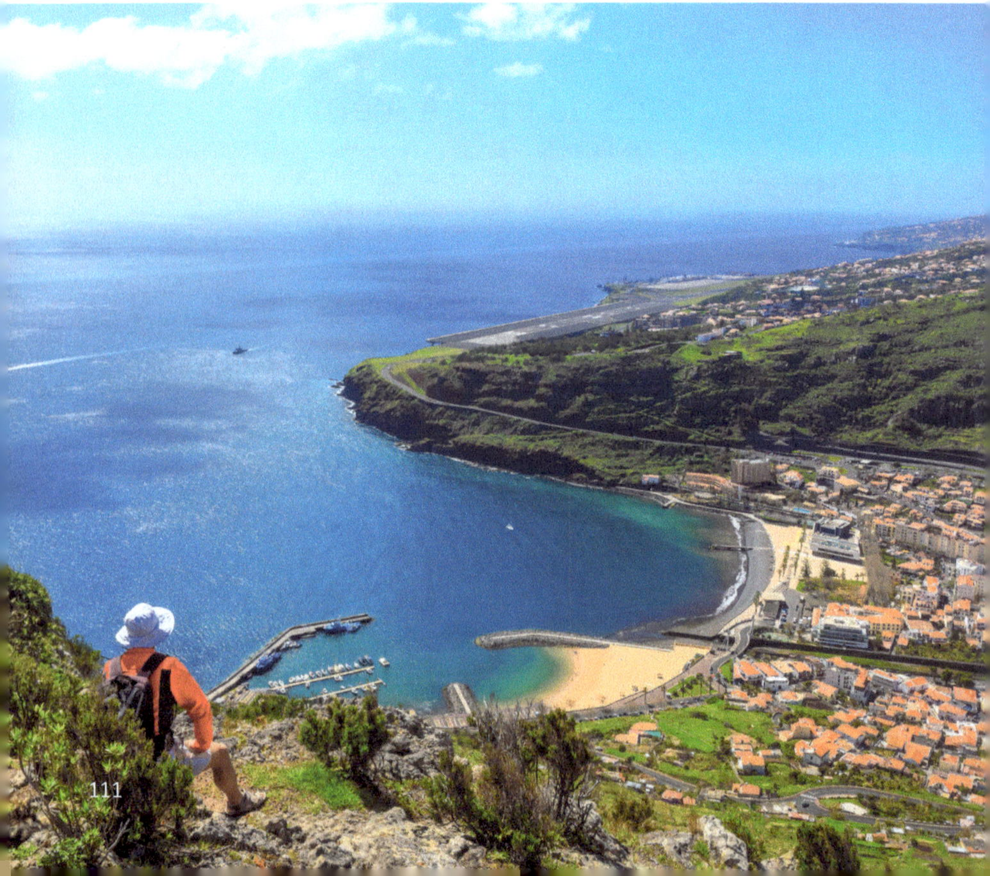

Entlang der unfassbaren Steilküste

Vereda do Larano (220)
Levada do Caniçal (221)

Einmalig an der Nordküste

Es gibt zwei Routen, die beide auf der Machico-Seite des Tunnels nach Caniçal starten und den Weg zum Aussichtspunkt Boca do Risco gemein haben. Die Wanderung wird mit jedem Kilometer märchenhafter, bis sich schließlich am Horizont der blaue Atlantik zeigt. Hier bietet der Aussichtspunkt Boca do Risco ein Panorama, das mit seinem traumhaften Blick auf den weiten Atlantik und die Steilküste zum Träumen einlädt.

Im Jahr 2021 wurden die Absperrungen und Sicherheitsgeländer an einigen Stellen ausgetauscht. Seither kann man die Strecke gefahrlos passieren. Bei Regenwetter sollte man auf festes Schuhwerk achten, da es an manchen Stellen rutschig werden kann. Die gesamte Region ist die Heimat des Aeonium-Strauches, der bis in 700 Metern Höhe entlang der steinigen Felsen zu finden ist. In den Lorbeerwäldern leben ganze Schwärme der Madeira-Lorbeertaube und ihr Gurren unterbricht die Stille dieser idyllischen Landschaft. Die schwarz-silbernen Vögel mit der charakteristischen rosafarbenen Brust sind nur noch in diesem Gebiet auf Madeira zu finden.

Wer am Boca do Risco links abbiegt, kommt auf die **Vereda do Larano nach Porto da Cruz.** Rechts geht es weiter auf den **Rundwanderweg Levada do Caniçal.**

Vereda do Larano

⏱	4 h
⟷	12,1 km
∿	schwer

Levada do Caniçal

⏱	4,5 h
⟷	11,6 km
∿	mittel

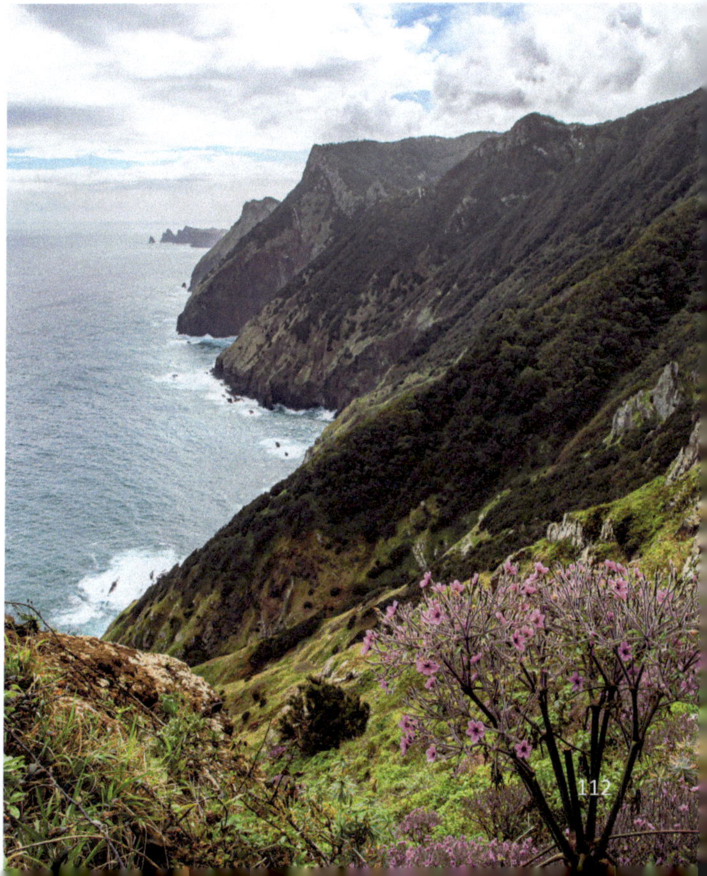

Santa Cruz

Flughafen & Planespotting (222)

In den 1980er-Jahren wurde Madeira bei Touristen immer beliebter. Der Flughafen wurde ausgebaut, um größeren Flugzeugen eine Landung zu ermöglichen. Der Touristenboom hielt weiter an und immer mehr Urlauber in immer größeren Flugzeugen kamen nach Madeira und brachten den Flughafen wieder an seine Kapazitätsgrenzen. So entschloss man sich dazu, die Start- und Landebahnen erneut auszubauen. Geschaffen wurde ein architektonisches Meisterwerk. Man baute die Start-und-Lande-Bahn einfach ins Meer hinaus und setzte dafür 180 Säulen ins Wasser. Jede einzelne Säule hat eine Länge von 70 Metern. Der An- und Abflug auf Madeira gehört zu den schwierigsten der Welt! Hier landende Pilot/innen haben eine besondere Lizenz, die verfällt, wenn sie den Flughafen über einen längeren Zeitraum nicht anfliegen.

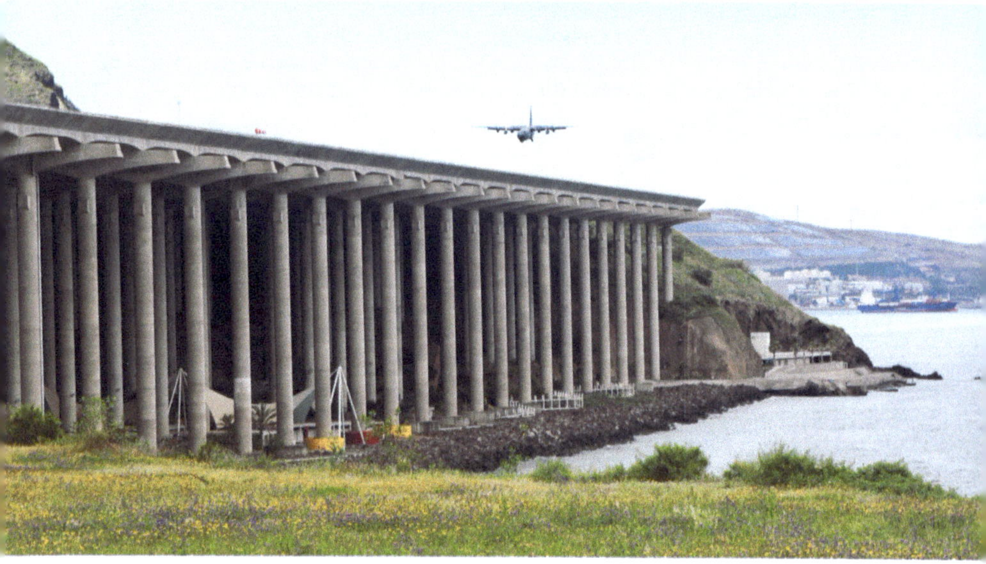

Planespotting
Durch die besondere Lage ist Madeira ein Mekka für Plane-Spotter. Sie haben es sich zum Hobby gemacht, Flugzeuge verschiedenster Art zu beobachten und zu fotografieren. Im Umkreis des Flughafens gibt es einige Spots, an denen man den Flugzeugen ganz nah sein kann oder einen besonderen Blick auf die Lande- und Startvorgänge hat. Besonders bei herausfordernden Windverhältnissen ist es bewundernswert, wie die besonders ausgebildeten Piloten die Flugzeuge mit viel Geschick zu Boden bringen. Einige gute Spots sind in der Karte markiert.

Wunderwerke der Technik

Spotter Guide

Panorama-Straße (223)

R. da Morena -> Caminho de Me. d'Água
Nicht nur die eine Straße, sondern die ganze Region ist abenteuerlich. Zwischen Ponte de Roma, Caminho de Me. d'Água, Levada dos Tornos und Cascada Escondida erstreckt sich ein Landstrich, der zu jeder Tages- und Jahreszeit anders in Erscheinung tritt. An heißen Tagen kann man nicht glauben, warum diese Gegend als wasserreich beschrieben wird. So mancher Bach kommt nur noch als Rinnsal daher oder ist fast ausgetrocknet. Regnet es aber einige Tage, dann werden aus den Bächen wilde Wasserläufe und auf so manchem Wanderweg bekommt man nasse Füße. An heißen Tagen sieht man ein paar Tropfen Wasser, die sich einen Weg entlang der Felsen suchen. Daraus werden nach Regentagen tosende Wasserfälle. Dann grünt die Natur nach und Pflanzen blühen geradezu auf. Die Gegend ist reich an weißen Flamingo-Pflanzen, die wir in Deutschland nur als beliebte Topfpflanze kennen. Zwischen Farn erheben sich die Strelitzien und auf den Ästen der Bäume singen die madeirischen Buchfinken, die in dieser Gegend weit verbreitet sind.

Bars und Restaurants

O Machiqueiro Fora D'Horas (224)
Ein typisch portugiesisches Roulette mit köstlichem und fettigem Streetfood, wie man es in Deutschland nur auf dem Jahrmarkt erwartet. Genau das Richtige für die Stärkung vor einer längeren Wanderung oder als Belohnung, wenn der Weg schon hinter einem liegt. Ein Tipp sind auf jeden Fall die Chachorros, die besonders gut mit einem kühlen Bier schmecken.

Confeitaria Los Nietos (225)
Das gemütliche Café und Restaurant Confeitaria Los Nietos liegt nur wenige Meter vom Strand Palmeiras entfernt. Eine besondere Spezialität sind die Fischgerichte mit Früchten kombiniert, wie der Schwertfisch mit frittierten Bananen oder mit Soße aus Passionsfrüchten.

Unterkünfte

Lovely Sea View Apartment "Deserta Grande" (226)
Apartment mit drei Schlafzimmern und Blick auf das Meer. Wer mit Freunden oder der Familie reist, findet in der Gegend kaum ein besseres Preis-Leistungs-Verhältnis. Der Abend lässt sich hervorragend mit einem Glas Wein in der Hängematte der Dachterrasse genießen.

Albatroz Beach & Yacht Club (227)
Zum Hotel gehört ein in die Felsen hinein gebauter Swimmingpool und wer es sich traut, der kann von dort in die Fluten des Atlantiks springen. Fluglärm!

Quinta dos Artistas (228)
Eine Familie aus Österreich bietet hier ökologische Übernachtungsmöglichkeiten in einem künstlerischen Umfeld an. Es gibt geführte Wanderungen und Yogastunden.

Caniço

Madeira Diving Center (229)

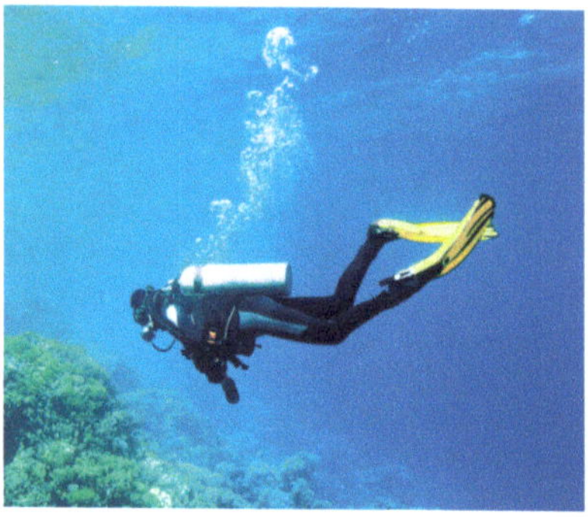

Seit fast 40 Jahren begleiten die erfahrenen Mitarbeiter des Madeira Diving Centers die Urlauber bei ihren Tauchgängen. Das Center bekam mehrere Auszeichnungen als die beste Tauchbasis am Atlantik und hat vor seinen Toren ein eigenes Haus-Riff. Sie sprechen auch Deutsch.
www.madeiradivingcenter.com

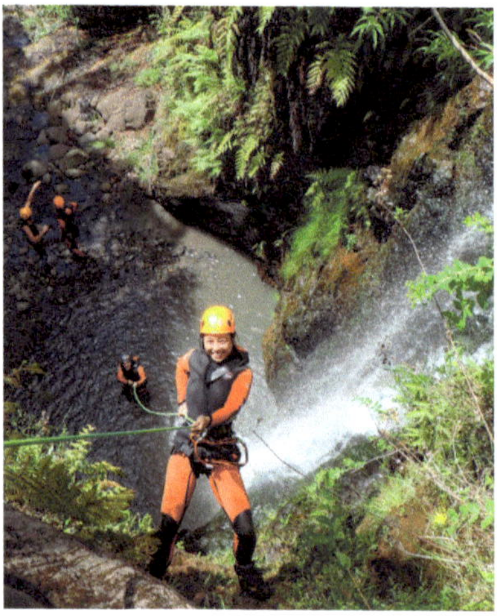

Lokoloko (230)

Lokoloko zeigt auf, welche Outdoor-Aktivitäten auf Madeira möglich sind. Beim Canyoning seilt man sich entlang der Wasserfälle ab und schwimmt mit dem Strudel flussabwärts zu Orten, die zuvor noch nie ein Mensch entdeckt hat. Mountainbiker erleben rasante Abfahrten von den hohen Gipfeln hinab bis zum Meer. Wem das noch immer nicht abenteuerlich genug ist, der schwebt mit einem Gleitschirm über die Insel oder entdeckt die unverwechselbaren Küsten mit dem Kajak oder dem SUP.
www.lokolokomadeira.com/de/

AlbanoAktiv (231)

Die Führer von AlbanoAktiv sind Inselexperten. An ihrer Seite entdecken Urlauber auch Gebiete und Orte, die abseits der Touristenrouten liegen. Dabei ist es völlig egal, ob man sich für eine Wander- oder Radtour entscheidet. Die Angebote richten sich an Anfänger und an erfahrene Wanderer und Radfahrer. Letztere können bei den Touren einen extra Adrenalinschub erleben. Es sind auch mehrtägige Touren im Programm. Albano ist im Schwabenland aufgewachsen, weshalb er perfektes Deutsch kann.
www.bikestation-madeira.com

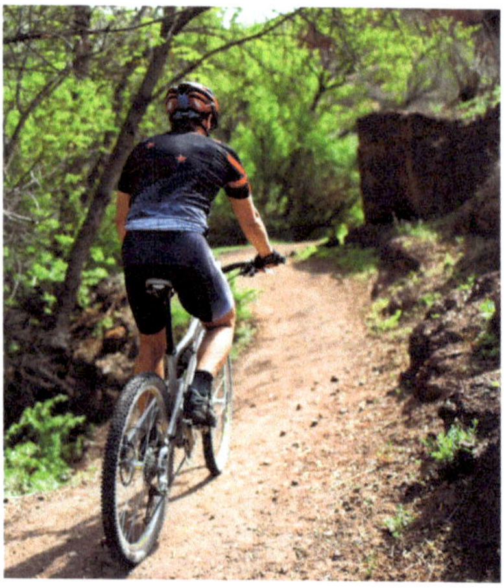

Bars und Restaurants

Nova Onda (232)
Das Restaurant Nova Onda befindet sich in der Nähe des Reis Magos Strands und ist auch ein beliebter Treff für Insulaner. Gäste genießen hier eine große Auswahl an Fischgerichten. Auch Muscheln, Napfschnecken und Garnelen sind auf der Speisekarte zu finden. Am Abend herrscht hier eine typisch südländische Atmosphäre und tagsüber hat man einen traumhaften Blick auf das Meer.

Laranjinha (233)
Im Restaurant Laranjinha zaubern die Köche kleine Kunstwerke, die auch geschmacklich ein Höhepunkt sind. Die Qualität der Speisen ist ausgezeichnet. Der Service ist herausragend und die Bedienung ist freundlich. In diesem Restaurant stimmt einfach alles und es gehört zu den besten Adressen in der Gegend.

Vila Ventura (234)
Das Restaurant Vila Ventura gehört zum gleichnamigen Hotel. Auf der Speisekarte stehen typische Fleisch- und Fischgerichte, die mit Kartoffelspezialitäten und mit knackig frischem Gemüse serviert werden. Dazu gibt es klassische Madeira-Weine. Besucher sollten einen Tisch im Außenbereich reservieren. Die Terrasse erstrahlt im Stil der Insel, mit vielen Stein- und Holzelementen, die sich hinter dem Grün der Pflanzen verstecken.

Unterkünfte

Sentido Galomar (235)
Das Hotel Sentido Galomar liegt am Rande der Klippen und ist in den Fels hineingebaut. Die Gastgeber sind besonders stolz darauf, dass sie als erstes Hotel energieautark sind und mit mehreren Umweltzertifizierungen ausgezeichnet wurden. Sportlich aktive Urlauber sind hier goldrichtig, denn es gibt eine Vielzahl an Aktivitäten von Tauchen, über Golfen bis hin zu Yoga. Von überall genießt man einen traumhaften Blick auf das Meer, zu dem man auch einen direkten Zugang hat.
www.galoresort.com

Quinta Splendida Wellness & Botanical Garden (236)
Fast überdimensioniert für den kleinen Ort wirkt das Hotel. Das liegt allerdings am großen botanischen Garten, bei dem sich nicht nur für Hotelgäste der Besuch lohnt. Nicht nur ein Außen-, sondern auch ein Innenpool sind vorhanden.
www.quintasplendida.com

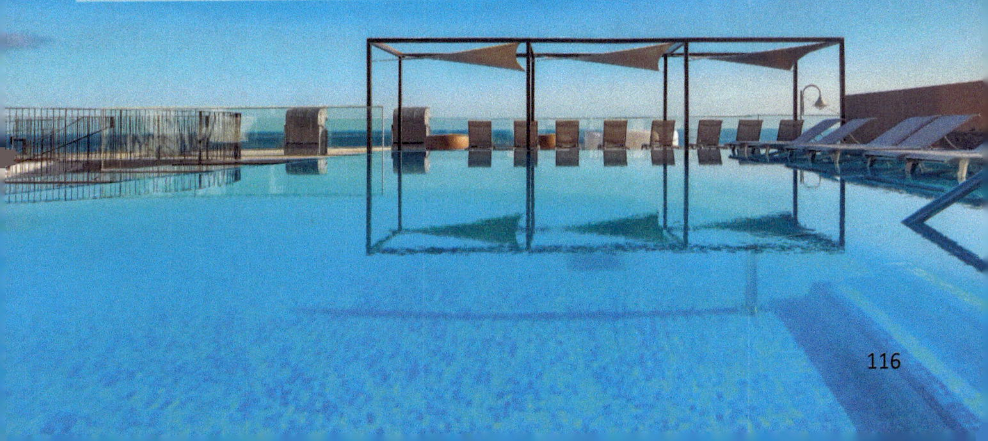

Rund um die Cristo Rei Statue

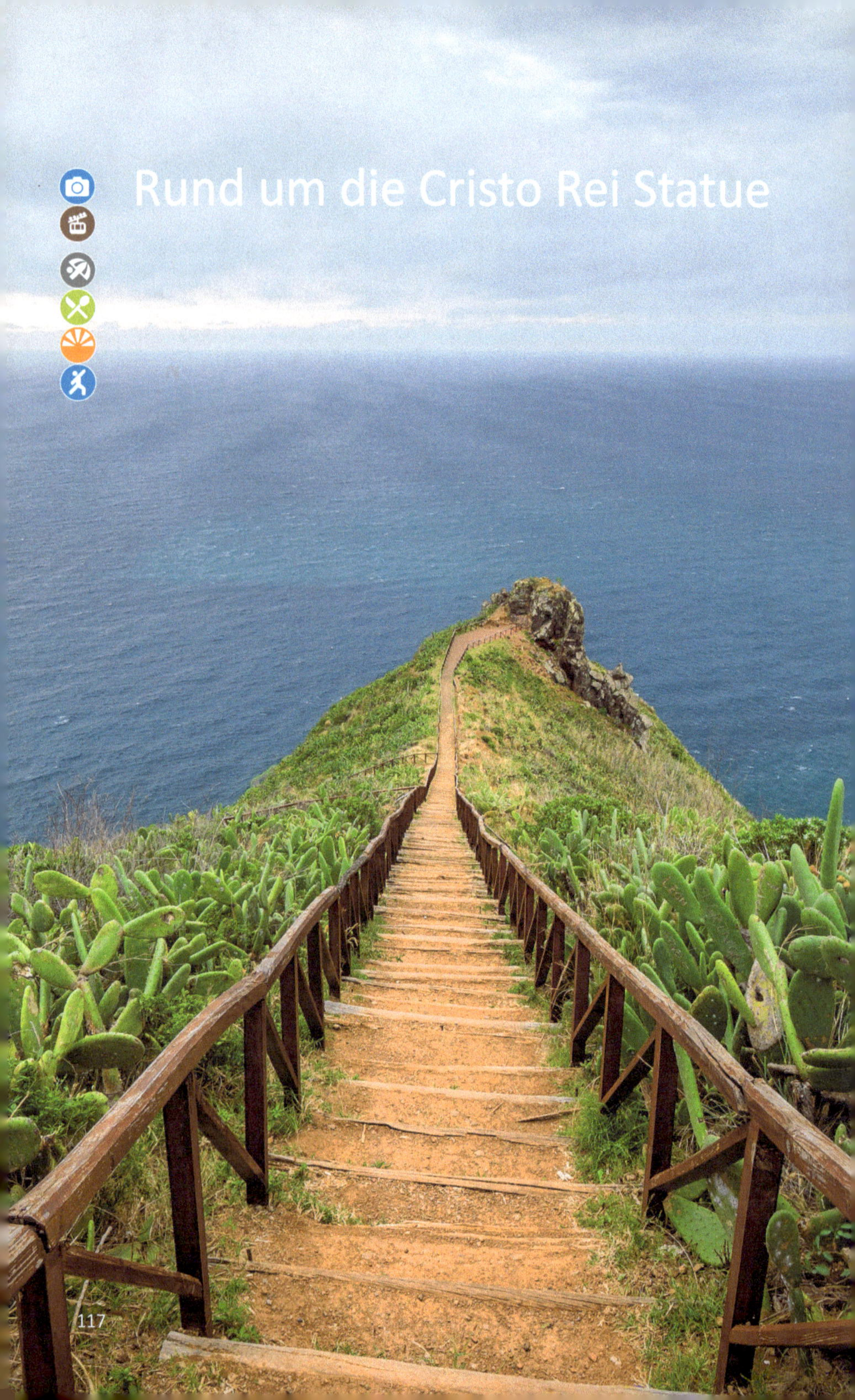

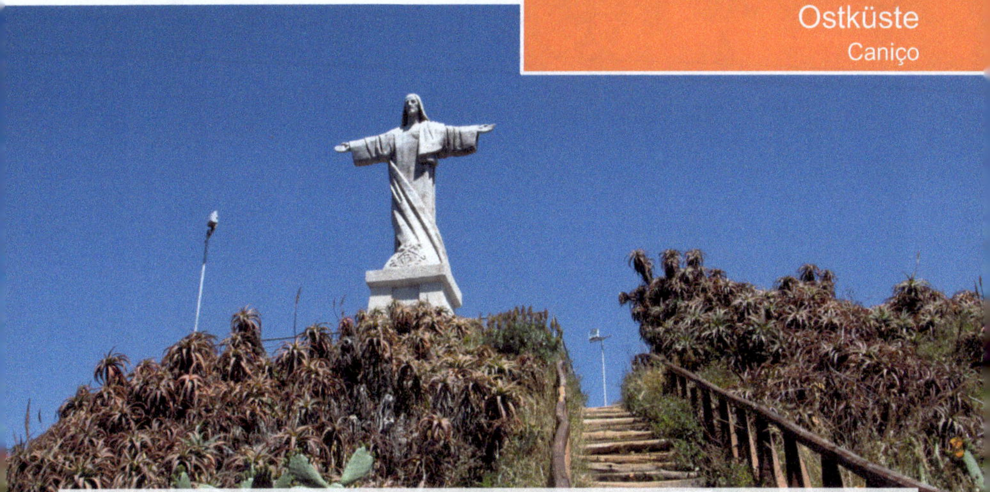

Die **Christo Rei Statue** (237) steht länger als die in Rio de Janeiro und Lissabon, ist aber zugegebenermaßen auch nur halb so groß. Trotzdem ist sie beeindruckend und man kann sie ganz in Ruhe bewundern, denn der touristische Andrang ist auch in der Saison überschaubar.

Die **Seilbahn Teleférico de Cristo Rei** (238) führt von hier aus direkt an den schwarzen Lavasandstrand **Praia do Garajau** (239). Hier kann man ausgezeichnet schnorcheln und dabei Mantarochen beobachten. Mit etwas Glück kann man vom Strand aus sogar Delfine sehen. Der Strand liegt im gleichnamigen Naturschutzgebiet Garajau und ist nur während der Öffnungszeiten zwischen 10 und 20 Uhr erreichbar. Direkt am Strand liegt ein kleines **Restaurant**. Auf der Speisekarte stehen leckere Fischgerichte und Meeresfrüchte. Für den kleinen Hunger zwischendurch gibt es verschiedene Sandwiches, Eis und Kuchen. Außerdem gibt es hier unten eine Tauchschule: Das **Mero Diving Center** (240). Nicht-Taucher können für wenig Geld (~65€ p.P.) begleitetes Schnuppertauchen machen. Ein Erlebnis, das man nicht so schnell vergisst.

Von der Christusstatue aus sieht man die ca. 203 Stufen hinabführen zum Aussichtspunkt **Ponta da Garajau** (Bild links) (241). Wer hinabsteigt, wird mit einer besonderen Aussicht belohnt: im ganzen Blickfeld nur das tiefblaue Meer, die Wolken und der unendliche Horizont.

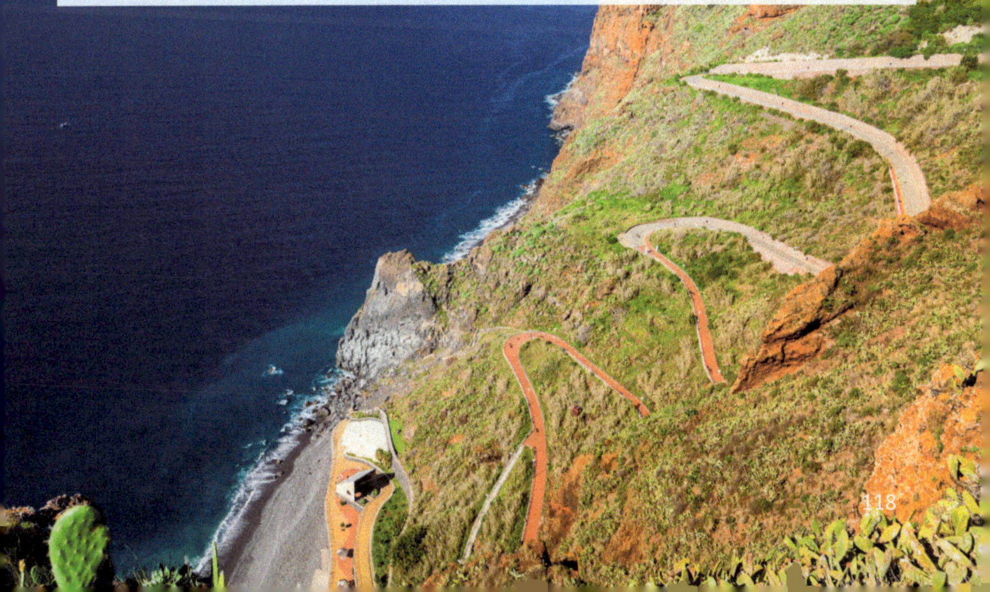

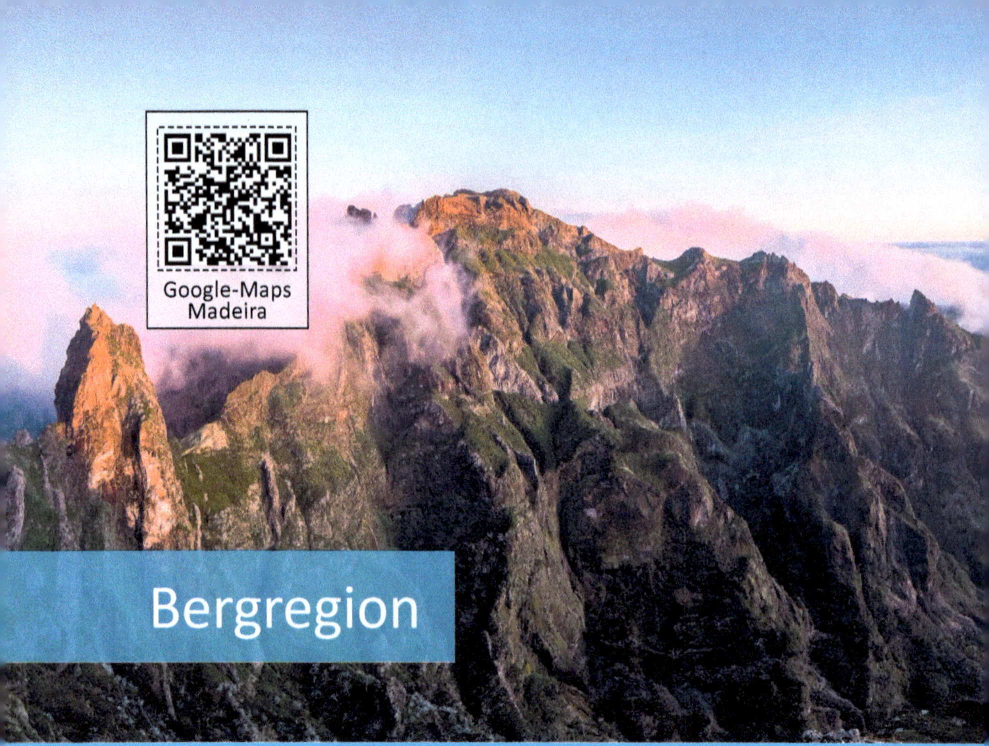

Google-Maps
Madeira

Bergregion

S. 175-181

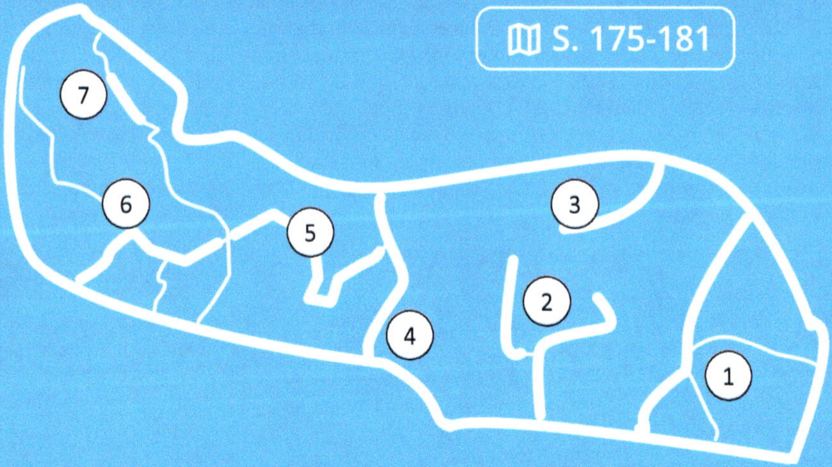

1. ER103 Parque Ecológico & Ribeiro Frio
2. ER107 Pico Arieiro & Curral das Freiras
3. Straße zum Pico Ruivo
4. E228 Serra de Agua
5. ER110 Paul da Serra
6. ER107 Rabaçal
7. ER209 Fanal Lorbeerwald

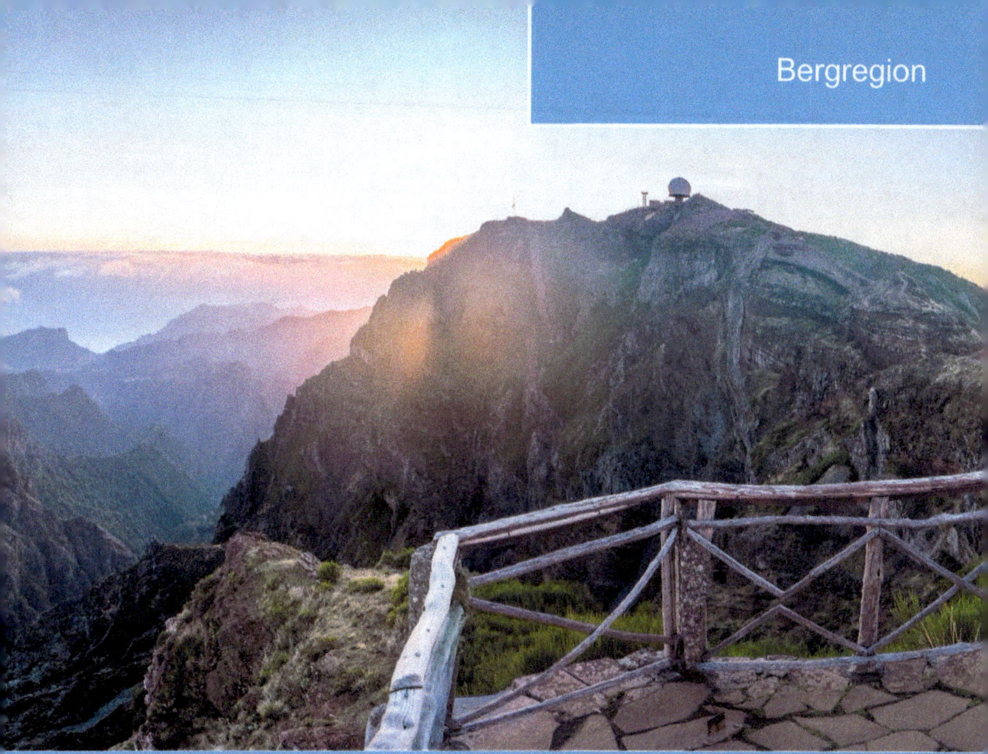

Die Bergregion zeigt noch einmal ein ganz anderes Gesicht von Madeira. Aber auch hier oben gibt es eine gewaltige Vielfalt der Landschaften.

So liegt an der (1) ER103, die direkt aus Funchal über Monte hinausführt, ein sehr grünes Gebiet, das mit dem Parque Ecológico und Ribeiro Frio ein beliebtes Touristenziel ist und durch eine Artenvielfalt und viel Grün glänzt.

Die Straßen um den Pico Arieiro (2) geben wunderbare Panoramen auf schroffe Berge. Entweder man genießt die Aussicht ins Tal der Nonnen (Curral das Freiras) oder man fährt oder wandert gleich hinein. Der Pico Arieiro ist ein Lieblingsort auf der Insel, der mit dem Auto erreichbar ist. Von hier aus kann man auch bis zum Pico Ruivo wandern. Eine der spektakulärsten Wanderungen der Insel. Oder man nimmt die Straße zum Pico Ruivo (3) von Norden aus zum Parkplatz Achada do Teixeira und startet hier.

Die Serra de Agua (4) ist ein enges Tal, das die Nord- und Südküste miteinander verbindet. Von hier aus kommt man auch in den östlichen Teil der Bergregion, die von der Pául da Serra Hochebene (5) dominiert wird. Hier gibt es endlose Straßen, die nicht vermuten lassen, dass man gerade auf einer Insel unterwegs ist.

Das Gebiet um Rabaçal (6) ist eins der besten Wandergebiete der Insel. Dies wissen aber auch die Touristenführer, weswegen es sehr voll werden kann. Im Besonderen, wenn Gruppen von Kreuzfahrtschiffen hier eintreffen. Deswegen gilt: Früh oder spät loswandern lohnt sich!

Der Lorbeerwald Fanal (7) ist einer der mystischsten Orte. Knorrige Bäume, die unwirklich in die Luft ragen, saftig grünesGras und ein häufig vorherrschender Nebel, lassen die Landschaft in eine unwirkliche Atmosphäre tauchen.

Leider ist die Bergregion nur mit Auto zu erreichen. So ist man auf einen Mietwagen, eine Tour oder Taxi angewiesen. Linienbusse fahren hier nicht her.

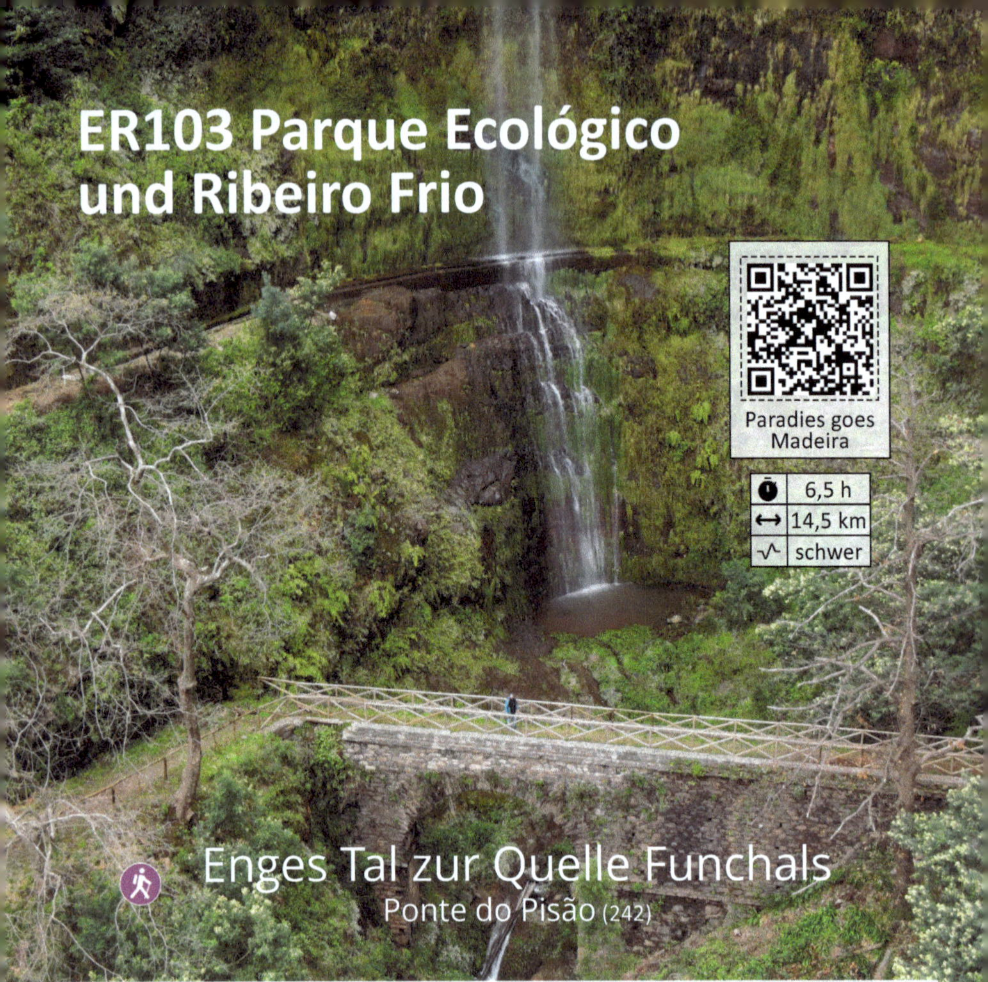

ER103 Parque Ecológico und Ribeiro Frio

Paradies goes Madeira

⏱	6,5 h
⟷	14,5 km
∿	schwer

Enges Tal zur Quelle Funchals

Ponte do Pisão (242)

Lieblings-wanderung

Die Wanderung zur Brücke von Pisão bietet sich für alle an, die ihre Unterkunft in Funchal haben und das hoch gelegene Stadtviertel Monte auf eine andere Art und Weise kennenlernen möchten.

Als Startpunkt der circa 13 Kilometer langen Rundwanderung bietet sich der Parkplatz des Jardim do Imperador an. Der Estrada da Corujeira Richtung Westen folgend, dann auf die Caminho da Levada dos Tornos rechts abbiegend, stoßen Wandernde recht schnell auf die **Ponte de Pisão**. Von dort ist es dann ebenfalls nicht mehr weit, bis die Quellen, die **Nascente das Águas dos Tornos**, und der dazugehörige Quelltunnel erreicht sind.

Der beschriebene Wanderweg ist zwar grundsätzlich gut befestigt und wurde erst kürzlich erneut gesichert, dennoch ist von einer Begehung bei schlechtem Wetter abzuraten. Unterhalb des Quelltunnels der Nascente das Águas dos Tornos liegt ein verlassenes Wasserhaus, der Abstieg ist allerdings erstaunlich steil und trotz neu angebrachter Seilsicherung nur etwas für erfahrene Kletterer.

Im weiteren Verlauf ist der Weg, der zu den Casas dos Barreiros hinaufsteigt gut ausgebaut. Das Gleiche gilt für den Abschnitt, der einen Abstecher in den Parque Ecológico macht. Über die Estrada Florestal Chão da Lagoa und den Pico Alto geht es langsam wieder Richtung Monte. Der Weg folgt dem PR 3.1, quert die ER103 und folgt dann der Levada das Cales bis Terriero da Luta. Von dort führt der beschilderte Caminho do Monte zurück nach Monte und damit dem Ausgangspunkt der Wanderung.

Parque Ecológico (243)

Der Park wurde geschaffen, um Madeiras Naturerbe zu erhalten. Durch verschiedene Umweltbildungsmaßnahmen wurden **zahlreiche einheimische Pflanzen** angesiedelt. Die Flora zieht auch Tiere an, bereits jetzt sind über 30 verschiedene Vogelarten im Park beobachtet worden.

Inmitten des Parque Ecológico do Funchal liegt in einer reizvollen Umgebung das **Restaurant O Barracão** (244). Hier kann man gemütlich ein Glas Wein trinken oder leckere Gerichte genießen. Das Restaurant hat den Charme einer Jägerhütte. An manchen Abenden gibt es Live-Musik.

Direkt im Park gelegen, gehören die **Mountain Eco Shelter** (245) ganz sicher zu den gemütlichsten und idyllischsten Unterkünften auf Madeira. Hier quartiert man sich in Holzhütten ein, die mit einer stylischen Vollholzausstattung punkten. Außerdem ist hier oben die Lichtverschmutzung sehr gering, weshalb der Sternenhimmel besonders klar erlebt werden kann.

Spaziergang

Der Funchal Ecological Park zeigt in einem geschützten Bereich sämtliche Dinge, durch die sich die Flora und Fauna Madeiras auszeichnen. Auf 1000 Hektar finden sich unzählige geomorphologische und biologische Besonderheiten, sodass viele von diesem Park als Klassenzimmer im Freien sprechen. Wer nicht nur mehr über die Vegetation erfahren möchte, sondern Lust auf Abenteuer mitbringt, der kann im Park geführte Radtouren oder Canyoning buchen.

Miradouro do Pico Alto (246)

Mit einer Höhe von 1.129 Metern ist der Aussichtspunkt des Pico Alto im wahrsten Sinne der Höhepunkt des Parque Ecológico do Funchal. Besucher genießen von dort den Blick auf Chão da Lagoa und die Bucht von Funchal. Ein Besuch des Miradouro und des umliegenden Parks empfiehlt sich mit Kindern, die Wege sind größtenteils leicht begehbar. Vor einem Tagesausflug in den Park lohnt es sich allerdings, das Wetter am Morgen zu überprüfen, denn der Aufstieg lohnt nicht, wenn der eigentlich so schöne Ausblick von einem Wolken- und Nebelmeer verhangen ist.

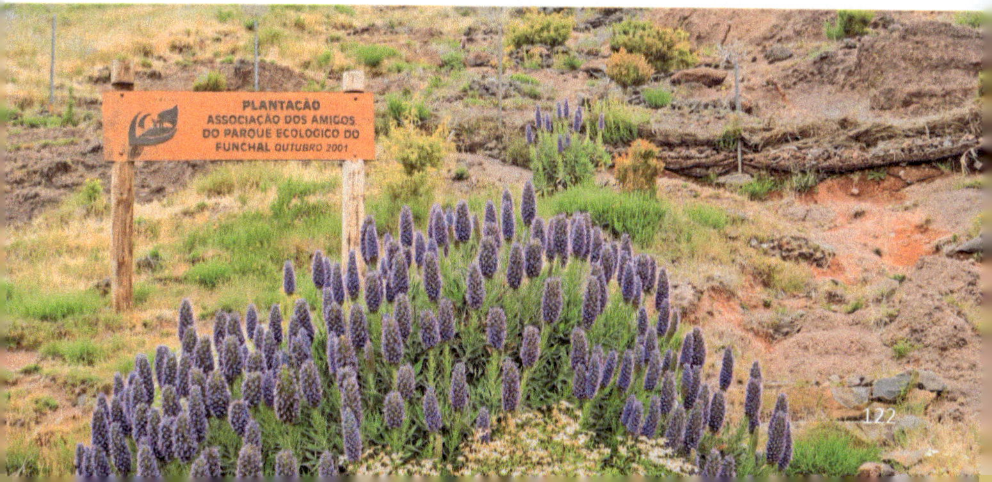

Ribeiro Frio (247)

Ribeiro Frio bedeutet kalter Fluss. Ob der Name von dem Fluss stammt, der immer noch durch das gleichnamige Dorf fließt, ist unklar. Es ist ein Ausgangspunkt zur Wiederbelebung von Madeiras Wasserstraßen. Die gesamte Region hat seine Ursprünglichkeit bewahrt und dies gilt erst recht in Bezug auf die Vegetation. In der Gegend blühen noch Pflanzen, die man sonst auf Madeira nicht mehr findet. Hier erstreckt sich der sogenannte Laurissilva, ein Naturwald, der 20% der Inselfläche einnimmt. Die Artenvielfalt in diesem Wald ist so einzigartig, dass man sie in dieser Form nur noch in dem Waldgebiet um Fanal, Ribeiro Frio und auf einigen anderen Inseln Makaronesiens findet. Neben den vielen Lorbeerbäumen hat Ribeiro Frio aber noch mehr zu bieten. Ein Anziehungspunkt sind die Forellenzucht-Anlagen. Die Forellen werden gezüchtet, um den Bestand in den Wasserläufen aufzustocken. Am frühen Morgen, wenn es in Ribeiro Frio noch ruhig ist, kann man mit etwas Glück die Forellen springen sehen. Generell sollte man Ribeiro Frio am frühen Morgen oder am späten Abend besuchen. Dann kann man den bezaubernden Charme des Dorfes noch in vollen Zügen genießen. Tagsüber strömen Besucher nach Ribeiro Frio und das gilt insbesondere, wenn wieder ein Kreuzfahrtschiff im Hafen von Funchal angelegt hat und Tagestouristen hierher bringt. Zudem ist Ribeiro Frio ein beliebter Ausgangspunkt für Wanderer.

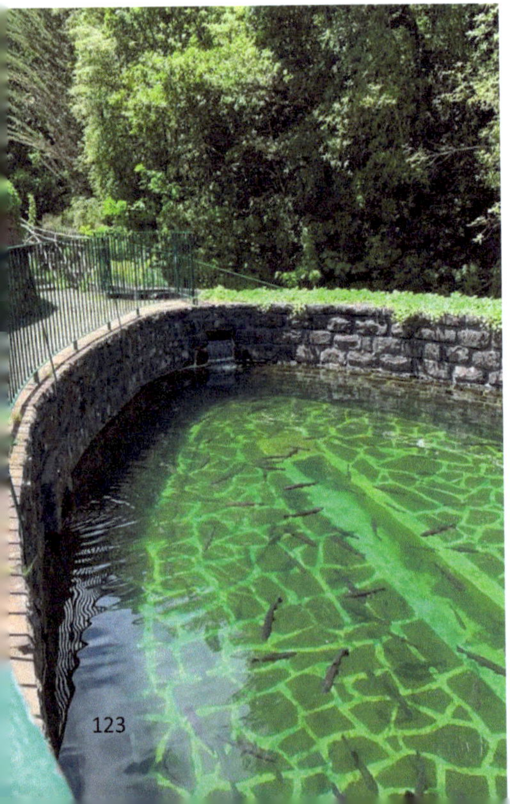

Unterkünfte

Casa do Ribeiro Frio (248)
Am Rande des Laurissilva-Waldes liegt das bezaubernde Anwesen Casa do Ribeiro Frio. Nur wenige Gehminuten entfernt von der Levada dos Balcões kann man in hellen und gemütlichen Doppelzimmern übernachten. Das Restaurant ist bekannt für seine traditionelle und inseltypische Küche.

Ribeiro Frio Cottages (249)
Wer die Natur rund um das Dorf einmal ganz intensiv erleben will, der sollte einen Aufenthalt in der Ribeiro Frio Cottages buchen. Das Ferienhaus liegt inmitten des historischen Waldes. Sobald die Sonne untergeht, hört man hier nur noch die Geräusche der Tiere. Der einzige Lichteinfall, der diese mystische Dunkelheit erhellt, strahlt vom Mond hinab.

Der Abwechslungsreiche
PR10 Levada do Furado (250)

Den Laurissilva-Wald kann man auf einem elf Kilometer langen Wanderweg durchqueren. Der Weg **beginnt in Ribeiro Frio** und endet hinter dem Aussichtspunkt mit dem **Abstieg nach Portela**. Erfahrene Wanderer benötigen knapp **fünf Stunden** und passieren zahlreiche faszinierende Naturgebiete, wie die Felsen von Penha d'Águia und die landwirtschaftlichen Gärten von São Roque do Faial. Die Gegend leuchtet zu jeder Jahreszeit in satten Grüntönen. Zahlreiche ursprüngliche Baum- und Pflanzenarten reihen sich aneinander. Der stinkende Lorbeer und der madeirische Fingerhut dominieren dabei. Zwischen den Bäumen und Sträuchern leben für die Insel typische Vogelarten, darunter die berühmte Trocaz-Taube und der für Madeira typische Bisbis, der übrigens auch der kleinste Vogel der Insel ist.

www.rebrand.ly/Wfurado

⏱	5 h
↔	11 km
∿	Leicht

Blick ins Tal, Vogel in der Hand

PR11 Levada dos Balcões (251)

Zum Sonnenaufgang ein Traum

Es ist das traumhafte Panorama, das diesen Wanderweg so anziehend macht. Das steile Tal von Ribeira da Metade macht den Auftakt mit einem atemberaubenden Blick auf die Gemeinde von Faial. Auch auf diesem Weg ist man von Lorbeerbäumen umgeben. Dazwischen verstecken sich verschiedene für die Insel typische Bäume, wie die Londoner Platanen, Stieleichen und Madeira-Mahagoni. Obwohl sich die Inselnatur hier schon von ihrer schönsten Seite zeigt, setzt die Szenerie am Aussichtspunkt Balcões noch ein i-Tüpfelchen obendrauf. Wenn man Glück hat, kann man hier kleine Vöglein aus der Hand füttern. Inmitten des Lorbeerwaldes eröffnen sich grüne Täler, die der Wasserproduzent der Insel sind. Der mit Wasser gefüllte Nebel kondensiert auf den Blättern der Bäume und wird an den Boden abgegeben. Dieses Wasser füllt dann die Bäche. Bei sonnigem und klarem Wetter hat man einen wunderschönen Blick auf die drei höchsten Berge der Insel, der Pico das Torres, der Pico Ruivo und der Pico do Arieiro. Aufgrund der einfachen Erreichbarkeit des Aussichtspunktes ist er ein sehr beliebtes Ziel von Touristenbussen. Deswegen: Früh oder spät kommen!

www.ebrand.ly/Wbalcoes

⏱	1 h
⟷	2,7 km
∿	einfach

Museu Família Teixeira (252)

Ein wahrlich skurriler Ort. Das Museu wurde von Anaclet Teixeira de Freitas gegründet. Es ist eine Hommage an seine Eltern, welche in Fajã da Murta, Faial, geboren wurden und aufwuchsen. In dem Museum hat der Geschäftsmann alle Bilder und Erinnerungen seiner Eltern in Szene gesetzt. Zum Gebäudekomplex gehören ein schön angelegter Garten, eine Kapelle und ein Weinkeller. Es lohnt sich nicht, extra hier her zu fahren, aber wenn man hier vorbei kommt, lohnt sich ein Abstecher.

Bar das Cruzinhas (253)

Ganz besondere Ponchas

In der Bar das Cruzinhas werden die **seltensten Ponchas** der Insel serviert. Der Fenchel für den gleichnamigen Poncha wird direkt vor der Türe handgepflückt. Der Pfefferminz-Poncha schmeckt herrlich erfrischend. Den atemberaubenden Blick auf den **Caminho da Fajã da Murta** gibt es gratis dazu.

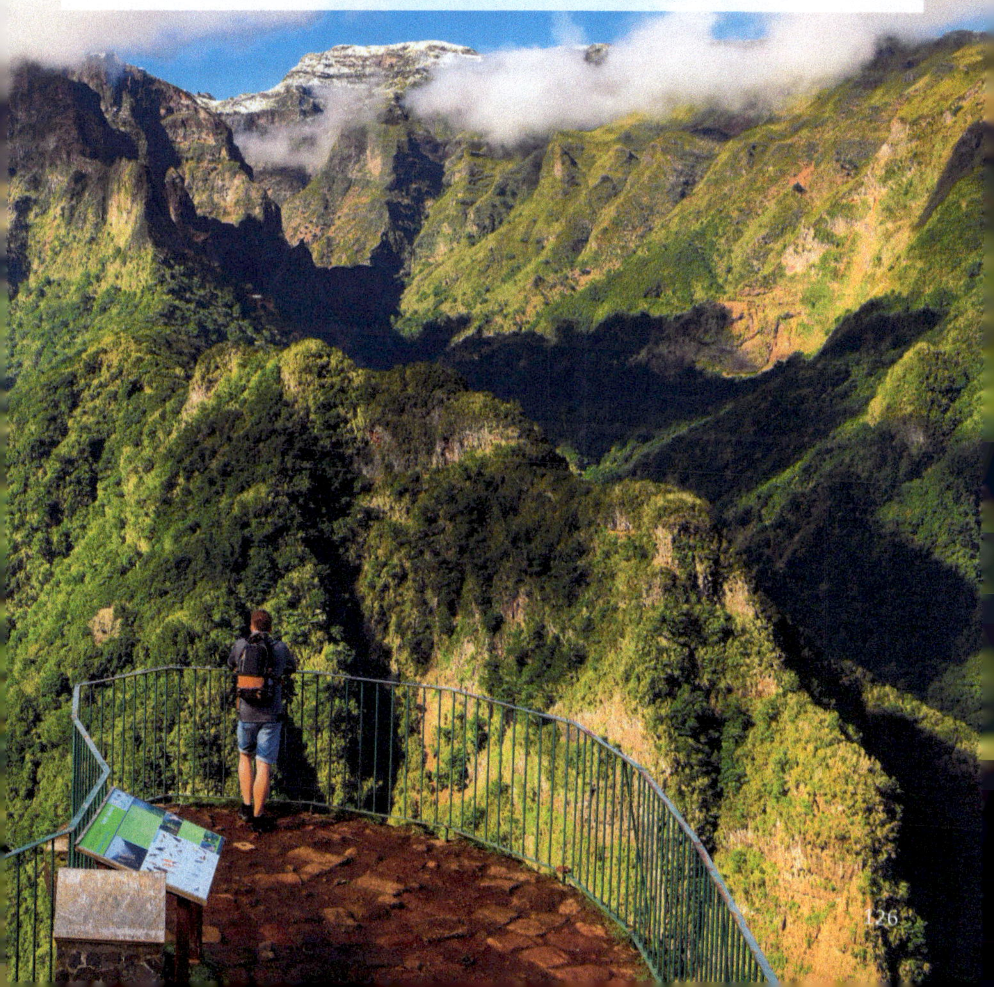

ER107 bis zum Pico Arieiro

Über dem Tal der Nonnen

Eira do Serrado

Steil hinauf führt die Straße zum **Aussichtspunkt Eira do Serrado** (254). Bis 1959 war dieser Weg einer der wenigen Verbindungen nach Curral das Freiras. Später entstand dann ein Tunnel mit Straße bis ins Stadtzentrum. Wer die Plattform am Aussichtspunkt betritt, sollte schwindelfrei sein, denn Teile des Plateaus sind balkonartig hinausgebaut. Auf einer Höhe von 1.095 Metern genießt man einen **gigantischen Ausblick** auf die Gemeinde und das malerische Tal von Curral das Freiras. Wer diesen unvergesslichen Ausblick noch länger genießen möchte, der kann ein Zimmer im Hotel **Estalagem Eira do Serrado** (255) buchen. www.eiradoserrado.com

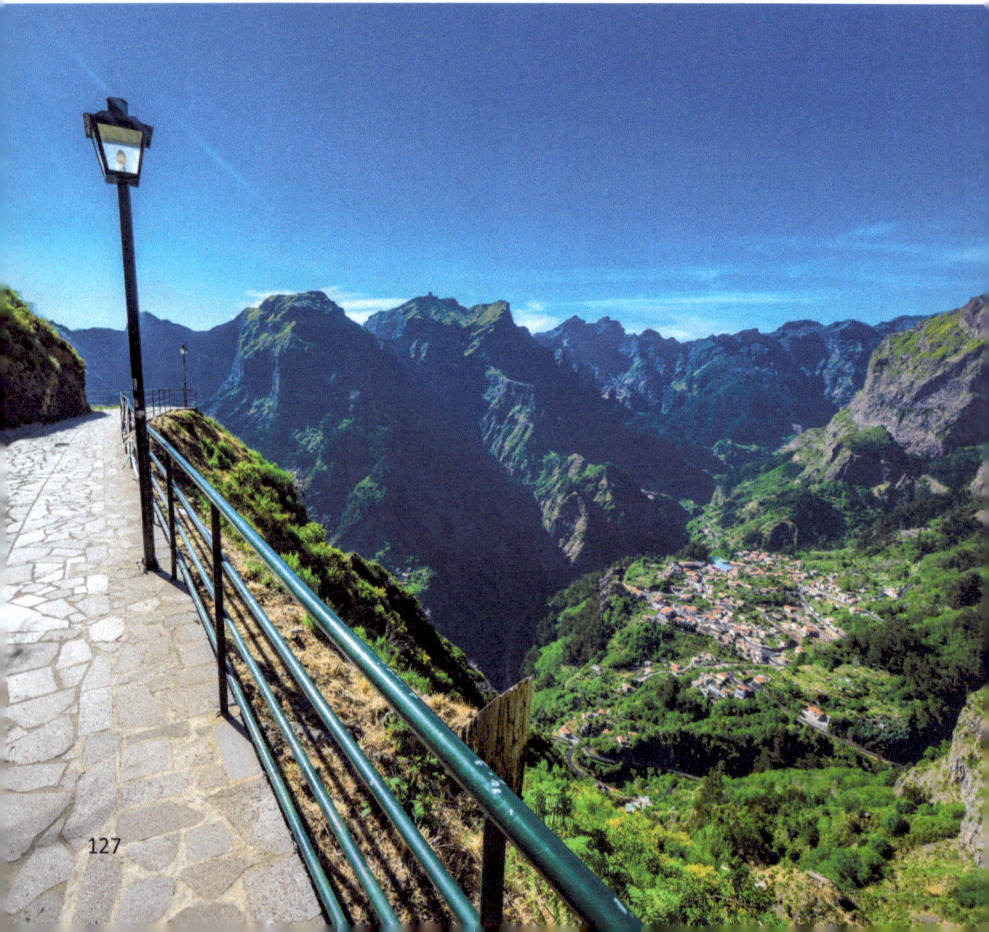

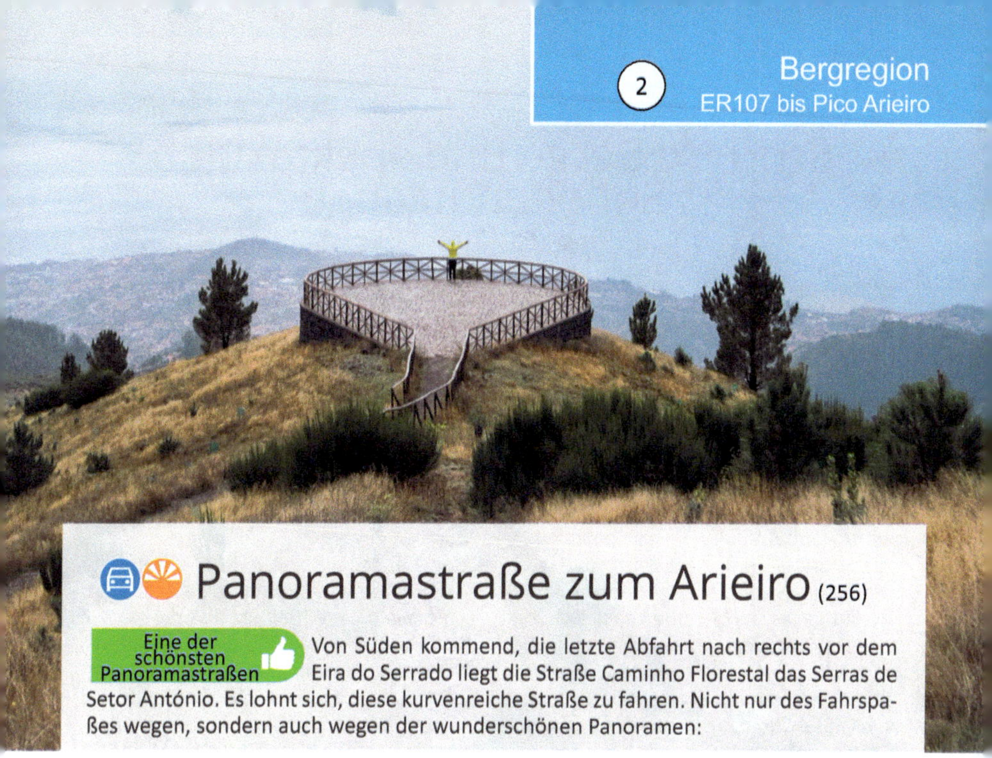

Panoramastraße zum Arieiro (256)

Eine der schönsten Panoramastraßen

Von Süden kommend, die letzte Abfahrt nach rechts vor dem Eira do Serrado liegt die Straße Caminho Florestal das Serras de Setor António. Es lohnt sich, diese kurvenreiche Straße zu fahren. Nicht nur des Fahrspaßes wegen, sondern auch wegen der wunderschönen Panoramen:

Vom **Miradouro do Paredão** (257) hat man einen atemberaubenden Blick auf die Gemeinde Curral das Freiras. Dieser Aussichtspunkt ist besonders im Frühjahr und Sommer einen Besuch wert. Dann übernimmt der Ginster hier die Vorherrschaft und lässt das Tal gelb erstrahlen.

Inmitten der Berge liegt fast unscheinbar der **Poço da Neve** (258), der Brunnen des Schnees. Der runde Bau ähnelt einem Iglu und wurde bereits vor über hundert Jahren errichtet. Er war eine Art Speicher. Hotels und Krankenhäuser lagerten hier in den Sommermonaten Eis. Der Steinbau ist von grünen Farnen umgeben und bei klarem Wetter kann man bis zum Atlantik blicken.

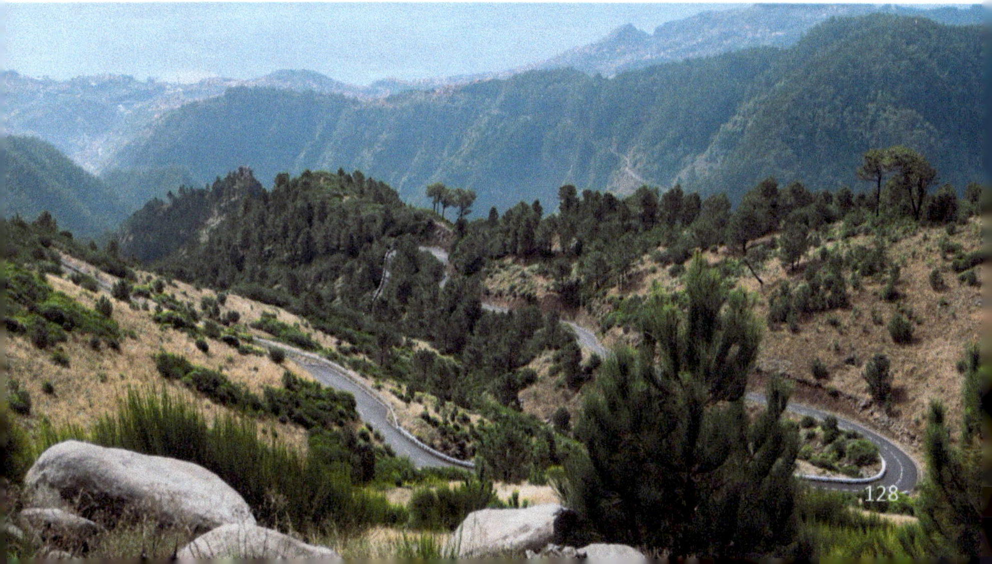

Schroffe Berge und spektakuläre Sonnenaufgänge

Pico do Arieiro (259)

Zum Sonnenaufgang ein Traum

Der Pico do Arieiro ist mit 1.810 Metern der höchste Gipfel Madeiras. Er ist direkt mit Auto zu erreichen. Der ÖPNV fährt hier nicht hin. Für viele Urlauber ist der Pico do Arieiro auch der schönste Platz der Insel. Das gilt insbesondere am Morgen. Dann treffen sich hier die wahren Inselkenner, um den **Sonnenaufgang** zu bewundern. Wer dieses Spektakel intensiv erleben will, der sollte mindestens eine Stunde vor der angekündigten Sonnenaufgangszeit hier oben sein. Der Sonnenaufgang beginnt schon viel früher mit einem irrealen Leuchten. An manchen Tagen tummeln sich die Besucher am Gipfel und dann wird die aufgehende Sonne mit tosendem Applaus begrüßt. Der Ort ist in jeder Hinsicht etwas Besonderes, denn die meiste Zeit ist der Gipfel des Pico do Arieiro von einem **Wolkenteppich** umgeben. Es ist ein Gefühl, als würde man in 10.000 Metern Höhe aus einem Flugzeugfenster schauen.

Es gibt einige Wandermöglichkeiten rund um den Berg. Ein Weg führt zum **Miradouro Juncal**. Vom Parkplatz aus geht es zunächst am Informationscenter vorbei und dann weiter zum Aussichtspunkt. Von hier sehen die Bergspitzen und Felsen schroff und wild aus und im Licht der Sonne erstrahlen Sie in einem dunklen Orange.

Der Hauptwanderweg **PR1 Vereda do Arieiro** ist von Stufen, treppenartigen Aufstiegen und Tunneln durchzogen. Er sieht zu jeder Tages- und Jahreszeit anders aus. Besonders das Wetter bestimmt die Erlebnisse. Bei sonnigem und klarem Wetter hat man einen uneingeschränkten Blick auf die Dörfer, die in weiter Ferne liegen. Bei wolkigem Wetter erstrecken sich dagegen am Horizont nur Wolkenfelder, die wie ein Meer aus Wattebäuschen aussehen.

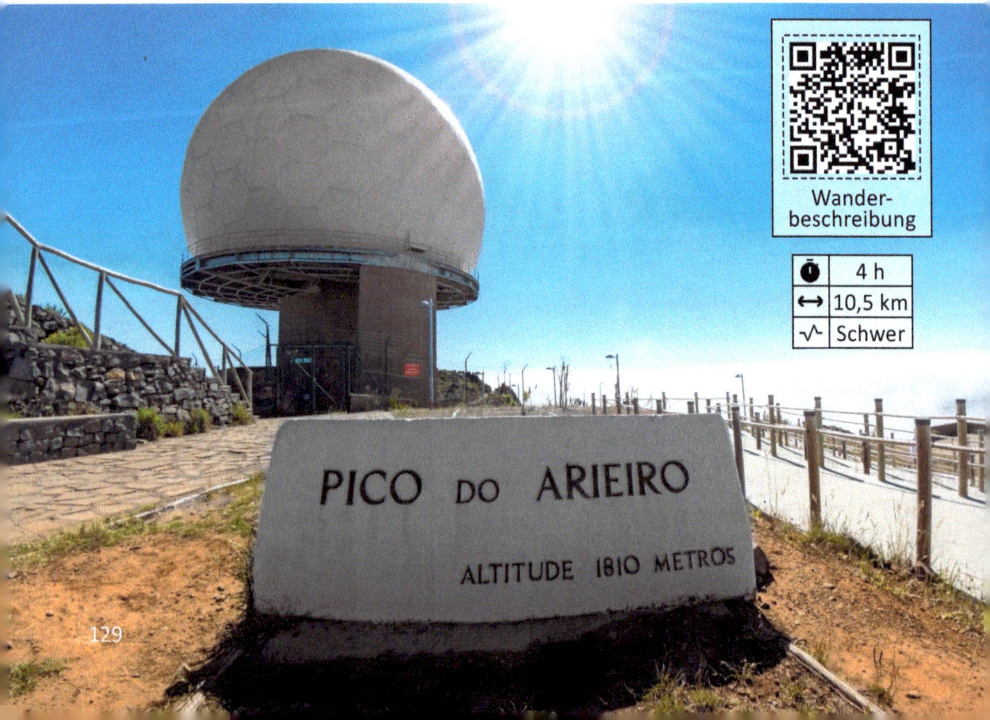

Wanderbeschreibung

Dauer	4 h
Strecke	10,5 km
Schwierigkeit	Schwer

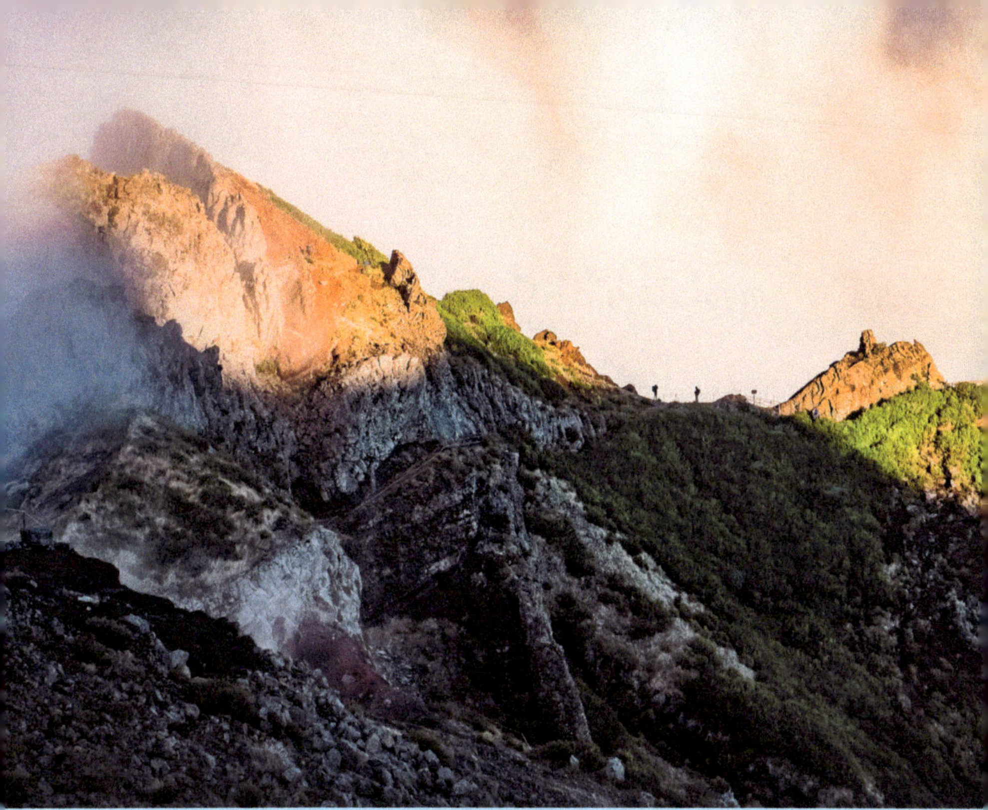
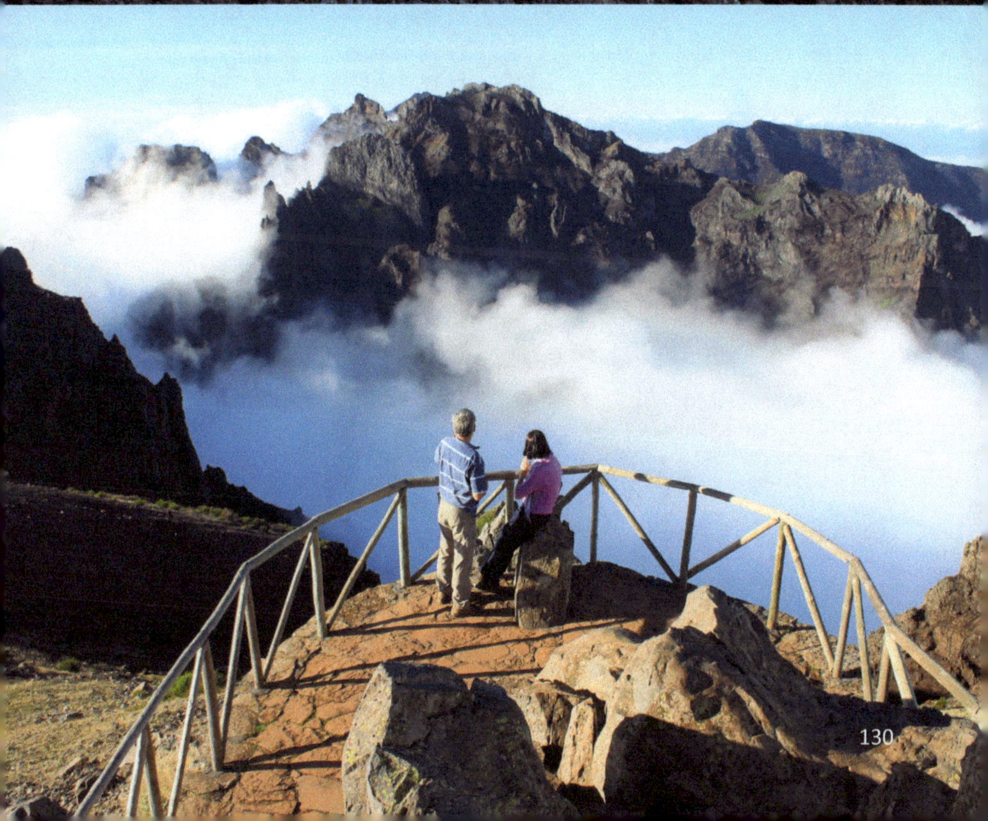

Curral das Freiras

Tal der Nonnen

Die ER107 führt von Funchal direkt ins Nonnental. Die Straße hat so viele schöne Ecken, dass es sich lohnt, einen Gang runterzuschalten und öfter mal eine Pause einzulegen. Es lohnt sich auch, die Straße ganz bis zum Ende durchzufahren, denn mit jedem Kilometer wird die Route faszinierender. Auf den ersten Kilometern sollte man ruhig mal einen Blick in den Rückspiegel werfen, denn bis zum Tunnel bei Ribeira da Lapa lebt die Straße von der traumhaften Aussicht auf den Atlantik. Direkt hinter dem Tunnel liegt rechter Hand die Capela São Rafael mit Museum und eine Art Pilgerstätte für Motorradfahrer. In jedem Fall sollte man die ER107 bis zum äußersten Ende bei Poço da Ponte folgen. Hier setzt sich das karibische Flair durch und inmitten der saftig grünen Pflanzen und Bäumen liegen bunte, mit Blumen bewachsene Häuser.

Baden im Fluss

Poço dos Chefes (260)
Der Poço dos Chefes ist noch in der Hand der Einheimischen. Der Naturpool in Curral das Freiras bietet in den Sommermonaten eine willkommene Abkühlung. Wer in Ruhe die Schönheit dieses besonderen Orts einfangen möchte, der kommt entweder am frühen Morgen oder in den sommerlichen Abendstunden, nachmittags oder generell zur Ferienzeit sind der Pool und die umliegenden Steine schnell gefüllt.

Poço da Ponte (261)
In Poço da Ponte befindet sich ein Badesee der anderen Art. Hier ist alles natürlich. Selbst der improvisierte Sprungturm ist aus einem Baumstumpen gezimmert. Das Wasser ist glasklar und auf den gestapelten Steinen findet jeder ein Plätzchen zum Ausruhen. Der See liegt vor einer malerischen Brücke und ist umgeben von Bergen und Felsen.

Bars und Restaurants

La Perla Restaurante/Bar (262)
Es ist der Blick auf die umliegende Bergwelt, der den Besuch im La Perla Restaurante so einmalig macht. Aber auch die Speisekarte kann sich sehen lassen. Der Koch meint es gut mit den hungrigen Gästen, denn immer wird noch etwas obendrauf gelegt, wie das Ei auf das Fleischstück oder der Reis zu den Fritten.

Restaurante O Lagar Antiguidades (263)
Nicht nur Fußballfans fühlen sich im Restaurante O Lagar Antiguidades zu Hause. Die Decke ist dekoriert mit Fußballfanschals aus aller Welt und das gegrillte Fleisch gibt es hier nur am meterhohen Spieß. Der Wein wird noch traditionell im Krug serviert und gebacken wird im Steinofen.

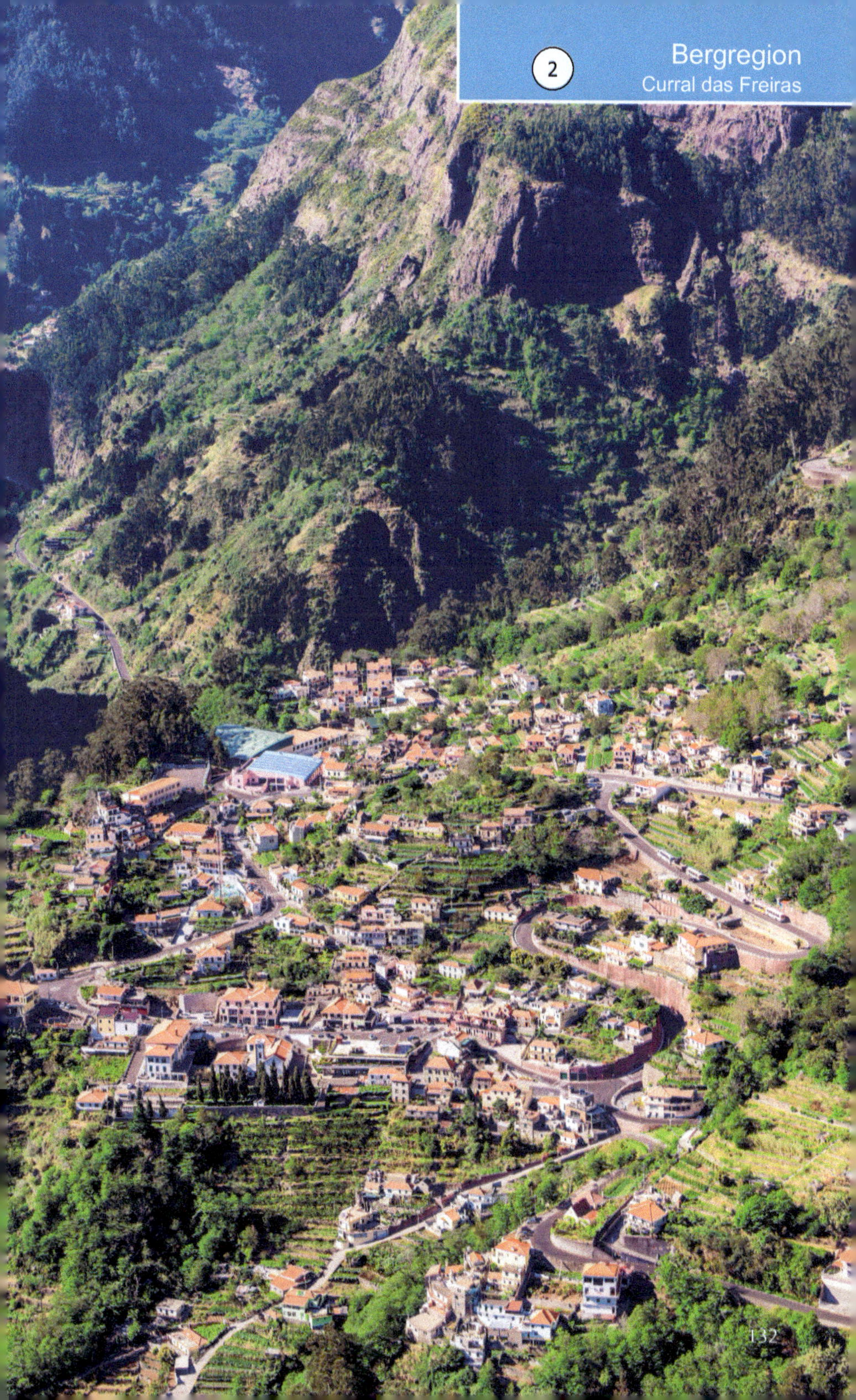

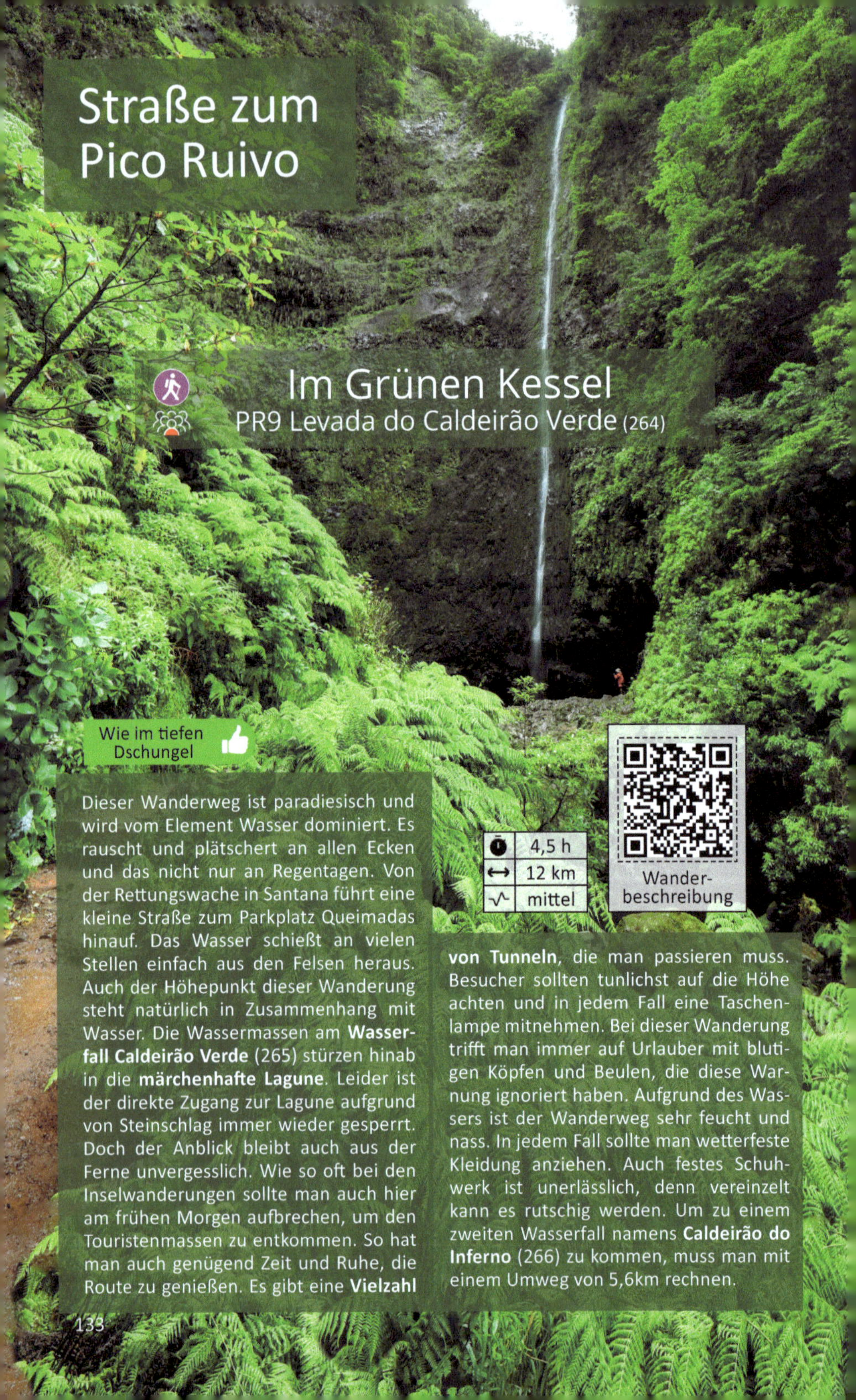

Im Grünen Kessel

PR9 Levada do Caldeirão Verde (264)

Wie im tiefen Dschungel

⏱	4,5 h
↔	12 km
∿	mittel

Wander-
beschreibung

Dieser Wanderweg ist paradiesisch und wird vom Element Wasser dominiert. Es rauscht und plätschert an allen Ecken und das nicht nur an Regentagen. Von der Rettungswache in Santana führt eine kleine Straße zum Parkplatz Queimadas hinauf. Das Wasser schießt an vielen Stellen einfach aus den Felsen heraus. Auch der Höhepunkt dieser Wanderung steht natürlich in Zusammenhang mit Wasser. Die Wassermassen am **Wasserfall Caldeirão Verde** (265) stürzen hinab in die **märchenhafte Lagune**. Leider ist der direkte Zugang zur Lagune aufgrund von Steinschlag immer wieder gesperrt. Doch der Anblick bleibt auch aus der Ferne unvergesslich. Wie so oft bei den Inselwanderungen sollte man auch hier am frühen Morgen aufbrechen, um den Touristenmassen zu entkommen. So hat man auch genügend Zeit und Ruhe, die Route zu genießen. Es gibt eine **Vielzahl von Tunneln**, die man passieren muss. Besucher sollten tunlichst auf die Höhe achten und in jedem Fall eine Taschenlampe mitnehmen. Bei dieser Wanderung trifft man immer auf Urlauber mit blutigen Köpfen und Beulen, die diese Warnung ignoriert haben. Aufgrund des Wassers ist der Wanderweg sehr feucht und nass. In jedem Fall sollte man wetterfeste Kleidung anziehen. Auch festes Schuhwerk ist unerlässlich, denn vereinzelt kann es rutschig werden. Um zu einem zweiten Wasserfall namens **Caldeirão do Inferno** (266) zu kommen, muss man mit einem Umweg von 5,6km rechnen.

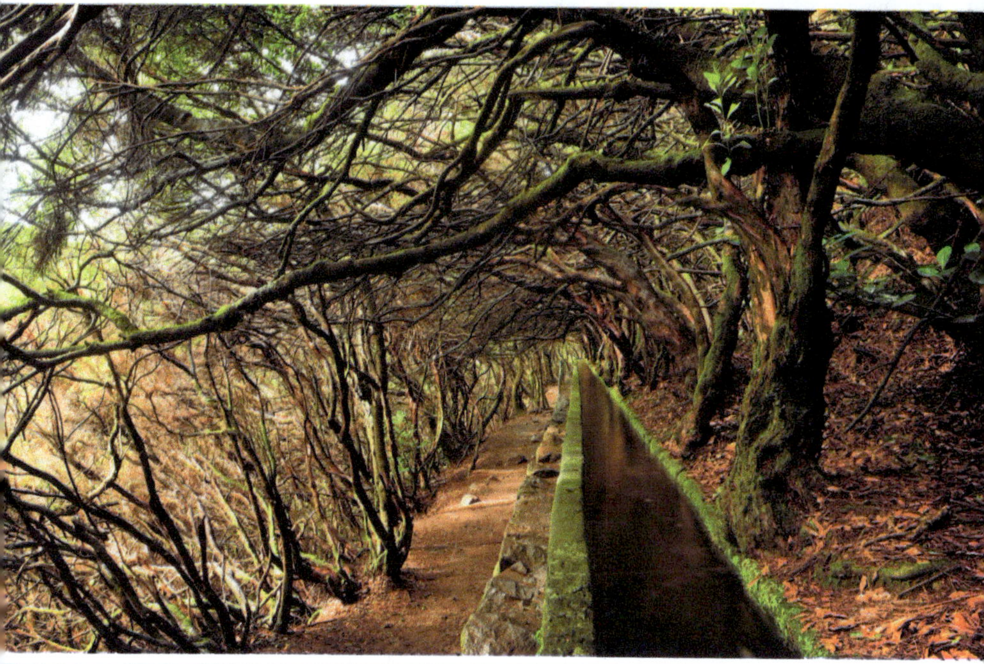

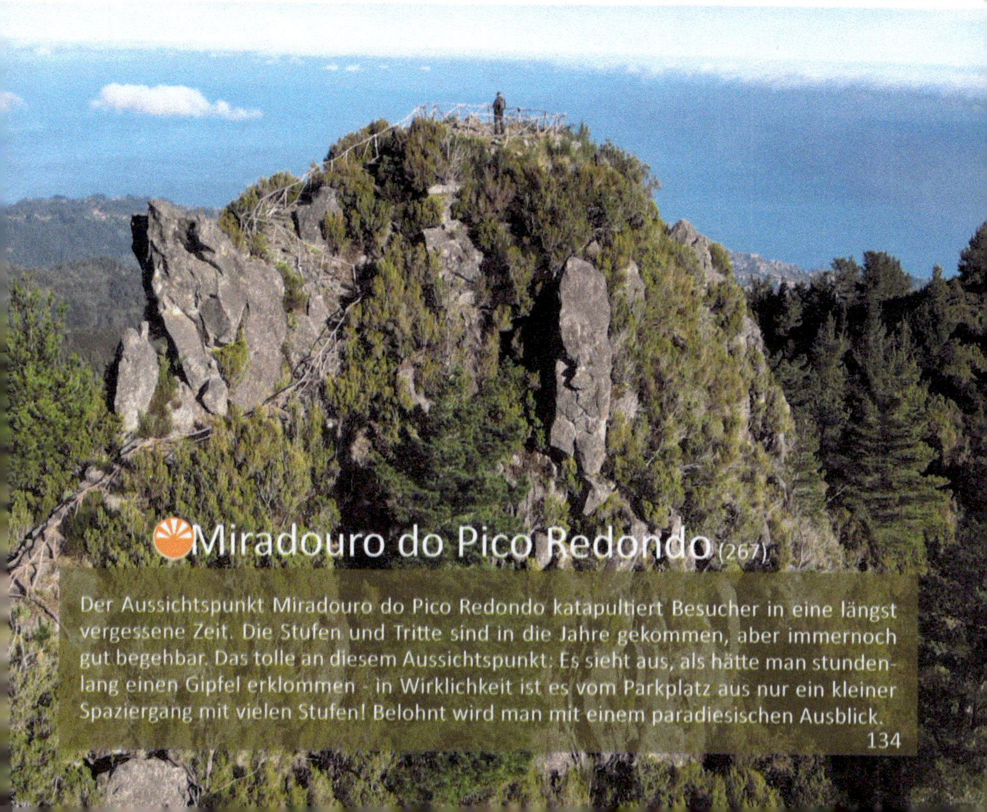

Miradouro do Pico Redondo (267)

Der Aussichtspunkt Miradouro do Pico Redondo katapultiert Besucher in eine längst vergessene Zeit. Die Stufen und Tritte sind in die Jahre gekommen, aber immernoch gut begehbar. Das tolle an diesem Aussichtspunkt: Es sieht aus, als hätte man stundenlang einen Gipfel erklommen - in Wirklichkeit ist es vom Parkplatz aus nur ein kleiner Spaziergang mit vielen Stufen! Belohnt wird man mit einem paradiesischen Ausblick.

Klassiker & Must-Do

PR1.2 Vereda do Pico Ruivo (268)

Fantastische Berglandschaft

Von Santana aus führt eine kleine Straße direkt in die bezaubernde Bergwelt. Am Ende der Straße gibt es einen Parkplatz, der ein idealer Ausgangpunkt für die Wanderungen Vereda do Pico Ruivo, Ilha, Achada do Teixeira, Começo da Trilha Pico Ruivo und Encumeada ist. Für die Wanderung zum Pico Ruivo benötigt man mindestens drei Stunden. Die gesamte Gegend ist für ihre schnellen Wetterwechsel bekannt und daher sollte man auf alles gefasst sein. Leider gibt es auch oft einen kurzen, aber heftigen Regenguss. Dann kann es entlang der Wegstrecke rutschig werden.

Kaum ein Bild kann die Erlebnisse auf diesem Weg widerspiegeln. Die schnellen Wetterwechsel lassen immer neue Eindrücke entstehen. Diesen Wanderweg kann man nicht einfach erwandern. Wer ihn wirklich erleben will, der sollte regelmäßig eine Pause einlegen und sich den Naturschönheiten hingeben. Ein schönes Plätzchen zum Verweilen findet man überall. An den Felsen macht man Bekanntschaft mit der Teira dugesii, einer für Madeira typischen Eidechse. Auch die Trocaz-Tauben zeigen sich oft entlang des Weges. Wer glaubt, dass die Bergregion Madeiras nur karg und steinig ist, der wird auf diesem Weg eines Besseren belehrt. Überall erstrecken sich Flächen von Baumheiden und Sträucher der berühmten Madeira-Heidelbeere. Selbst die für die Insel typische Glockenheide hat sich an die Wetterbedingun-

⏱	2,5 h
↔	5,5 km
∿	leicht

Wanderbeschreibung

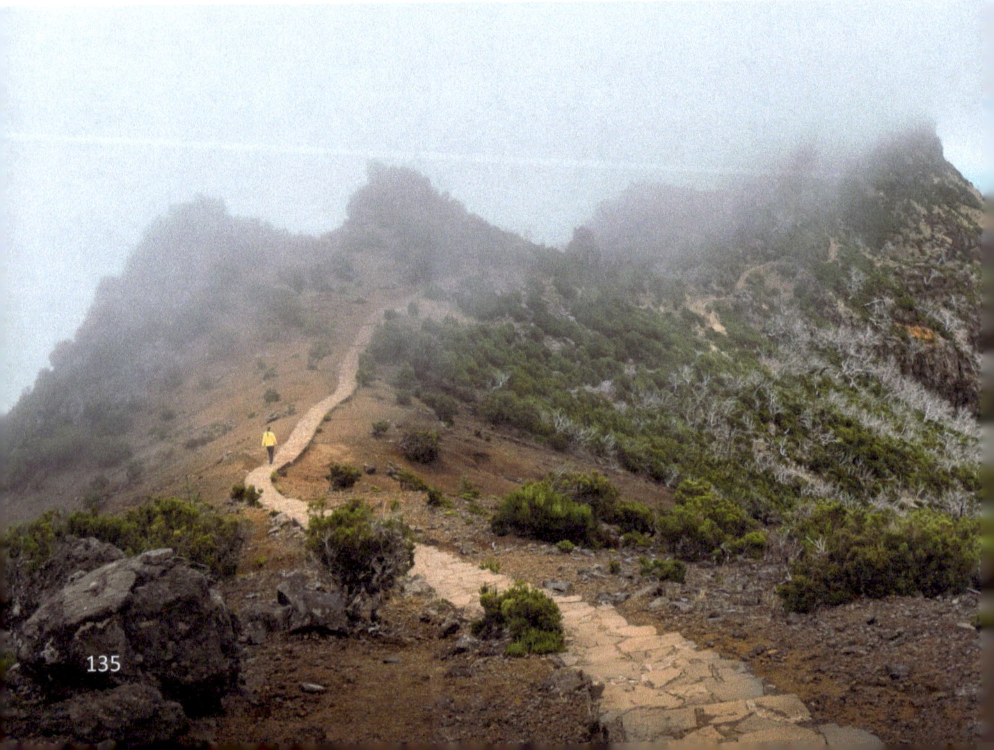

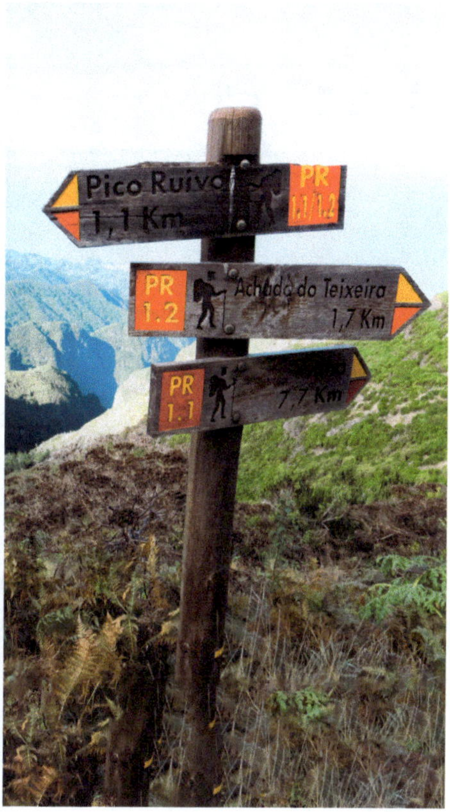
Pico Ruivo
1,1 Km
PR
1.1/1.2
PR
1.2
Achada do Teixeira
1,7 Km
PR
1.1
7,7 Km

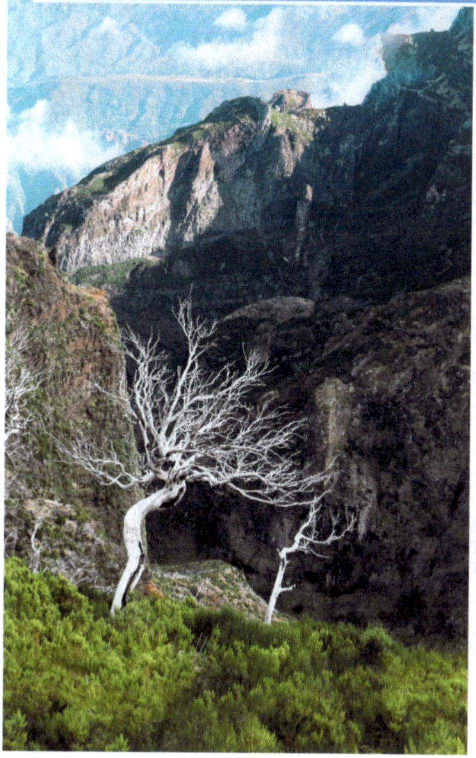

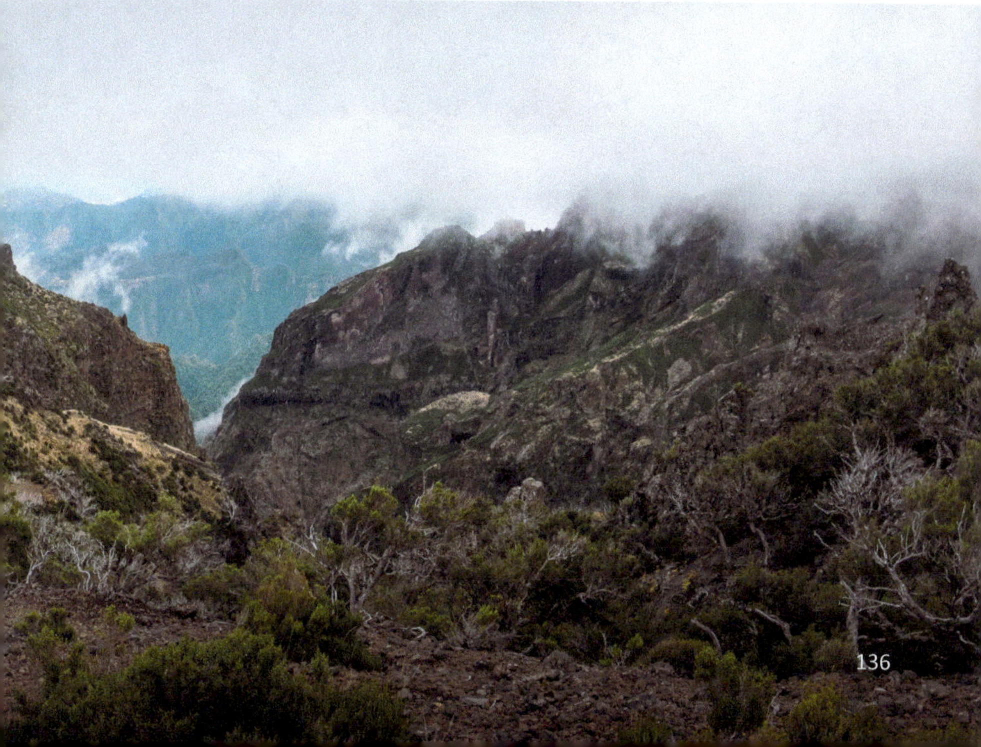

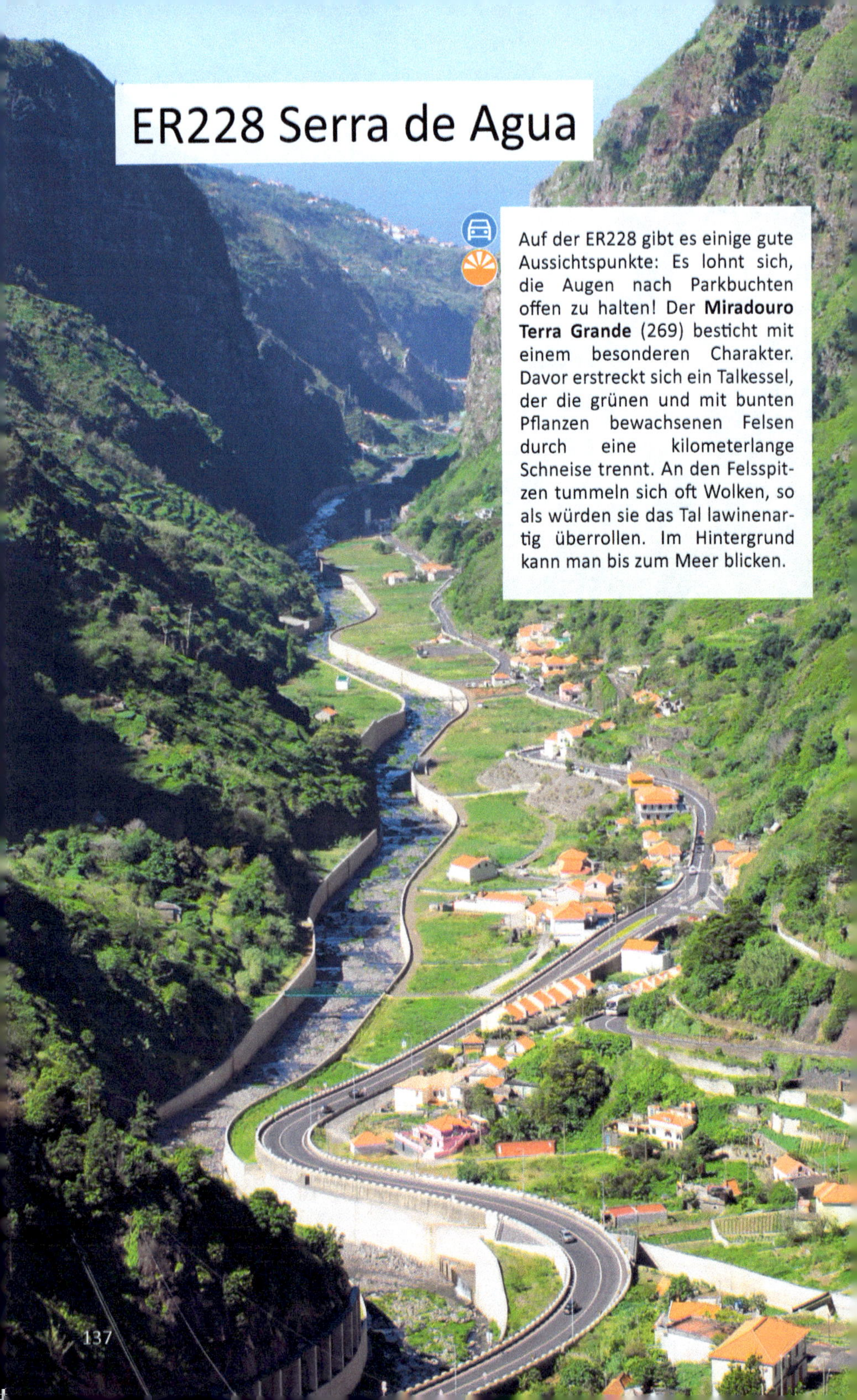

ER228 Serra de Agua

Auf der ER228 gibt es einige gute Aussichtspunkte: Es lohnt sich, die Augen nach Parkbuchten offen zu halten! Der **Miradouro Terra Grande** (269) besticht mit einem besonderen Charakter. Davor erstreckt sich ein Talkessel, der die grünen und mit bunten Pflanzen bewachsenen Felsen durch eine kilometerlange Schneise trennt. An den Felsspitzen tummeln sich oft Wolken, so als würden sie das Tal lawinenartig überrollen. Im Hintergrund kann man bis zum Meer blicken.

Miradouro da Encumeada (270)

Wenn mandurch die Serra de Agua fährt, dann lohnt es sich, für diesen Aussichtspunkt auszusteigen. Hier befindet man siich auf dem Pass von Nord nach Süd und hat einen guten Blick in beide Richtungen. Wie so oft hier oben muss das Wetter mitspielen, denn manchmal verdecken Wolken die Sicht. Im angrenzenden Souvenirshop sind Toiletten zu finden.

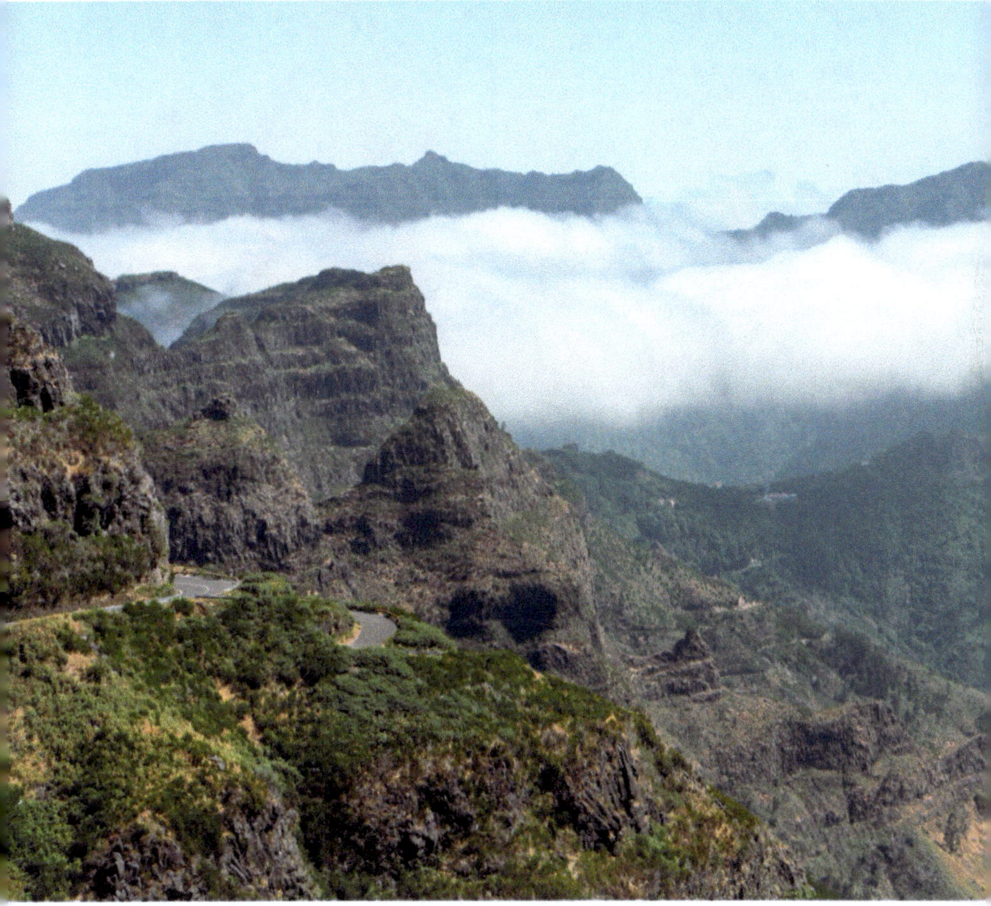

Restaurant

Es lohnt sich, einen Stopp am Restaurant **Boca Da Encumeada** (271) einzulegen. Neben den hervorragenden madeirischen Gerichten wie den hängenden Rindfleischspießen oder Bolo do Caco ist hier die **Açorda** zu empfehlen. Diese **Brotsuppe** war früher ein Arme-Leute-Essen und ist mit Koblauch und Ei sehr schmackhaft. Aber auch den **Mandelkuchen** sollte man nicht verpassen!

ER110 östlich der ER209

Es lohnt sich, diese **Panoramastraße** (272) zu genießen. Es gibt reichlich Aussichtspunkte, an denen man anhalten kann. Manchmal ist die Straße allerdings wegen eines Erdrutsches gesperrt, dann gibt es hier kein Durchkommen.

Miradouro o Lombo do Mouro (273)
An diesem Aussichtspunkt sind malerische Perspektiven garantiert. Im Frühjahr und Sommer geben sich der gelbe Ginster und die lila Natternköpfe ein Stelldichein. Die Wolken verleihen der Aussicht den letzten Schliff, wenn sie sich wie ein Wasserfall über die Felsen ergießen.

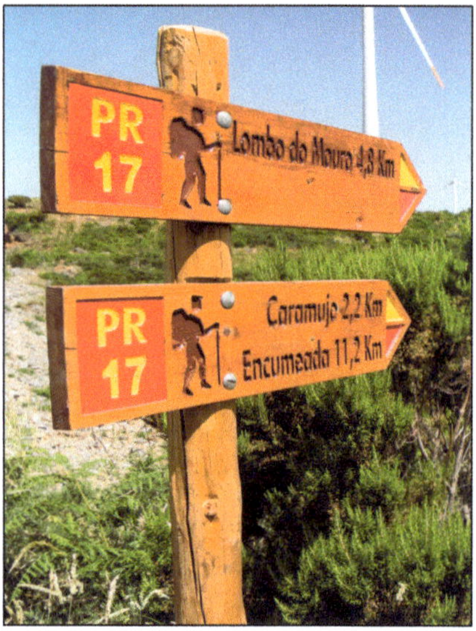

Miradouro Molinas (274)
Das Besondere am Aussichtspunkt Miradouro Molinas ist, dass es in der Umgebung kaum einen höheren Punkt gibt. So sieht man an vielen Stellen über die Berge hinweg und es eröffnen sich ganz andere Perspektiven. Viele Täler sind komplett in Wolken eingehüllt. Sobald der Wind die Wolken wegweht und die Sonne hervortritt, sieht alles wieder ganz anders aus.

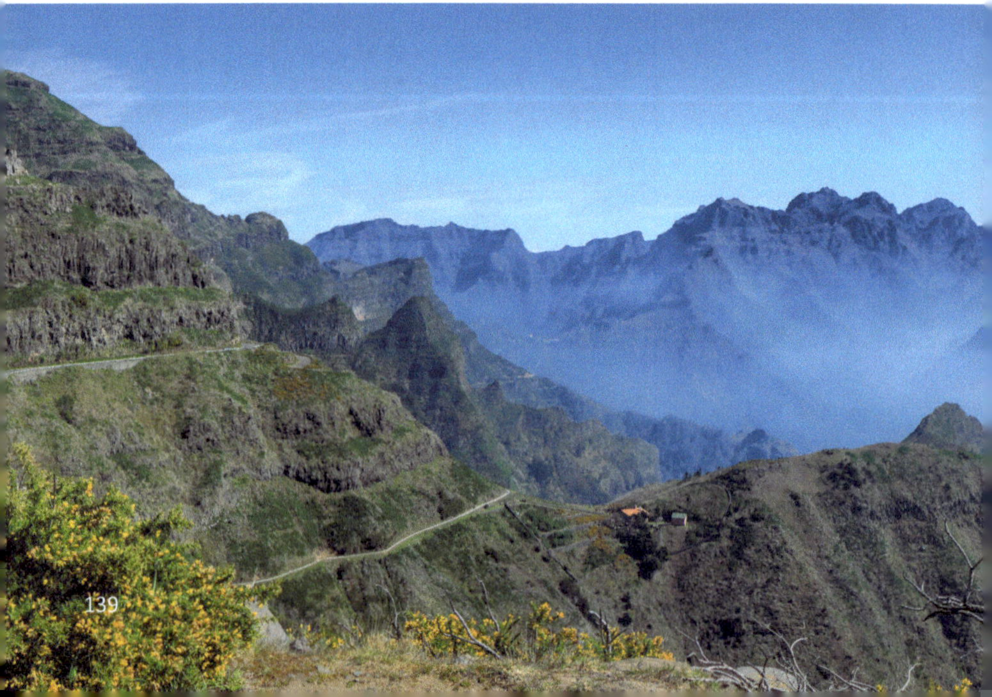

Abenteuerlicher Rundwanderweg
PR17 Bica da Cana (275)

Der Wanderweg PR17 Bica da Cana ist etwas für geübte Wanderer. Empfehlenswert ist es, ihn im Uhrzeigersinn zu wandern. In jedem Fall braucht man eine wasserdichte Jacke, da man auf dem Weg zwangsläufig einen **Wasserfall passieren** muss. Dass man fast gar nicht trocken vorbeikommt, ist im Nachhinein weniger schlimm, denn für dieses Spektakel wird man gerne nass. Schon am unteren Abschnitt, gleich hinter dem Parkplatz, merkt man, warum trittfestes Schuhwerk so empfehlenswert für diese Route ist. Es geht sofort steil hinauf und bei feuchtem Wetter ist der Untergrund extrem rutschig. Hinter der Levada wird es aber besser. Hier kann man traumhafte Wasserfälle bewundern und erfreut sich einer wunderbaren Aussicht. In den Sommermonaten ist der Weg eine echte Herausforderung. Dann stehen viele Büsche und Sträucher in voller Blüte und wachsen wie verrückt. An manchen Stellen ist der Wuchs so stark, dass die **Pflanzen den Wanderweg blockieren**. In der Regel kann man das trotzdem handhaben. Es sei denn, es handelt sich um Disteln oder andere stachelige Pflanzen. Wahre Madeira-Kenner wandern hier im **Spätherbst** oder im **Frühjahr** bis Mitte Mai. Dann tosen die Wasserfälle auch dort, wo sonst nur ein karger und trockener Felsen zu sehen ist. Das Risiko nass zu werden ist zu diesen Jahreszeiten hoch, aber dafür hat man den Weg ganz für sich alleine und kann in diese einmalige Natur eintauchen.

Wander-
beschreibung

⏱	3,5 h
⟷	4,5 km
⩘	mittel

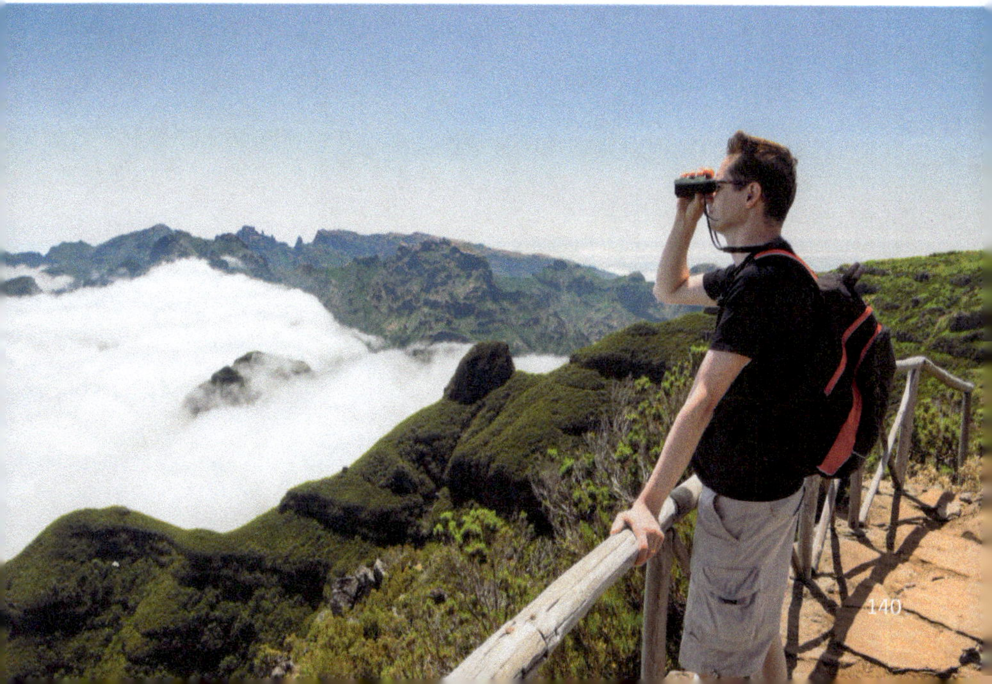

Wie auf einer anderen Insel

Paul da Serra (276)

Zwischen Achada da Cruz und Encumeada erstreckt sich auf einer Höhe von 1.500 Metern das **Plateau von Paul da Serra**. Es ist das größte und am weitesten ausgedehnte Hochplateau der Insel. Die Weite ist in dieser Form ungewöhnlich im Vergleich zu den anderen Bergregionen Madeiras. Dass man sich heute hier so unbeschwert aufhalten und die unvergleichliche Ruhe genießen kann, hat man nur dem Wind zu verdanken, der hier oben oft böig auffrischt. Wäre er nicht gewesen, dann wären jetzt hier im Minutentakt Flugzeuge aus aller Welt gelandet. Paul da Serra war ein Mitbewerber als Platz für den Flughafen, aber der Wind machte dem Vorhaben einen Strich durch die Rechnung. Auch der Nebel hatte von vornherein bei Flugexperten für Bedenken gesorgt. Aufgrund der Verdunstung ist der **Nebel hier oben oft stark ausgeprägt**. Sehr zum Nachteil der Besucher, denn die Nebelschwaden verdecken oft den anmutigen Lorbeerwald. Wenn nicht gerade der Wind pfeift, dann ist die **Stille auf dem Plateau geradezu irreal**. Das liegt auch an der unberührten Natur. Es gibt keinen Kiosk und auch kein Café. Wer hier hinauffährt, der will einfach nur die Flora, Fauna und die Weite genießen. Das gesamte Gebiet ist **unbewohnt**. Einige Flächen werden als Weideplätze für Vieh genutzt. So folgt man fast instinktiv den Klängen der Kuhglocken, weil andere Geräusche gänzlich fehlen.

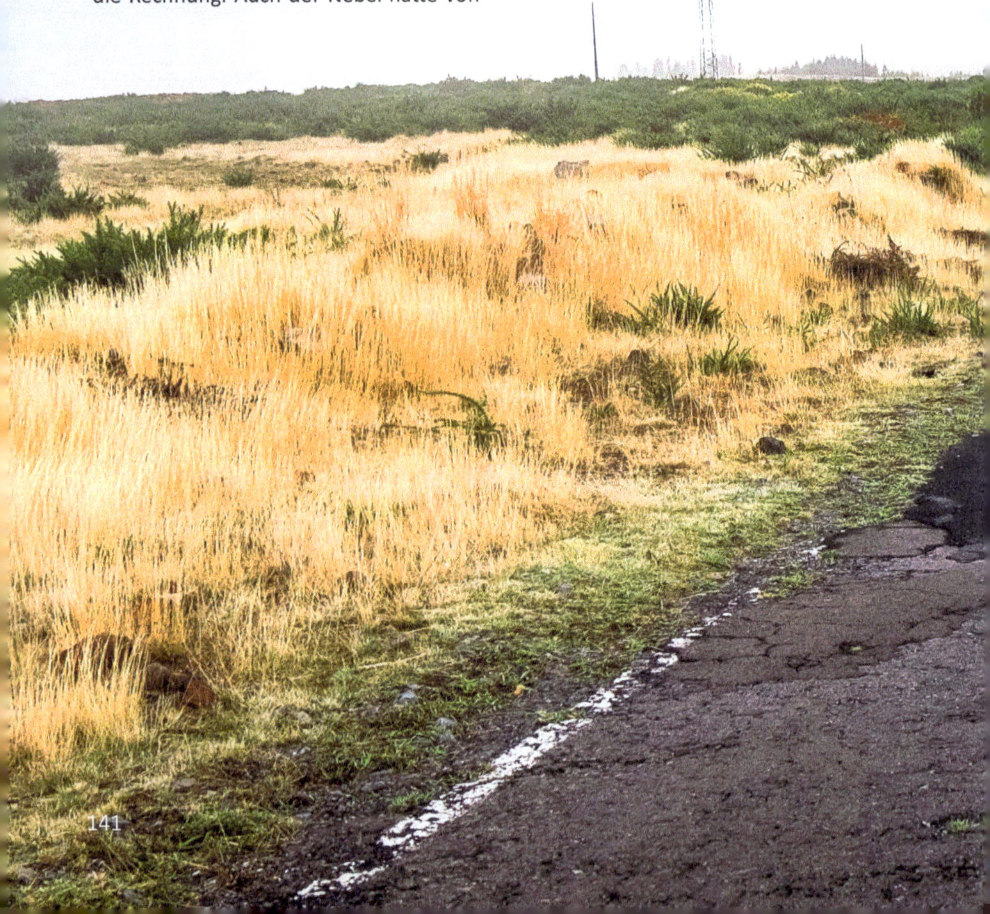

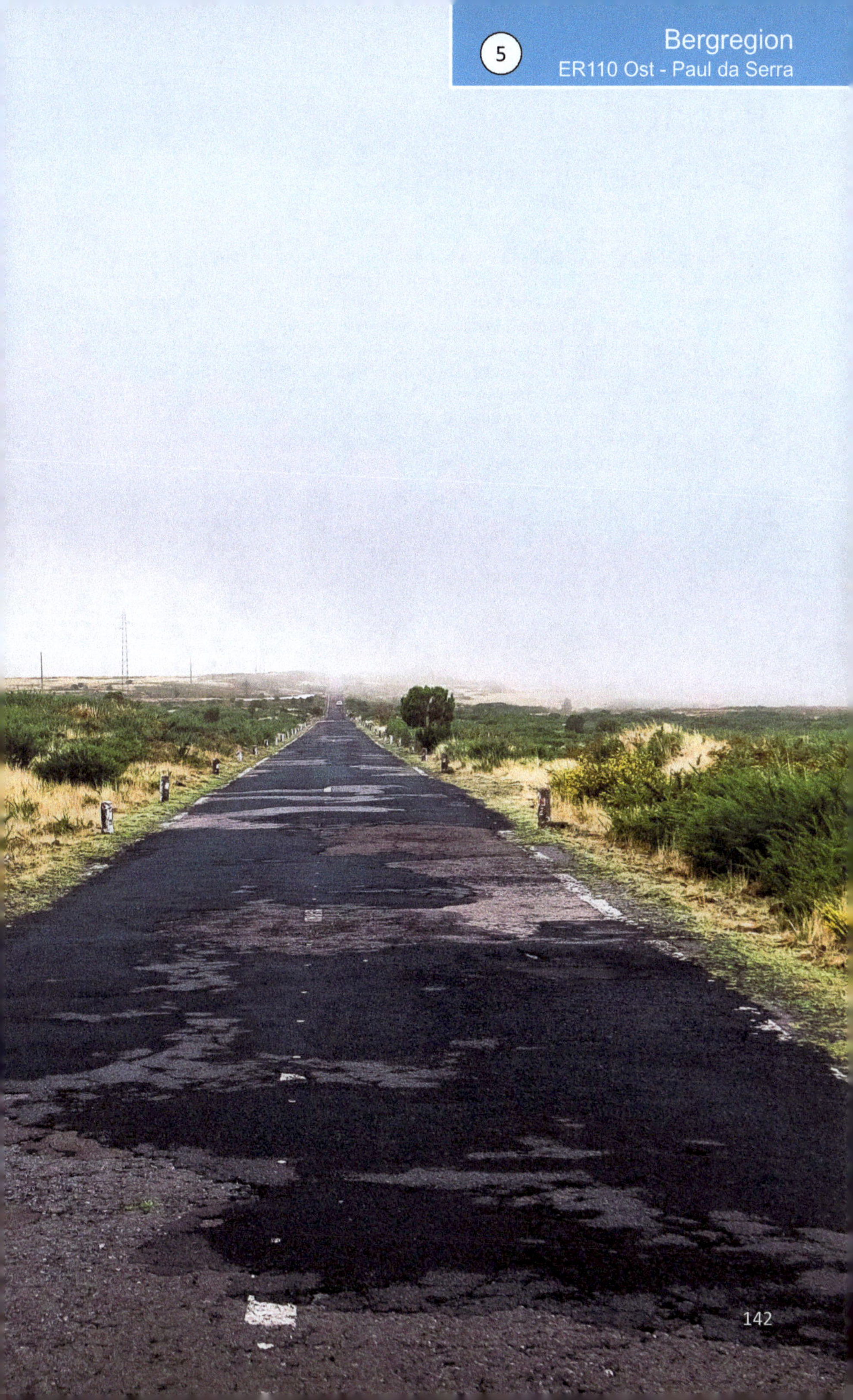

Rabaçal

ER110 westlich der ER109

Das Rabaçal-Tal ist für viele Inselliebhaber eines der schönsten Wandergebiete Madeiras. Der Wanderweg entlang der 25 Quellen führt ebenso durch das Rabaçal-Tal, wie der PR13 Vereda do Fanal und Levada da Rocha Vermelha. An der ER211 befindet sich der Parkplatz **Parque de estacionamento Levada 25 Fontes**. Er ist ein idealer Ausgangspunkt für Wanderungen durch das Rabaçal-Tal. Auch außerhalb der Hochsaison ist das Tal ein Anziehungspunkt für Wanderer und Spaziergänger. Wer das Tal in Ruhe durchqueren möchte, der sollte schon früh am Morgen vom Parkplatz aus aufbrechen. Je nach Jahreszeit und den Sonnenuntergangszeiten lohnt es sich auch, das Rabaçal-Tal erst am späten Nachmittag zu erkunden. Dann kehren die meisten Touristen schon wieder von den Wanderungen zurück und es wird deutlich ruhiger.

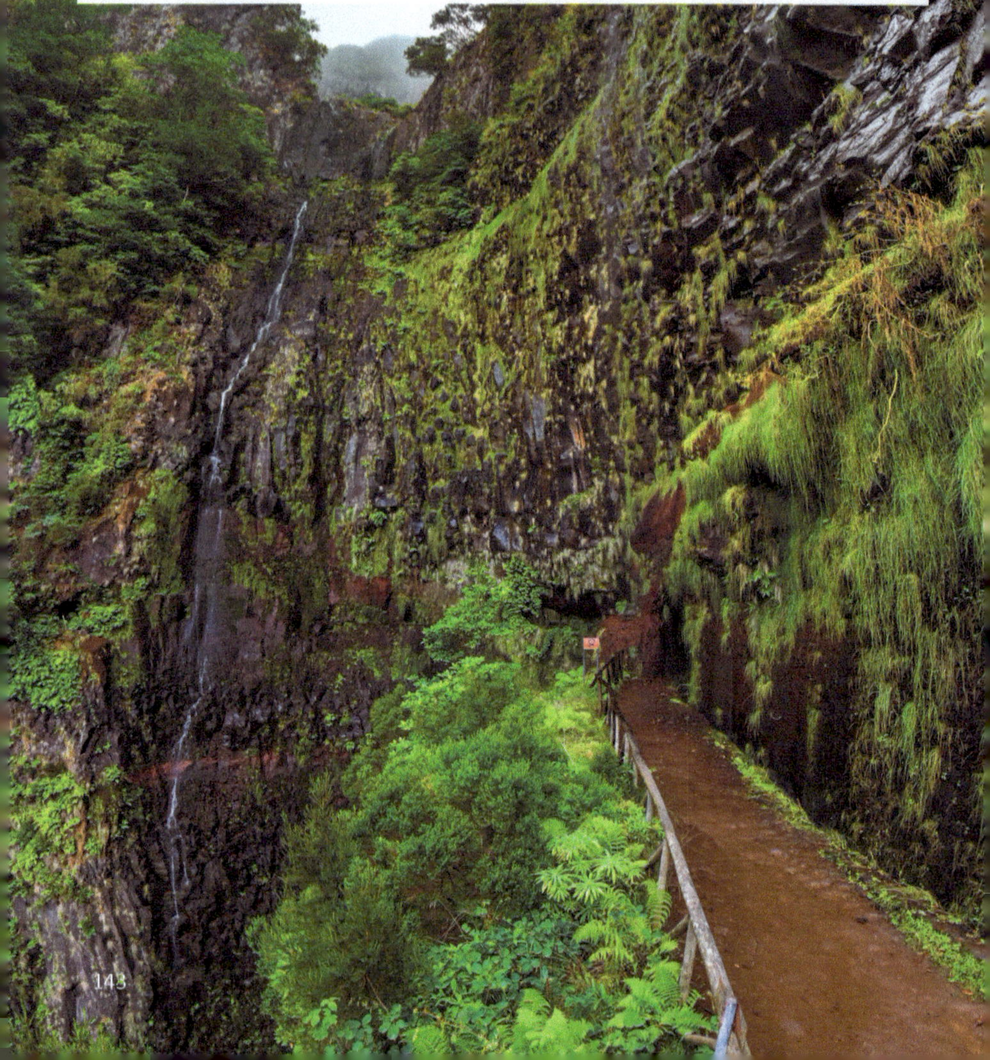

Die Beliebteste

PR6 Levada das 25 Fontes (277)

Der Wanderweg entlang der Levada das 25 Fontes gehört zu den **schönsten der Insel**. Die 25 Quellen sorgen dafür, dass die Vegetation hier üppiger und grüner ist, als in vielen anderen Bergregionen der Insel. Die Flora versetzt die Besucher oft ins Staunen. Aber auch die freien Flächen bezaubern mit ihren Heidesträuchern und rötlichen Felsen, die zum Teil von saftigem Moos überzogen sind. Die Levada ist schon **seit 1855 in Betrieb** und verläuft teilweise durch mit Moos bewachsene Steintunnel. An manchen Stellen wirkt alles märchenhaft. Das gilt insbesondere **am Morgen, wenn es hier noch menschenleer ist**. Dann plätschert das Wasser die Felswände hinab, die Vögel singen, der Nebel beginnt sich aufzulösen und die Luft ist so klar und rein, dass man ganz von selbst damit beginnt, die Atemzüge zu verlängern. Der Höhepunkt ist ohne Zweifel die **kleine Lagune**. Sie liegt inmitten der Felsen und erscheint wie die Kulisse eines Hollywood-Abenteuerfilms. Der Wanderweg führt am **Rabaçal Nature Spot Café** (277) vorbei. Auch hier erscheint alles paradiesisch und die Natursitzmöbel auf der Terrasse könnten auch ein Szenebild aus der Herr der Ringe darstellen. Das Café lädt zum Verweilen ein und punktet mit leckeren Gerichten zu annehmbaren Preisen. Die Quiche mit portugiesischem Ilha-Käse und Pilzen ist ebenso ein kulinarisches Gedicht, wie die Tomatensuppe mit Zwiebel und Ei.

Zig Zag Reisen

⏱	3,5 h
↔	11 km
∿	mittel

Für Abenteurer

Lagos da Madeira (278)

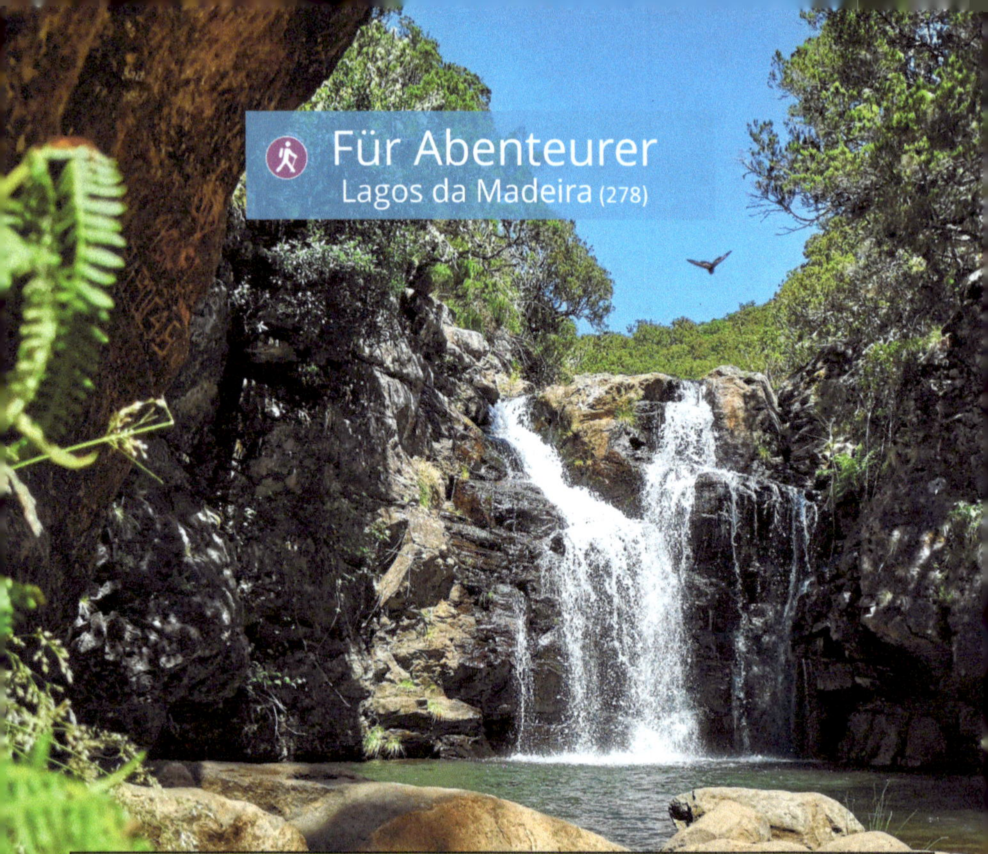

Auch diese Wanderung hat den Ausgangspunkt am Parkplatz der 25 Quellen. Deshalb gilt: **früh da sein**. Der Wanderweg zu den Seen hat seinen Ausgangspunkt am unteren rechten Abschnitt des Parkplatzes. Er liegt etwas unscheinbar an der Seite und viele wandern einfach daran vorbei und landen dann irrtümlich auf dem Wanderweg zu den 25 Quellen. Auch im weiteren Verlauf kreuzt der Weg mit der Levada do Alecrim dem Ribeira do Lajeado zwei weitere beliebte Wanderwege. Ein GPS-System ist in jeder Hinsicht hilfreich, da der Weg an manchen Stellen mit stacheligen Sträuchern geradezu **überwuchert** ist. Zum Teil sind die Sträucher durchtrieft vom Wasser. Besucher sollten wetterfeste Kleidung anziehen, die Arme und Beine bedeckt. Ansonsten holt man sich blutige Kratzer. Der Weg vorbei an den Seen und Wasserfällen ist ein **einmaliges Erlebnis**. Die Seen sind kleine Lagunen, die paradiesisch erscheinen. In Kombination mit den grünen Waldflächen, den kargen Felsen und dem Gezwitscher der Vögel wirkt alles märchenhaft. Am Morgen bilden sich Nebelfelder und dann sind die Sträucher mit feuchten Spinnennetzen durchzogen. In diesem Moment ist es so bezaubernd, dass man am liebsten per Kopfsprung von den Felsen in die Lagune springen würde. Dazu sollte man sich natürlich nicht hinreißen lassen, aber träumen darf man. An manchen Stellen sind die Felsen so glatt und steil, dass man die Lagune lieber aus sicherer Entfernung betrachten sollte.

Wanderbeschreibung

⏱	4 h
⟷	9 km
∿	mittel

Perfekt zum Einstieg
PR6.2 Levada do Alecrim (279)

Der Hauptwanderweg an der Levada do Alecrim ist gerade mal drei Kilometer lang. Er eignet sich auch für unerfahrene Wanderer, die einfach nur in einer wunderschönen Natur spazieren gehen möchten. Daher kann es hier bis in den Nachmittag hinein voll sein. Nach 15 Uhr wird es aber deutlich leerer und dann kann man die malerische Aussicht über das Rabaçal-Tal auch in vollen Zügen genießen. Je später es wird, desto weniger Touristen kommen hierher und am Abend begegnet man nur noch den Kühen, die hier weiden.

Die Wanderung startet an der Anhöhe vor dem Forsthaus von Rabaçal. Zu Beginn hat man einen uneingeschränkten Blick über das Tal und die Ausläufer des 1.417 Meter hohen Pico da Urze. An manchen Stellen ist das Gebiet mit Uveira-Sträuchern überwuchert und dazwischen ruhen sich Kühe aus. Am Ende des Weges wartet eine kleine Lagune. Hier kann man ein kühles und erfrischendes Bad nehmen. Das ist aber nicht wirklich nötig, denn der gesamte Weg liegt überwiegend im Schatten. Entgegen vieler Behauptungen in Online-Foren kann man auch entlang dieser Route ein Plätzchen zum Ausruhen und Verweilen finden. Es gibt keine Picknickbänke, aber das erwartet man hier oben auch gar nicht. Der Weg ist ideal für Menschen, die zum ersten Mal auf Madeira sind und sich mit einer Levada vertraut machen möchten. Der Weg ist nämlich keinesfalls langweilig, sondern etwas für Menschen mit dem Sinn für Natur. Ein achtloses Vorbeiwandern versperrt den Blick für die wesentlichen Dinge, wie die vielen Forellen, die sich im Wasser tummeln, die Vögel, die stimmungsvolle und melodische Laute von sich geben und die Amaryllis Belladonna rosa, die hier stellvertretend für die einzigartige Flora der Insel steht.

⏱	2 h
↔	7 km
⁄\/	leicht

Wanderbeschreibung

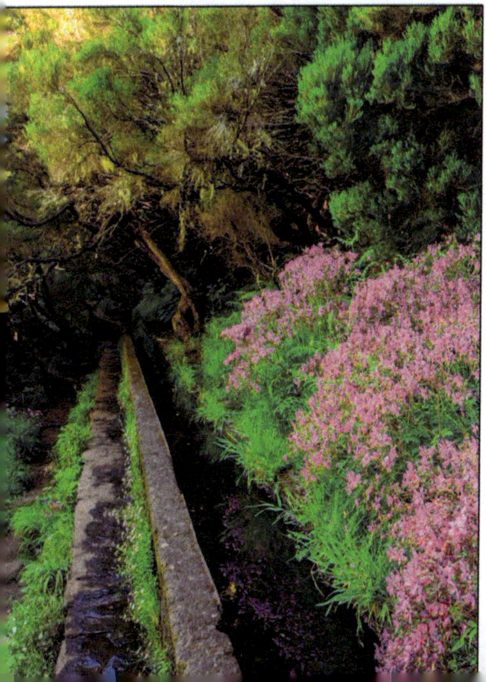

Calheta Green
(280)

Wer Rabacal über die ER211 Richtung Süden verlässt, ist geraten, einen Stopp bei diesem Restaurant einzulegen. Es hat nicht nur eine wunderschöne Terrasse, von der man eine traumhafte Aussicht genießt, sondern auch kulinarisch kann sich das Restaurant sehen lassen. Geboten werden leckere Fisch- und Fleischgerichte und Sandwiches mit Salat für den kleinen Hunger zwischendurch. 10-24 Uhr. Montags Ruhetag.

Fanal Lorbeerwald (281)

Mystischer Nebelwald

Einmalige Stimmung

Der Wald von Fanal ist der mit Abstand unheimlichste Ort der Insel. Die Atmosphäre ist wie gemalt und so mystisch, dass man eine Gänsehaut bekommt. Wer diese unbeschreibliche Atmosphäre erleben will, der sollte an nebligen Tagen hierherkommen. Dann sehen die grasenden Kühe zwischen den Jahrzehnten alten Ocotea-Foetens-Bäumen furchteinflößend aus. Die Äste des Lorbeers erscheinen so dämonisch, als würden sie in den Nebelschwaden tanzen.
Ohne Nebel wirkt der Fanal Pond dagegen friedvoll und unspektakulär. Am frühen Morgen ist Nebel garantiert. Tagsüber hat man eine vielversprechende Chance auf Nebel, wenn es unten an der Küste klar und sonnig ist.

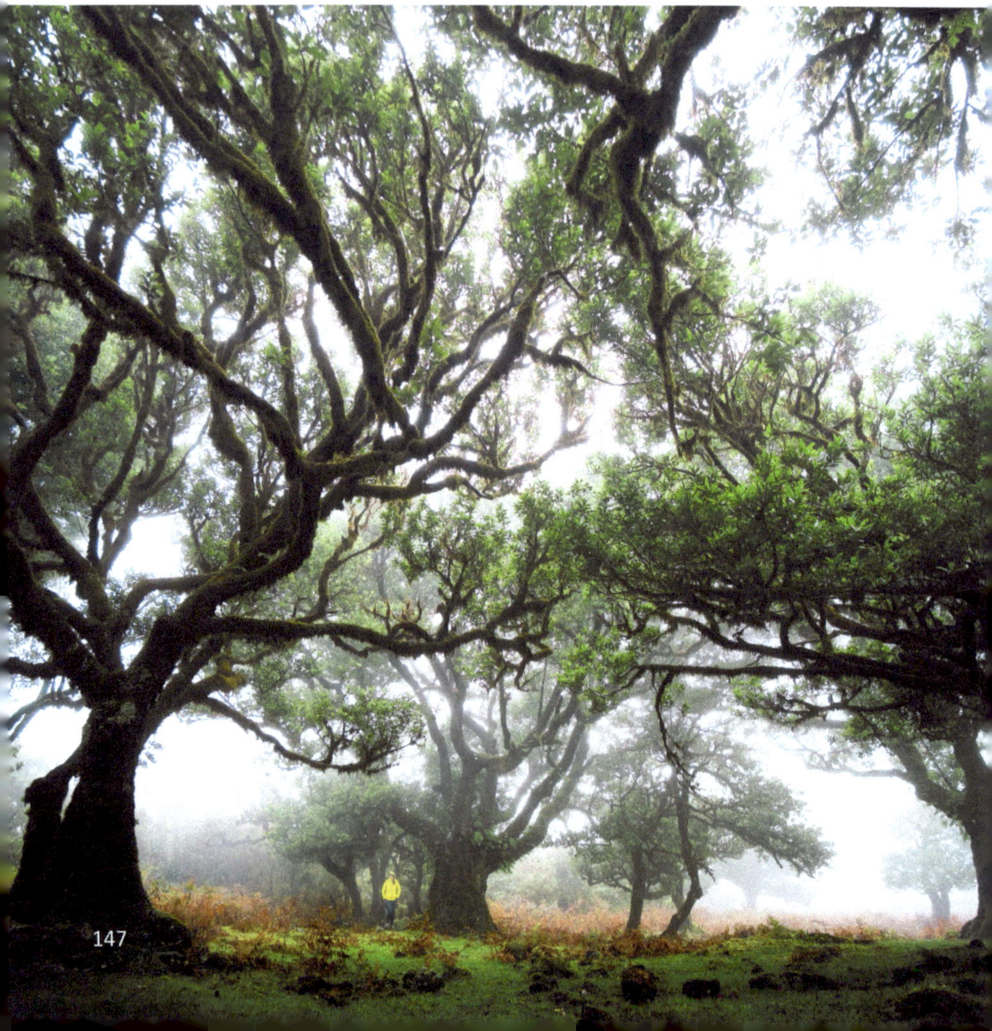

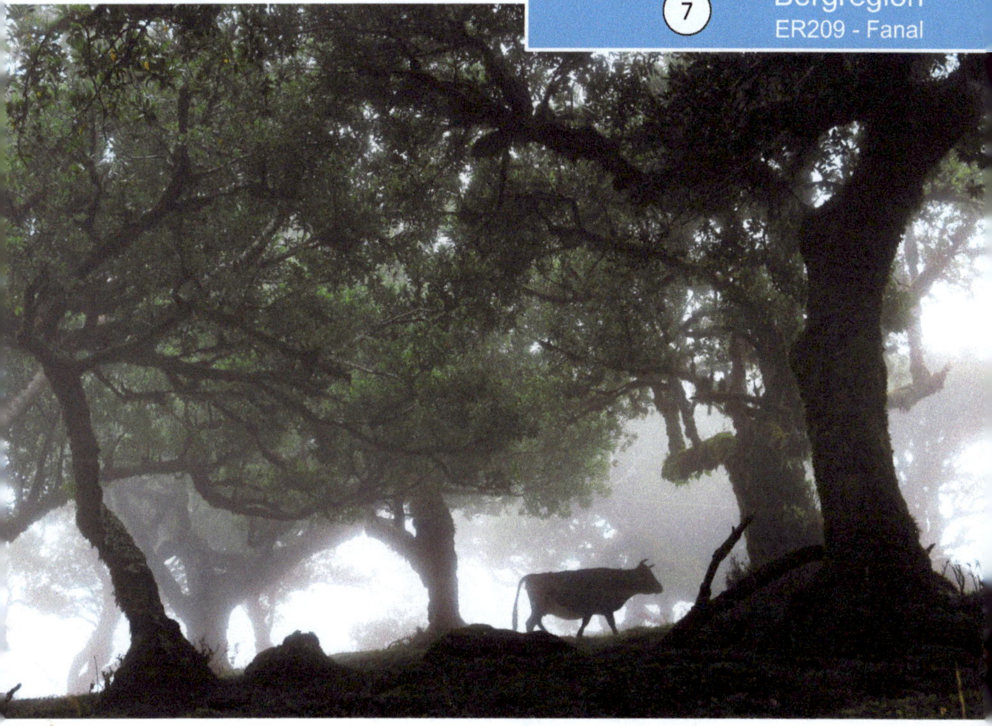

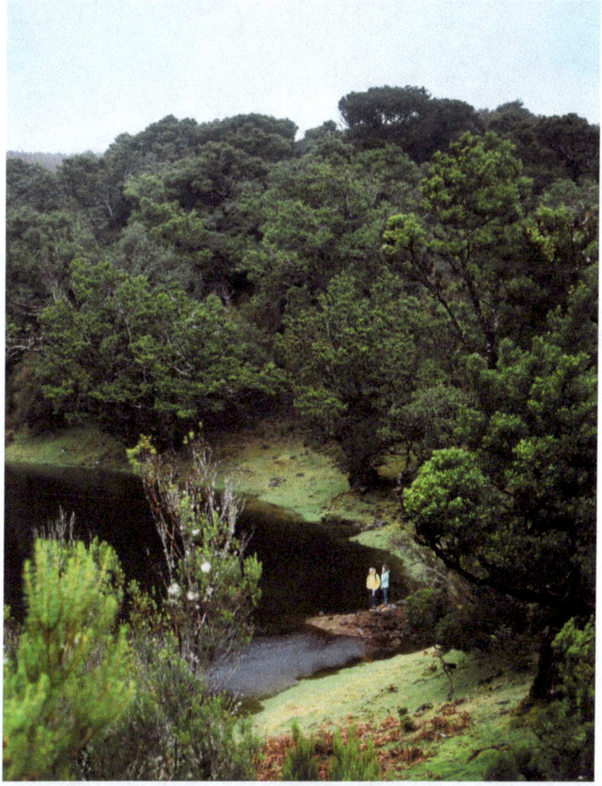

Der Smaragdgrüne
PR14 Levada dos Cedros (282)

Die Insulaner nennen diesen Wanderweg den Smaragdgrünen. Warum das so ist, wird den Wanderern schon nach wenigen Metern bewusst: Hier erscheint wirklich alles in **saftigen Grüntönen**. Selbst die sonst braunen Baumstämme sind von grünem Moos überzogen. Es dominieren Lorbeer, Farn und Zedern. Was diesen Wanderweg so einzigartig macht, sind die Kontraste zu der smaragdgrünen Umgebung. Mal sind es die braunen Kühe und dann die schneeweißen Nebelschwaden, die so schnell verschwinden, wie sie auftauchen. Aber es ist nicht nur das

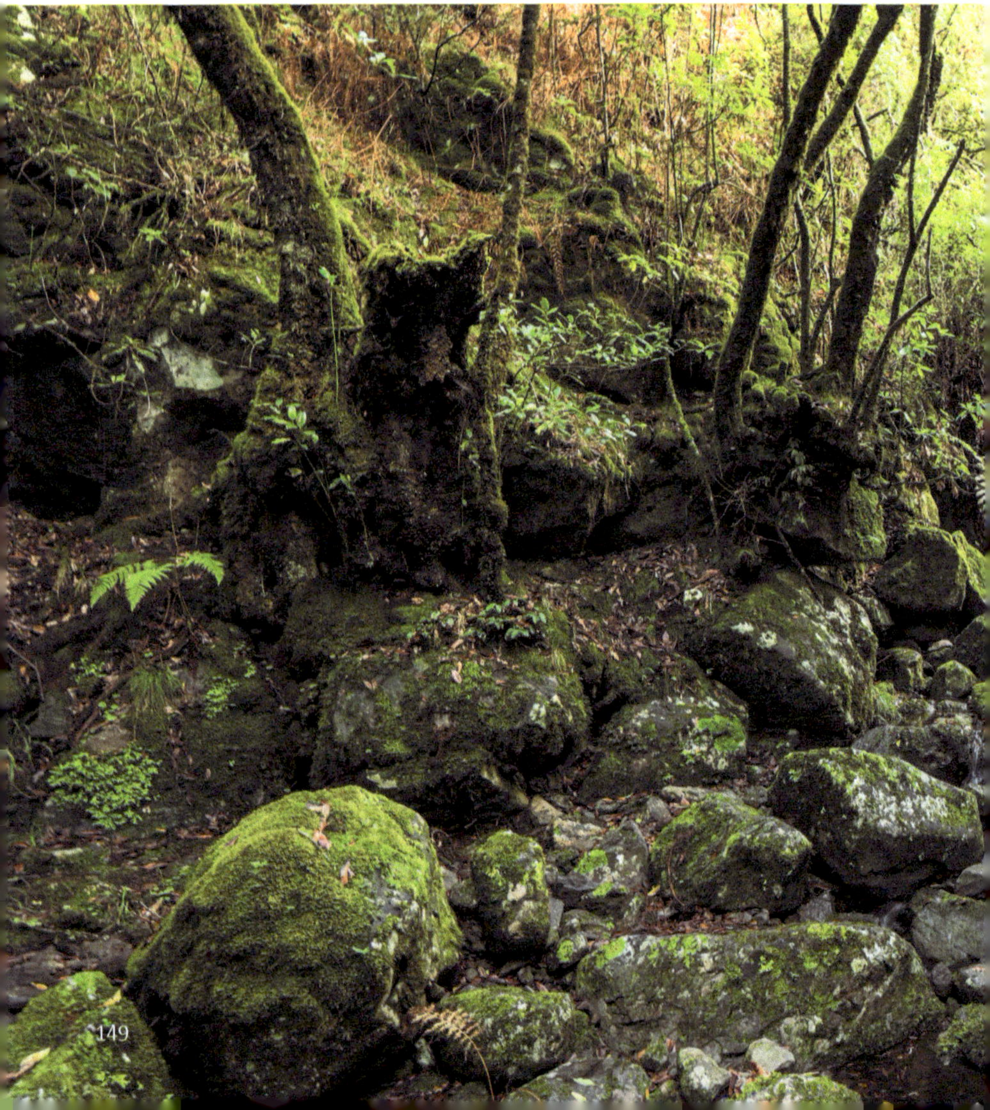

Auge, das auf diesem Weg geschärft wird. Auch die **Geräusche** machen diesen Weg zu etwas Besonderem. Das Plätschern des Wassers erklingt sanft und man muss sich im Nebel konzentrieren, um es zuordnen zu können. In dieser **stimmungsvollen Atmosphäre** wirkt selbst der kleinste Wasserfall gigantisch, wenn er hinter den Nebelschwaden zum Vorschein kommt und das kristallklare Wasser aufschäumen lässt. Schwindelfrei sollte man sein, denn manche Stellen sind ganz schön eng am Abgrund.

Wanderbeschreibung

⏱	4 h
⟷	11 km
√	mittel

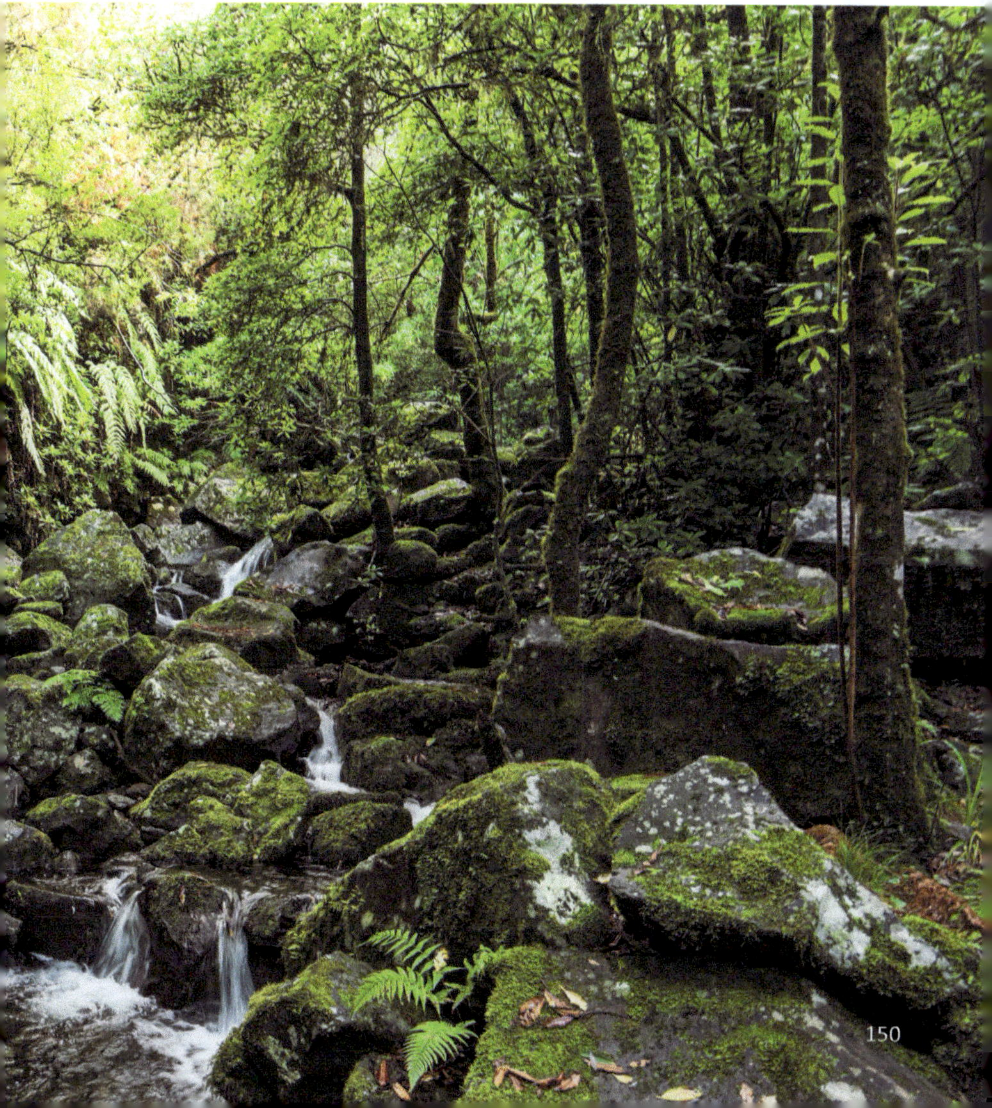

Karten

Auf den folgenden Seiten findest du die Karten zu den verschiedenen Regionen dieses Reiseführers. Sie sind entsprechend der Regionen farblich markiert.

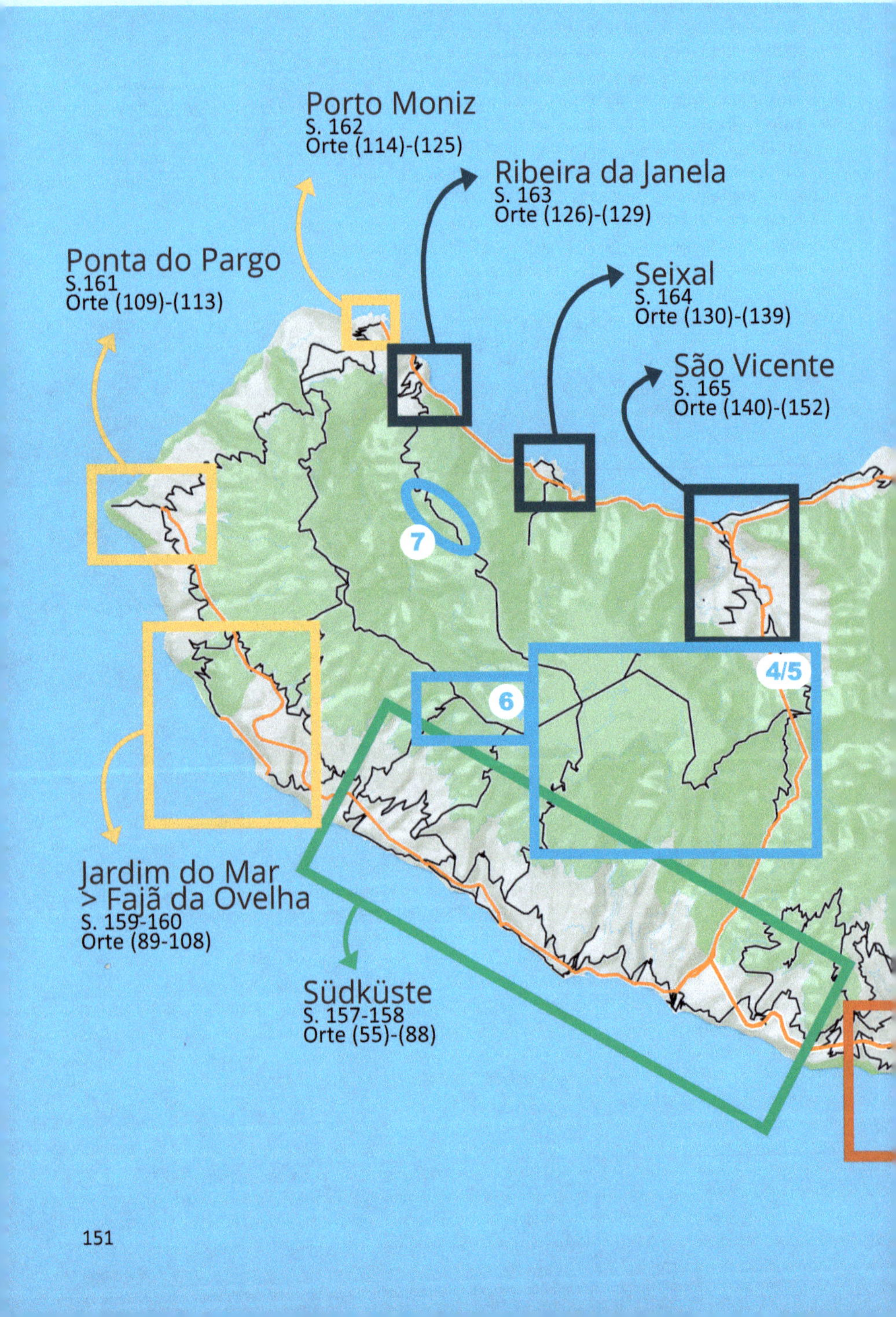

Bergregionen

(1) Ribeiro Frio
S. 175-176
Orte (242)-(253)

(2) Pico Areiro & Curral das Freiras
S. 177-178
Orte (254)-(263)

(3) Pico Ruivo
Ohne Karte
Zufahrt über Santana
Orte (264)-(268)

(4/5) Serra de Água Paul da Serra
S. 179-180
Orte (269)-(276)

(6) Rabaçal
S. 181
Orte (277)-(280)

(7) Fanal
Ohne Karte
Orte (281)-(282)

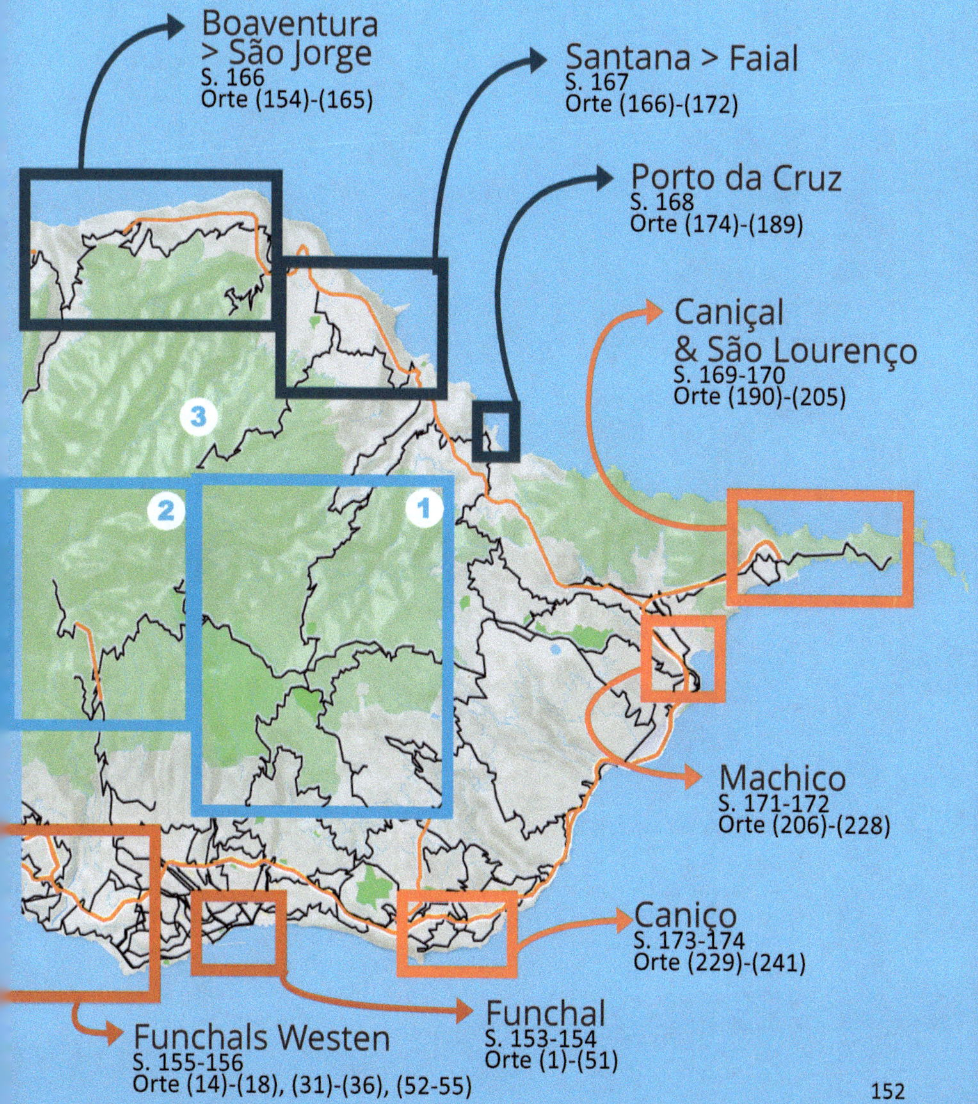

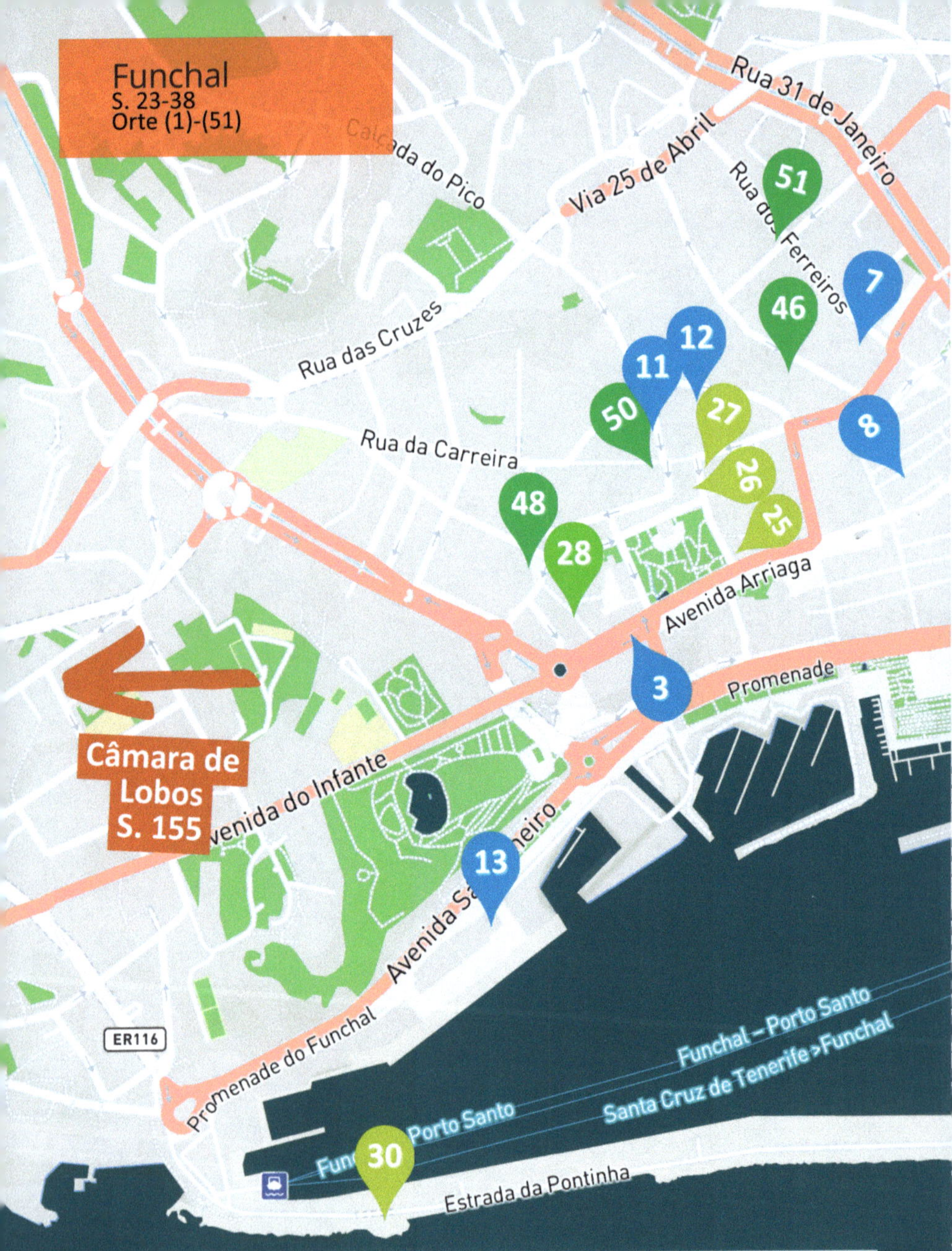

(1) Monte Palace
(2) Armazem do Mercado
(3) Mercado de Agricultura Biológica
(4) Fábrica Santo Antonio
(5) Art Center Caravel Gallery and Shop
(6) Mercado dos Lavradores
(7) Gaudeamus
(8) UauCacau
(9) Galerie BELA 30
(10) Madeira Story Centre
(11) 3D Fun Art Museum
(12) Madeira Optics Museum
(13) CR7 Museum
(14)-(18) nächste Seite
(19) Miradouro do Pináculo
(20) Infinito Wine Bar
(21) Nico's Avenida
(22) Kampo

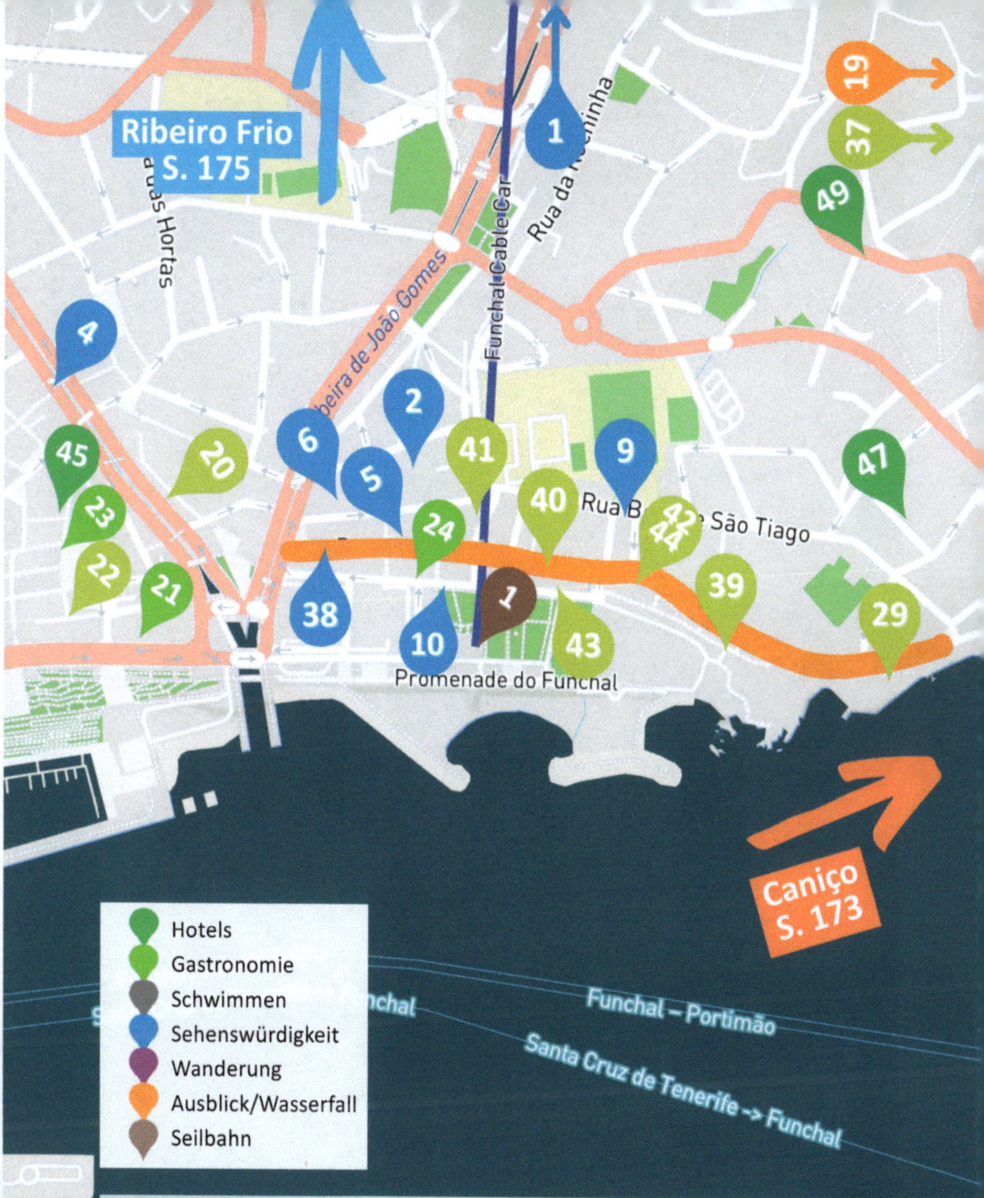

(23) Loja do Chá
(24) Art Food Corner
(25) Blandys Wine Lodge
(26) Restaurante dos Combatentes
(27) Hamburgueria do Mercado
(28) Café Mercearia Dona Mécia
(29) Barreirinha Bar Café
(30) Design Centre Nini Andrade Silva
(31)-(36) nächste Seite
(37) Restaurante Churrascaria Zarcos
(38) Rua de Santa Maria
(39) Madeira Rum House
(40) Revolucion Bar
(41) Jota-Bar
(42) Poncha do Pescador
(43) Bar Number Two
(44) Tasquinha do Monsieur
(45) Sé Boutique Hotel
(46) Castanheiro Boutique Hotel
(47) Quinta B.
(48) The Vine Hotel
(49) Arts In Hotel
(50) Hotel Caju
(51) 29 Madeira Hostel
(52)-(55) nächste Seite

Funchals Westen

S. 29-40
Orte (14)-(18), (31)-(36), (52-55)

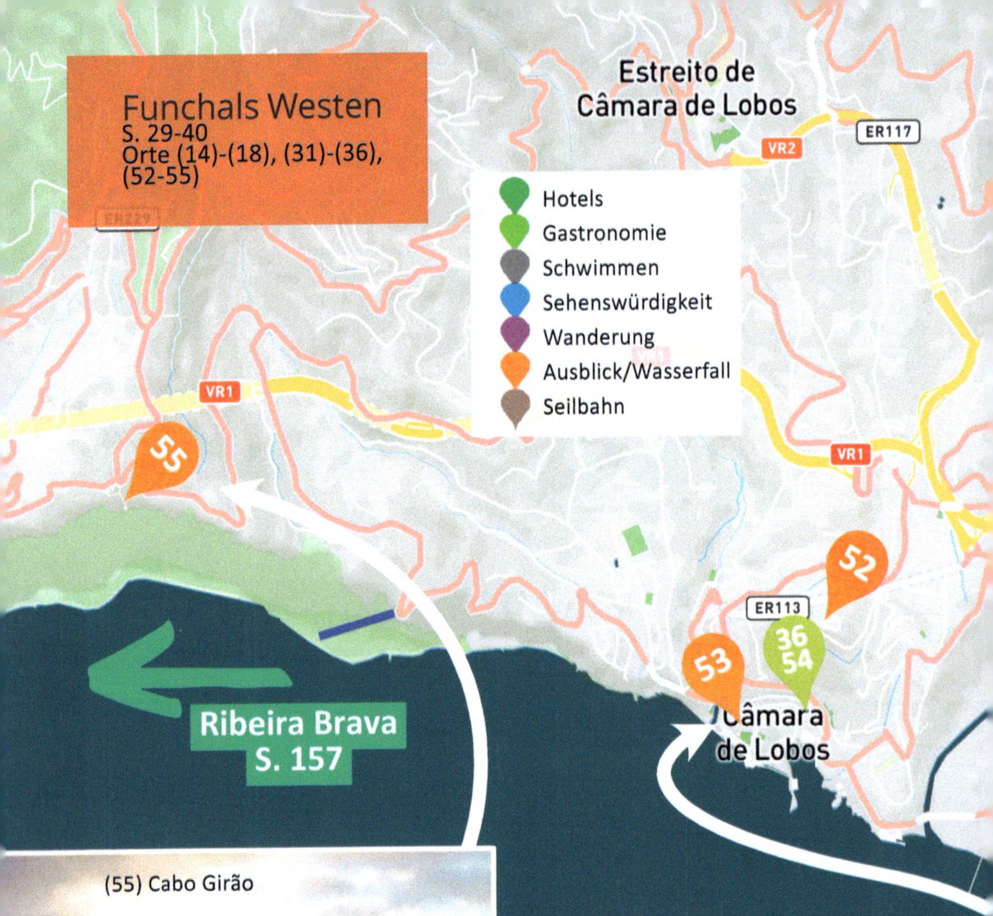

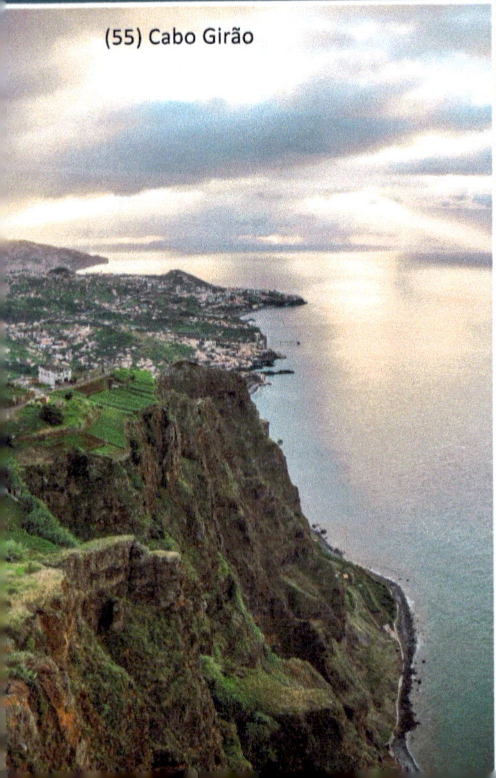

(55) Cabo Girão

(14) Praia Formosa
(15) Complexo Balnear da Ponta Gorda
(16) Piscinas Naturais da Doca do Cavacas
(17) Lido
(18) Miradouro Pico dos Barcelos

(31) Reid's Palace
(32) La Vaca Negra
(33) IlhaKaffé-Food & Wine
(34) Lume Pizzeria
(35) La Carbonara
(36) Vila do Peixe

(52) Miradouro da Torre
(53) Ilhéu de Câmara de Lobos
(54) Restaurant Villla do Peixe
(55) Cabo Girão

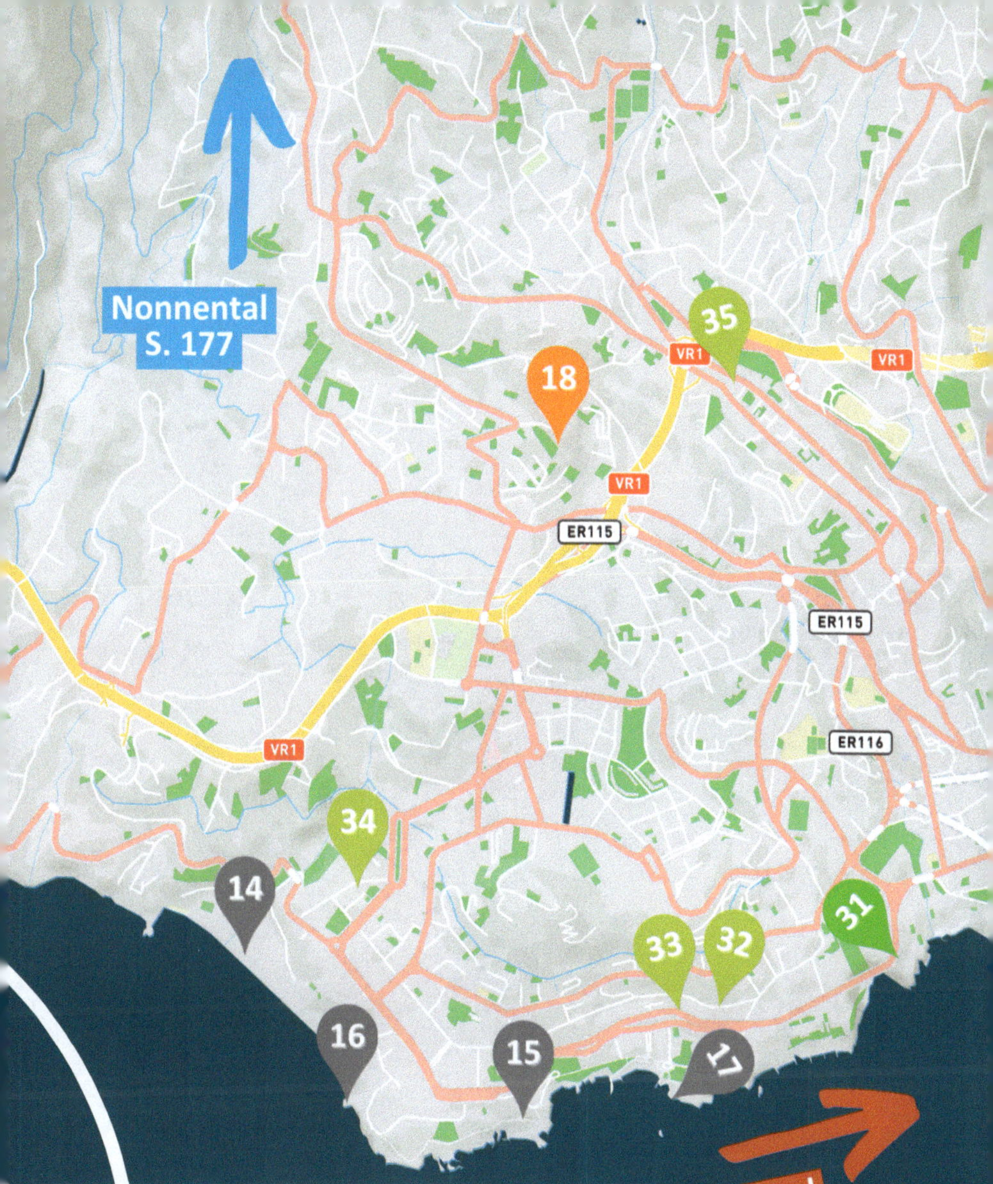

(53) Ilhéu de Câmara de Lobos

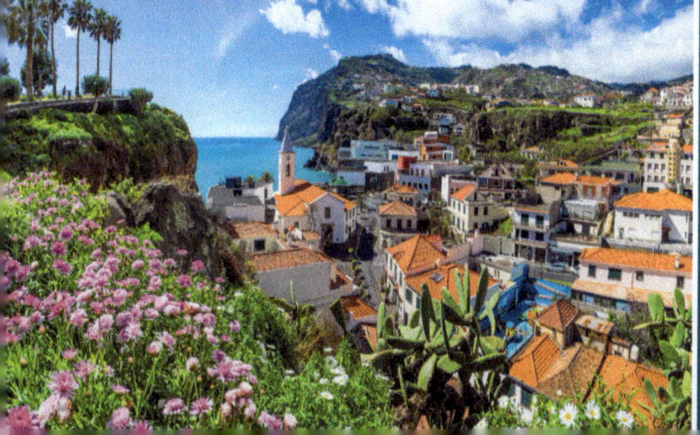

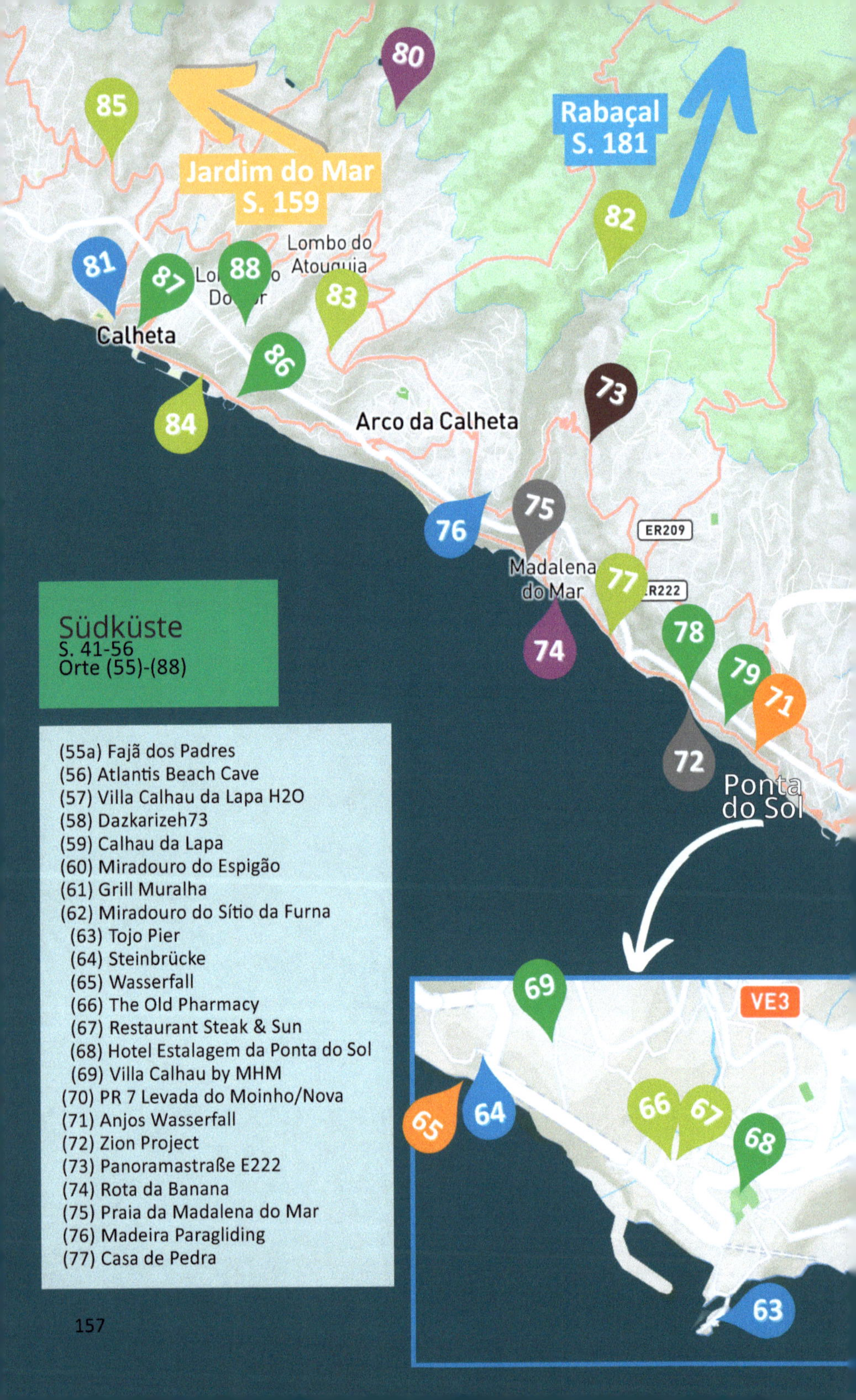

Südküste
S. 41-56
Orte (55)-(88)

(55a) Fajã dos Padres
(56) Atlantis Beach Cave
(57) Villa Calhau da Lapa H2O
(58) Dazkarizeh73
(59) Calhau da Lapa
(60) Miradouro do Espigão
(61) Grill Muralha
(62) Miradouro do Sítio da Furna
(63) Tojo Pier
(64) Steinbrücke
(65) Wasserfall
(66) The Old Pharmacy
(67) Restaurant Steak & Sun
(68) Hotel Estalagem da Ponta do Sol
(69) Villa Calhau by MHM
(70) PR 7 Levada do Moinho/Nova
(71) Anjos Wasserfall
(72) Zion Project
(73) Panoramastraße E222
(74) Rota da Banana
(75) Praia da Madalena do Mar
(76) Madeira Paragliding
(77) Casa de Pedra

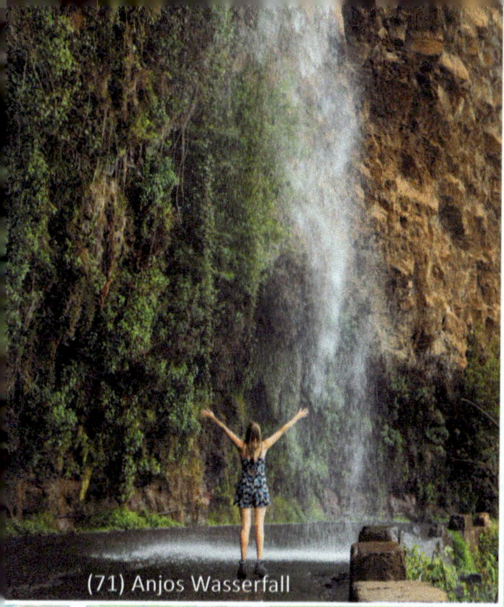

(71) Anjos Wasserfall

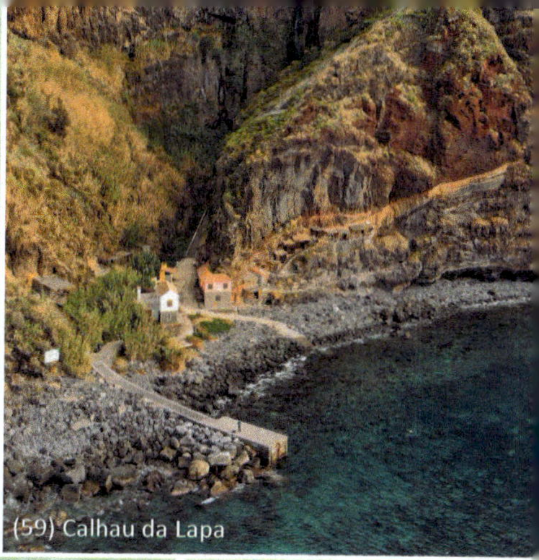

(59) Calhau da Lapa

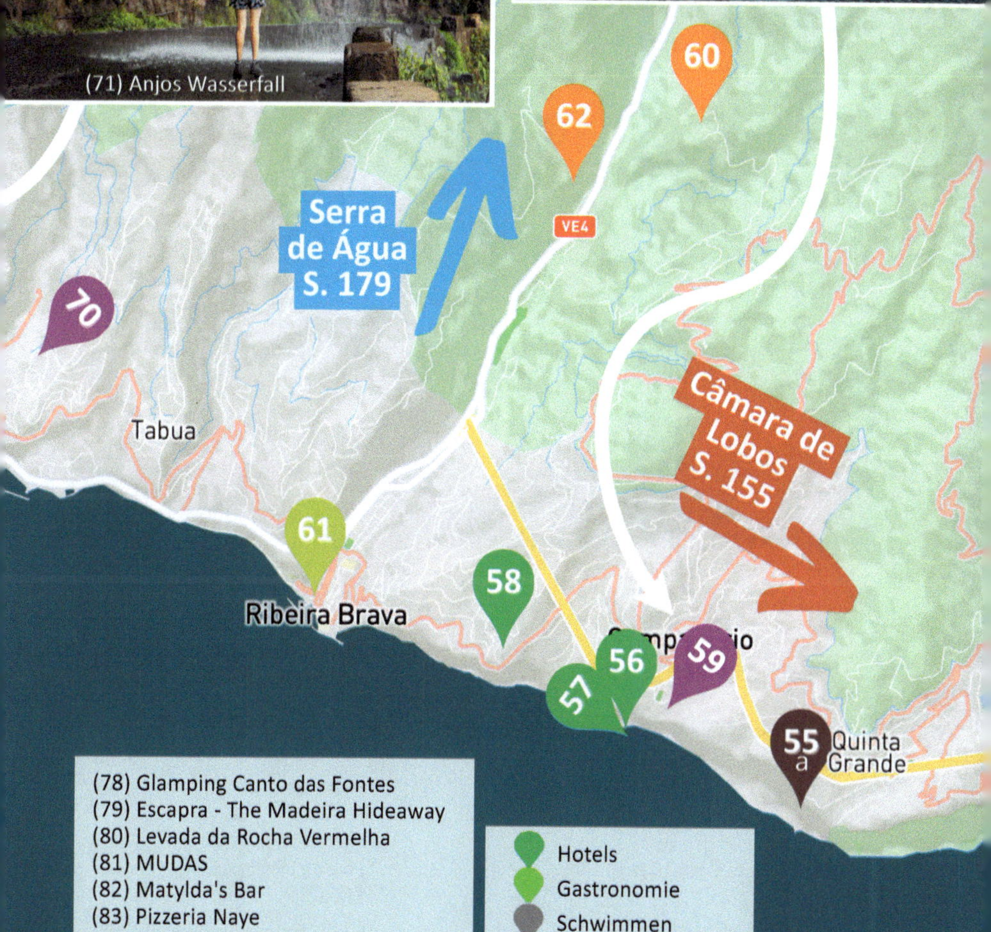

(78) Glamping Canto das Fontes
(79) Escapra - The Madeira Hideaway
(80) Levada da Rocha Vermelha
(81) MUDAS
(82) Matylda's Bar
(83) Pizzeria Naye
(84) Manifattura di gelato
(85) As Fontes do Horácio
(86) Savoy Saccharum
(87) Socalco Nature Hotel
(88) Boutique Suites Les Terrasses

- Hotels
- Gastronomie
- Schwimmen
- Sehenswürdigkeit
- Wanderung
- Ausblick/Wasserfall
- Seilbahn

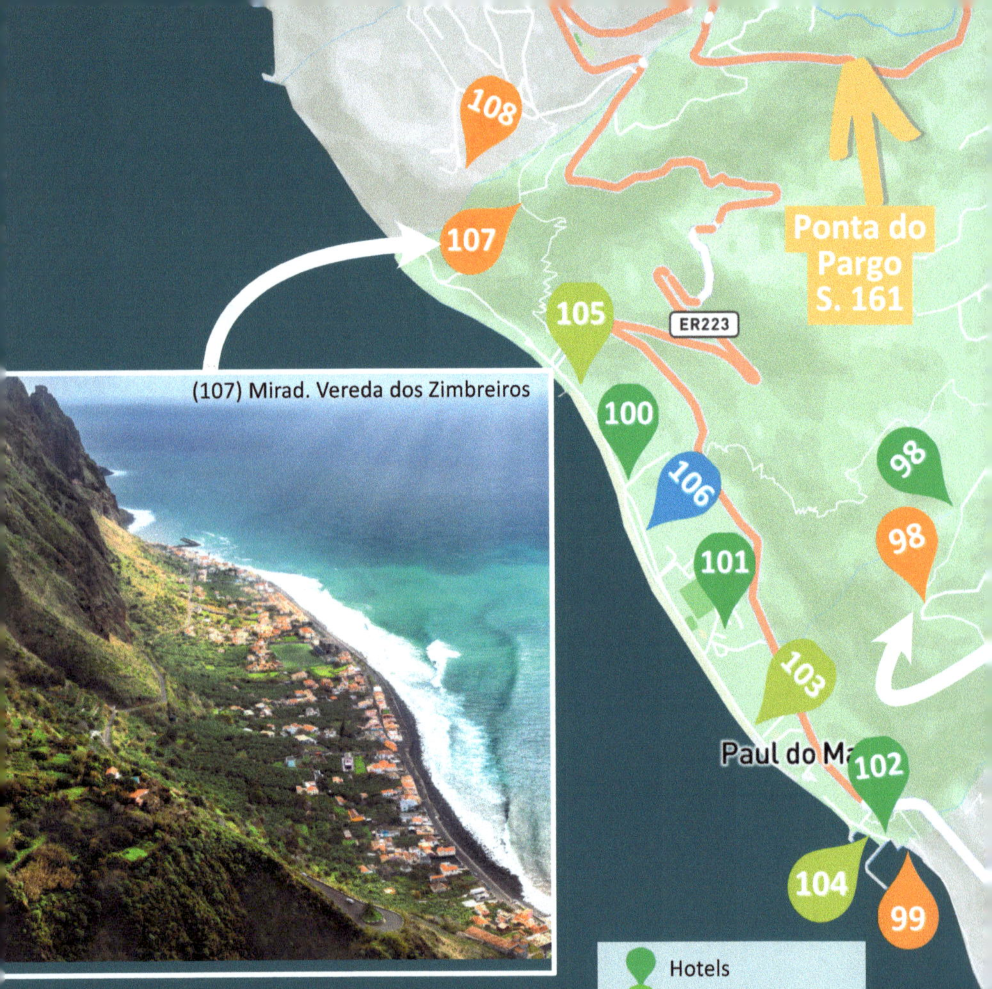

(107) Mirad. Vereda dos Zimbreiros

- Hotels
- Gastronomie
- Schwimmen
- Sehenswürdigkeit
- Wanderung
- Ausblick/Wasserfall
- Seilbahn

Jardim do Mar
> Fajã da Ovelha

S. 59-65
Orte (89-108)

(89) Restaurant Portinho
(90) Joe's Bar
(91) Woodlovers
(92) Slice of Heaven
(93) Quinta Pedagógica
(94) XS Cafe
(95) Bikulture
(96) Restaraunt Manjerico
(97) PR19 Caminho Real do Paul do Mar
(98) Miradouro da Raposeira
& Vi Naturae Glamping
(99) Wasserfall
(100) Villa SeaPearl
(101) Villa Almond
(102) The Docks Villas
(103) Sabor aMar
(104) O Ideal
(105) Bar de Pedra & Maktup Pub
(106) Yoga Lena do Mar
(107) Mirad. Vereda dos Zimbreiros
(108) Miradouro do Massapez

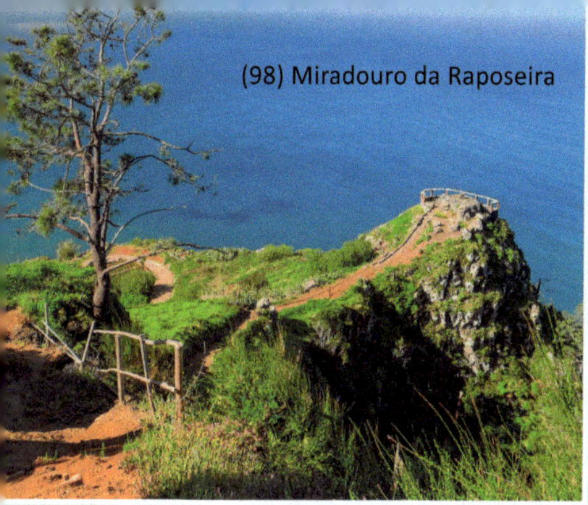
(98) Miradouro da Raposeira

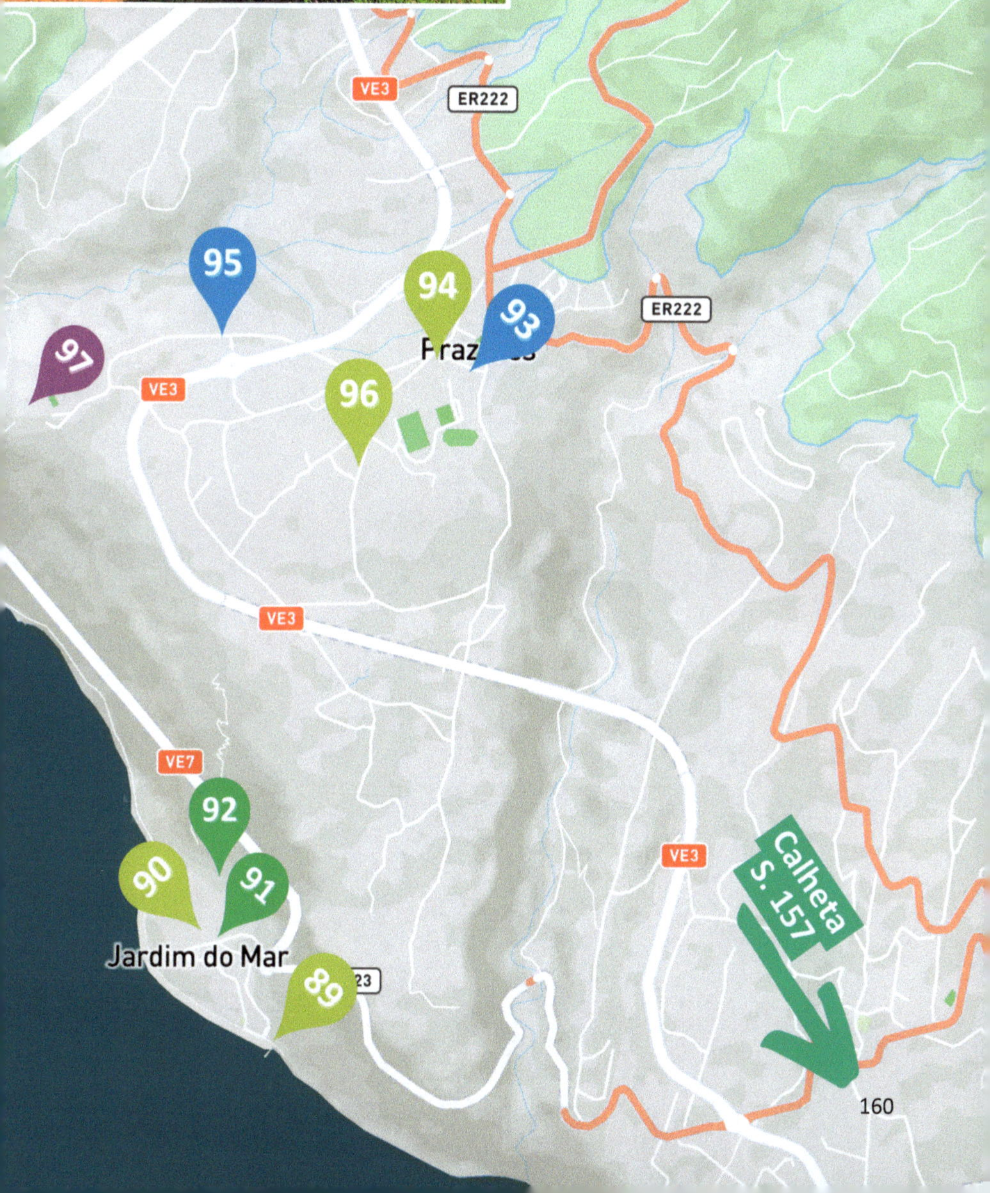

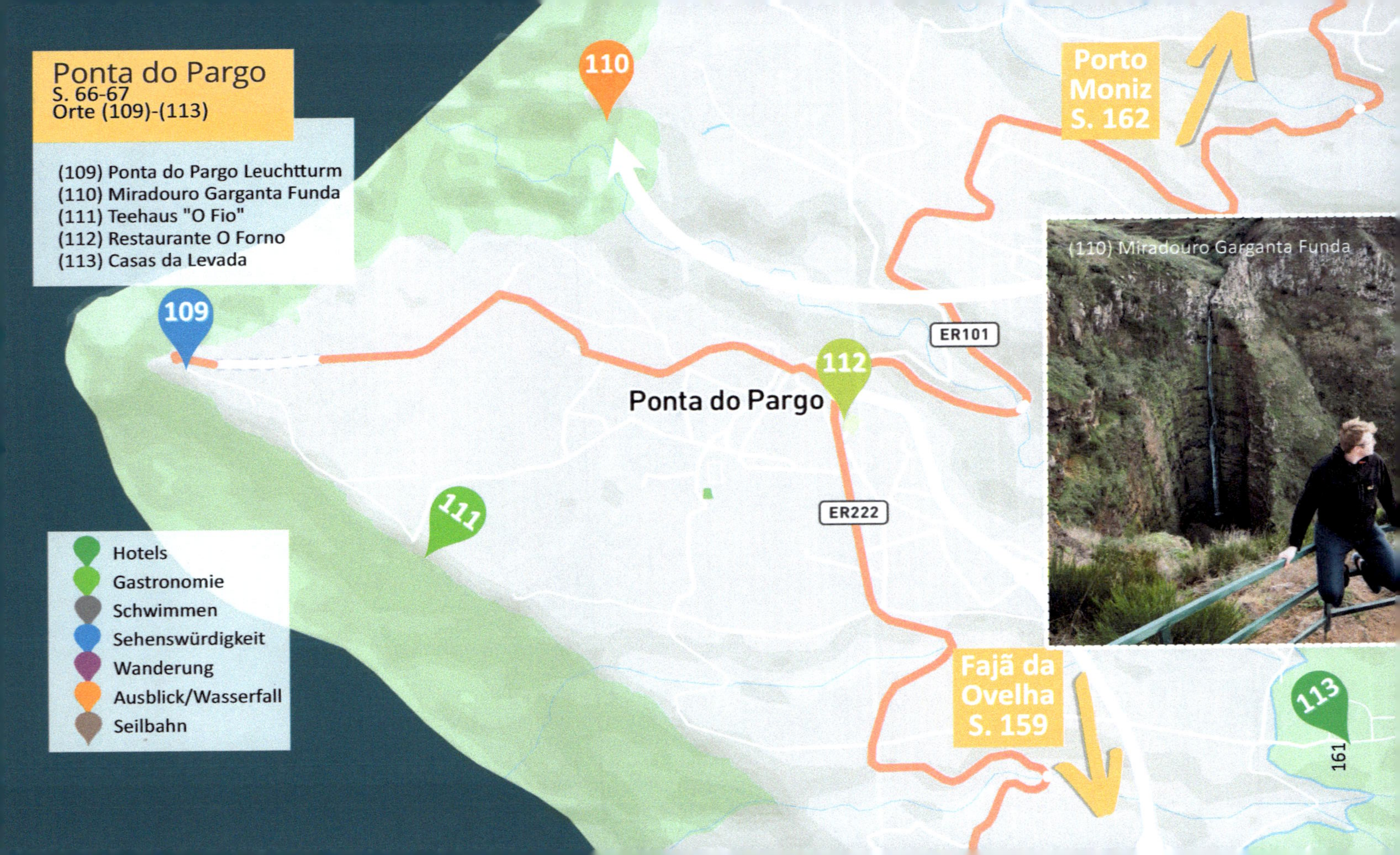

(110) Miradouro Garganta Funda

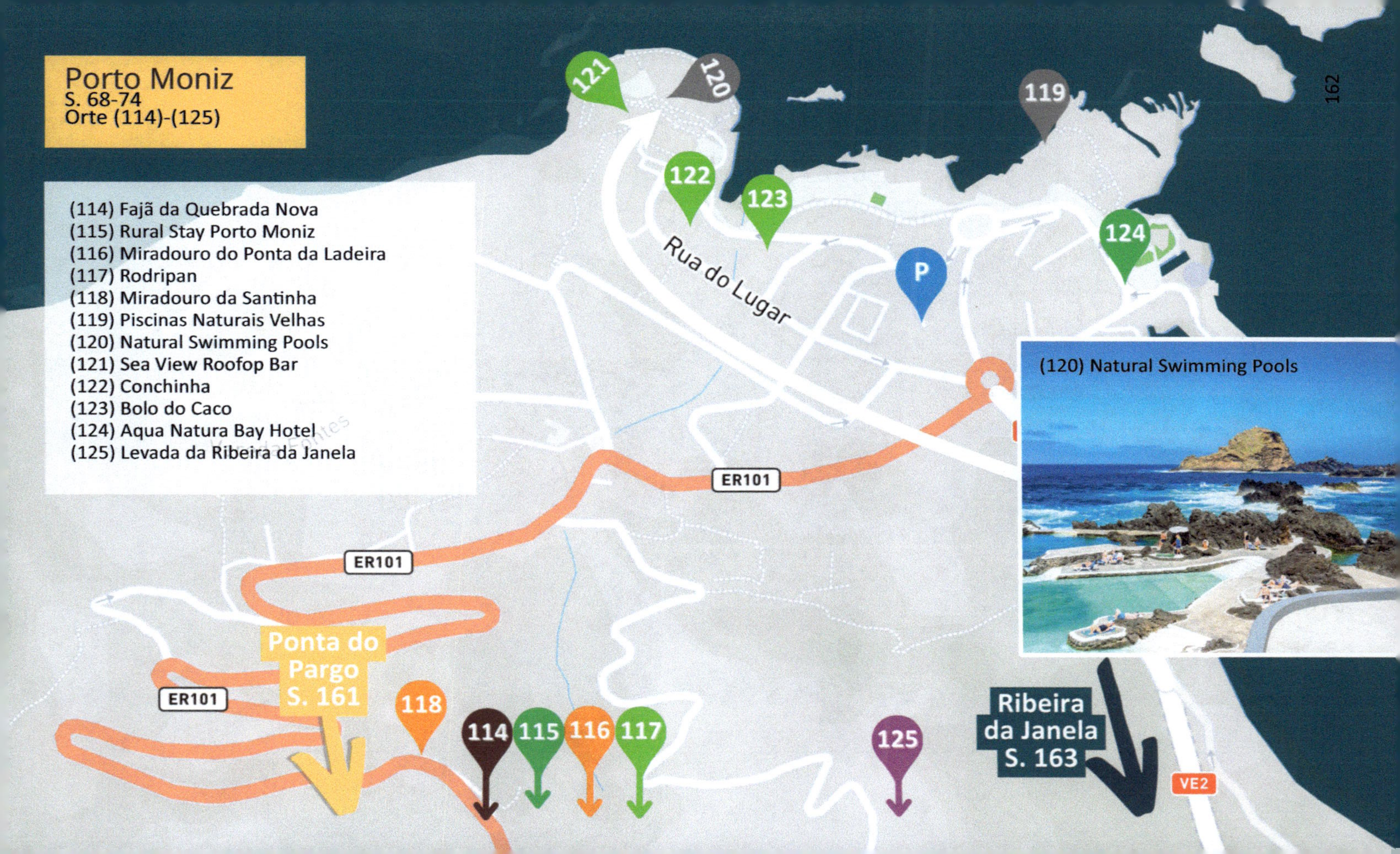

(120) Natural Swimming Pools

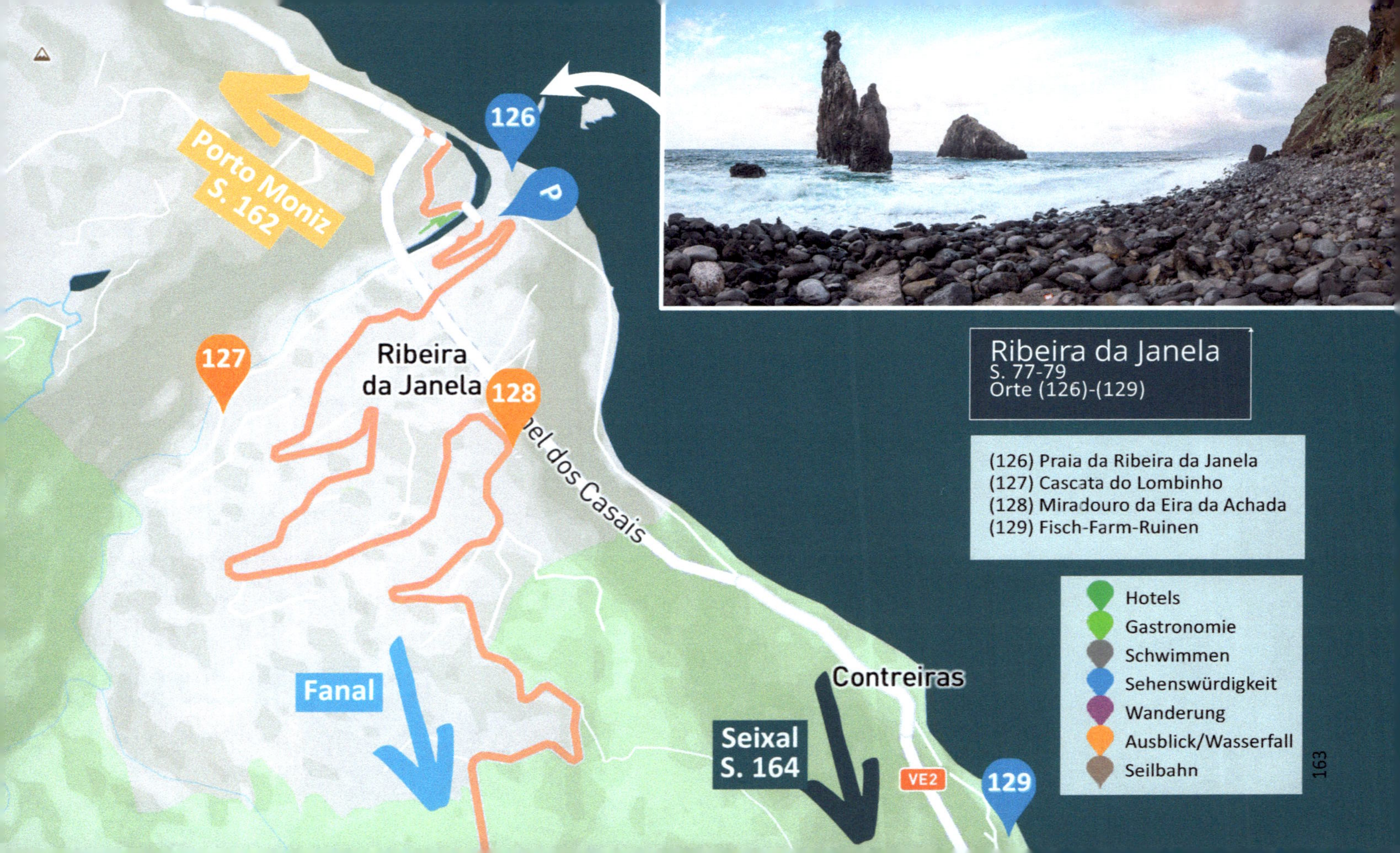
Porto Moniz
S. 162
Ribeira
da Janela
Fanal
Contreiras
Seixal
S. 164
...nel dos Casais
VE2
126
127
128
129
P
Ribeira da Janela
S. 77-79
Orte (126)-(129)
(126) Praia da Ribeira da Janela
(127) Cascata do Lombinho
(128) Miradouro da Eira da Achada
(129) Fisch-Farm-Ruinen
Hotels
Gastronomie
Schwimmen
Sehenswürdigkeit
Wanderung
Ausblick/Wasserfall
Seilbahn

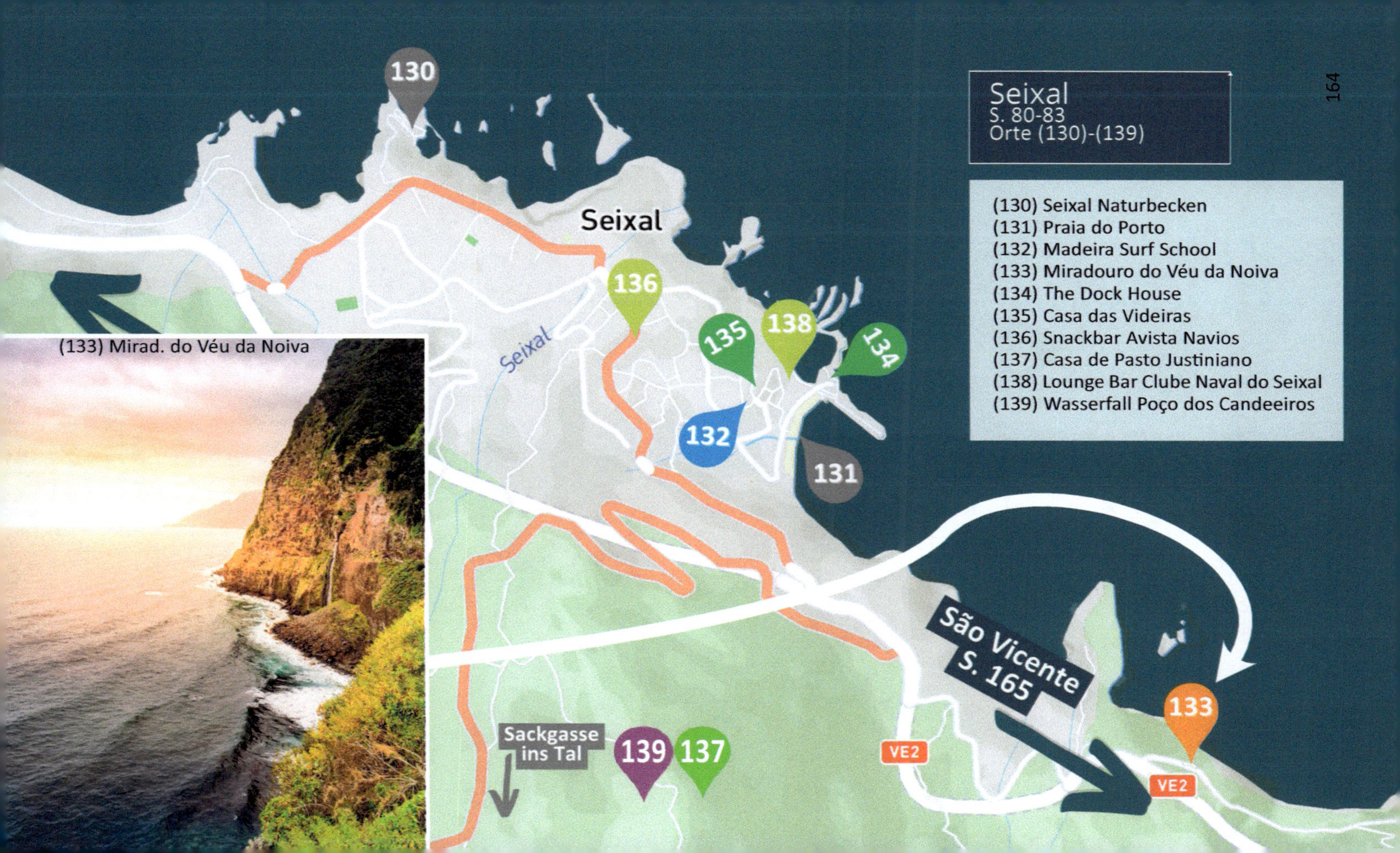

(133) Mirad. do Véu da Noiva

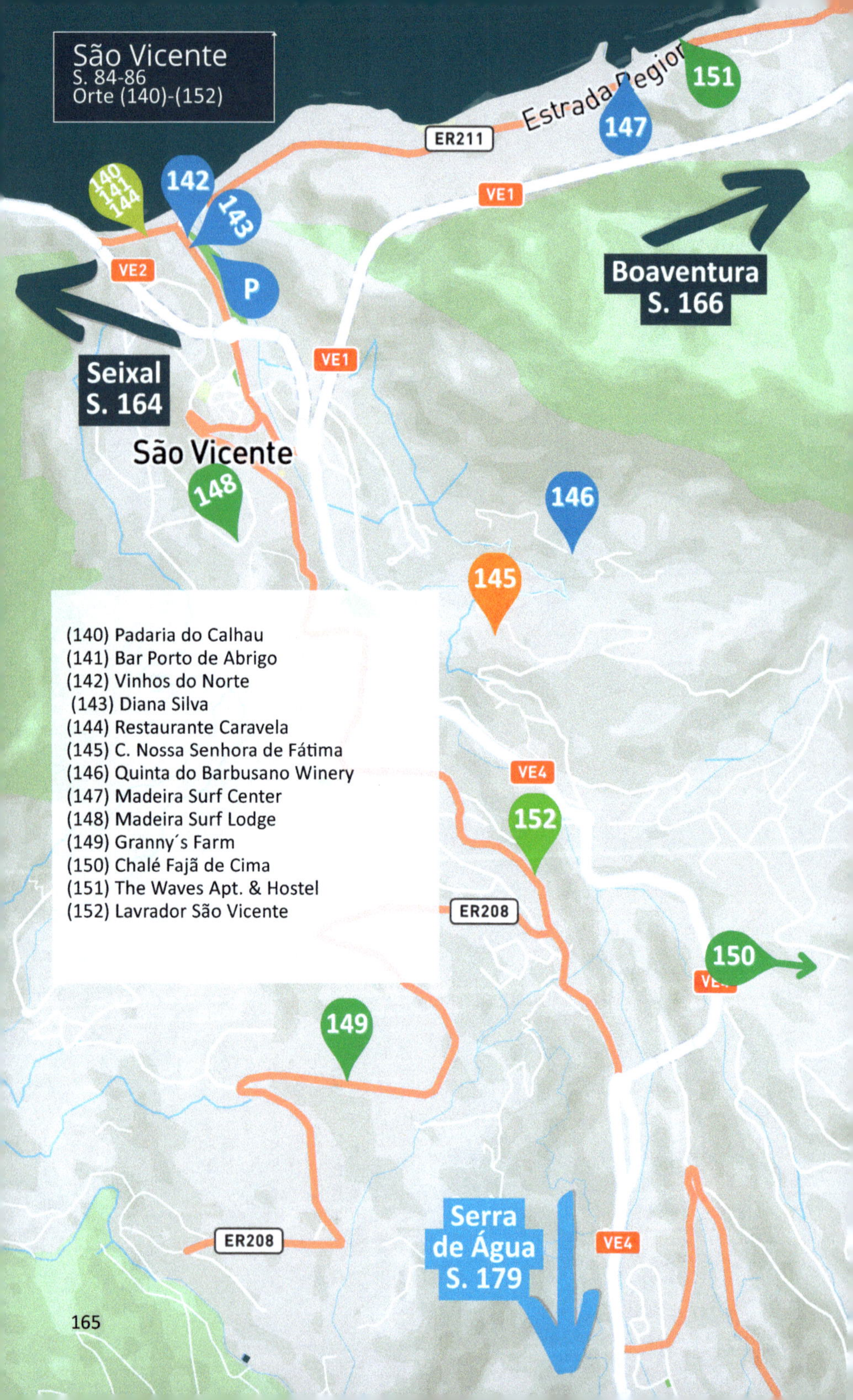

(140) Padaria do Calhau
(141) Bar Porto de Abrigo
(142) Vinhos do Norte
(143) Diana Silva
(144) Restaurante Caravela
(145) C. Nossa Senhora de Fátima
(146) Quinta do Barbusano Winery
(147) Madeira Surf Center
(148) Madeira Surf Lodge
(149) Granny´s Farm
(150) Chalé Fajã de Cima
(151) The Waves Apt. & Hostel
(152) Lavrador São Vicente

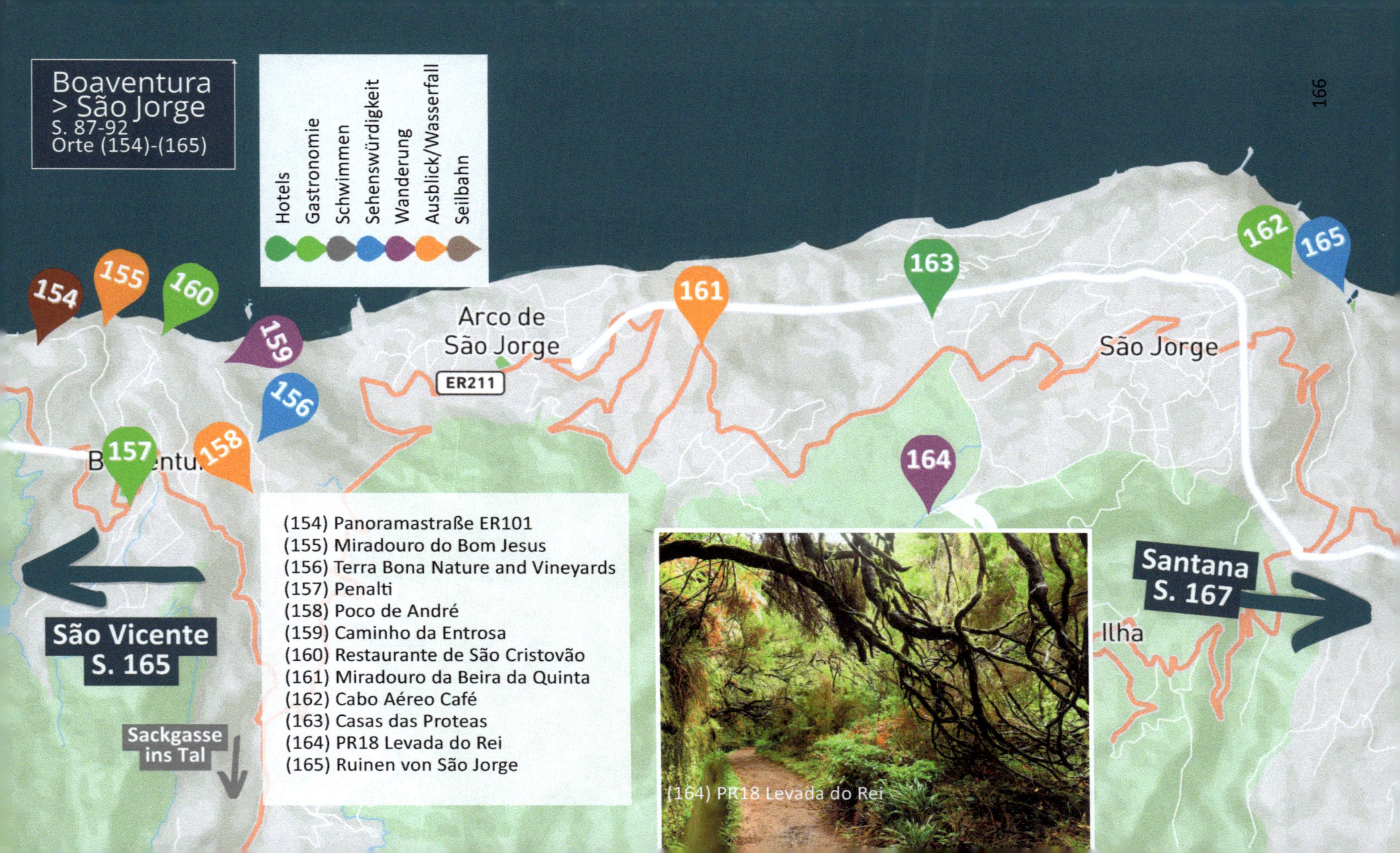

(164) PR18 Levada do Rei

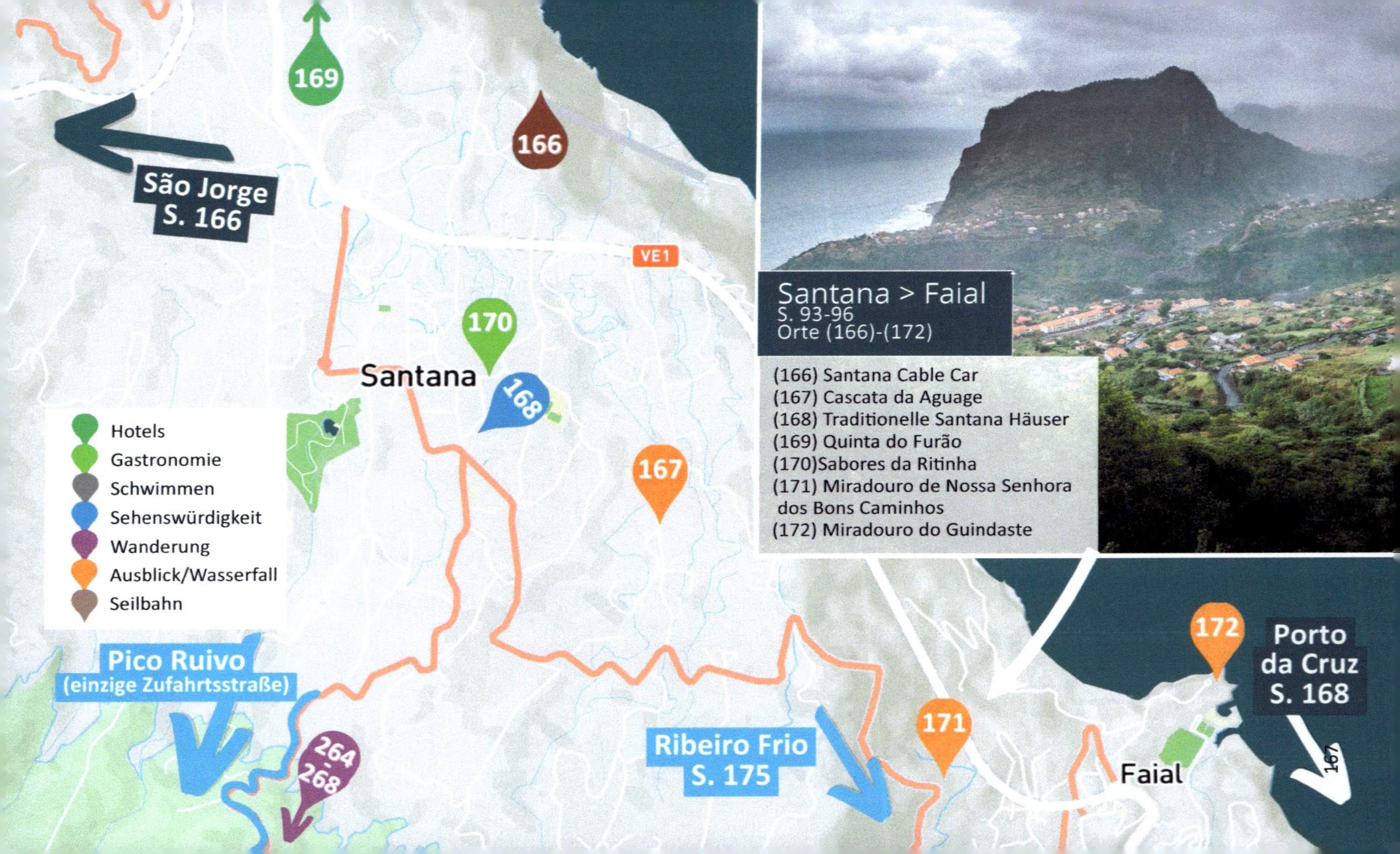
São Jorge
S. 166
169
166
VE1
170
Santana
168
167
Hotels
Gastronomie
Schwimmen
Sehenswürdigkeit
Wanderung
Ausblick/Wasserfall
Seilbahn
Pico Ruivo
(einzige Zufahrtsstraße)
264-268
Ribeiro Frio
S. 175
171
Faial
172
Porto
da Cruz
S. 168
Santana > Faial
S. 93-96
Orte (166)-(172)
(166) Santana Cable Car
(167) Cascata da Aguage
(168) Traditionelle Santana Häuser
(169) Quinta do Furão
(170)Sabores da Ritinha
(171) Miradouro de Nossa Senhora dos Bons Caminhos
(172) Miradouro do Guindaste

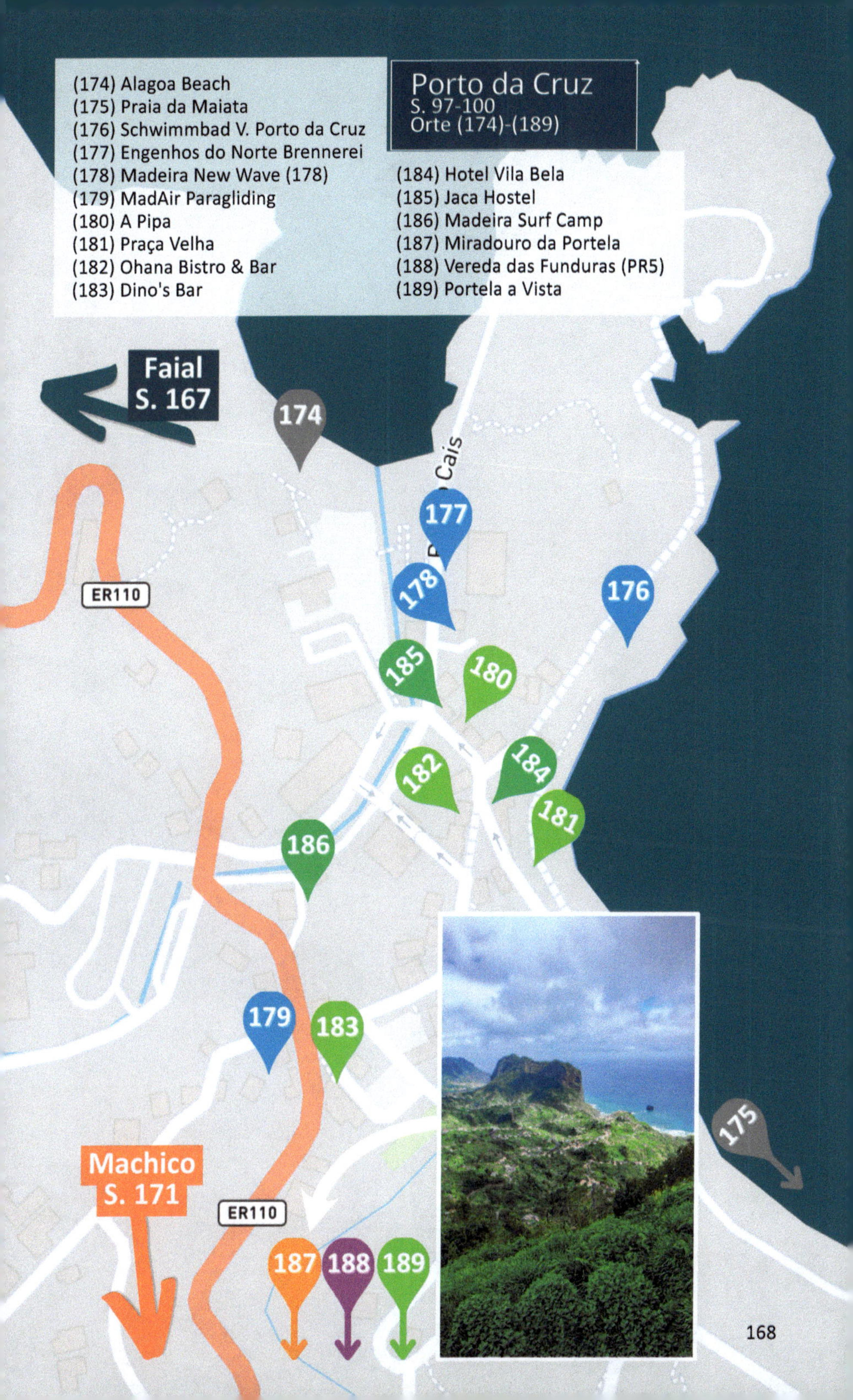
Porto da Cruz
S. 97-100
Orte (174)-(189)
(174) Alagoa Beach
(175) Praia da Maiata
(176) Schwimmbad V. Porto da Cruz
(177) Engenhos do Norte Brennerei
(178) Madeira New Wave (178)
(179) MadAir Paragliding
(180) A Pipa
(181) Praça Velha
(182) Ohana Bistro & Bar
(183) Dino's Bar
(184) Hotel Vila Bela
(185) Jaca Hostel
(186) Madeira Surf Camp
(187) Miradouro da Portela
(188) Vereda das Funduras (PR5)
(189) Portela a Vista
Faial
S. 167
Machico
S. 171
ER110
ER110
Cais
174
175
176
177
178
179
180
181
182
183
184
185
186
187
188
189

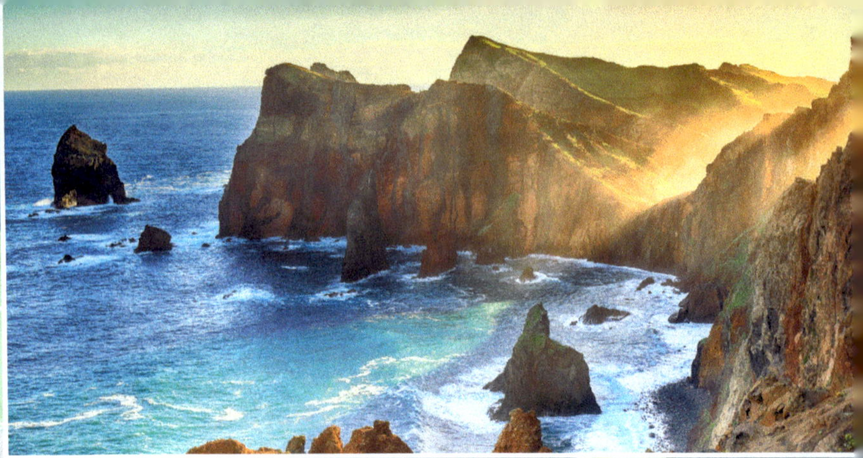

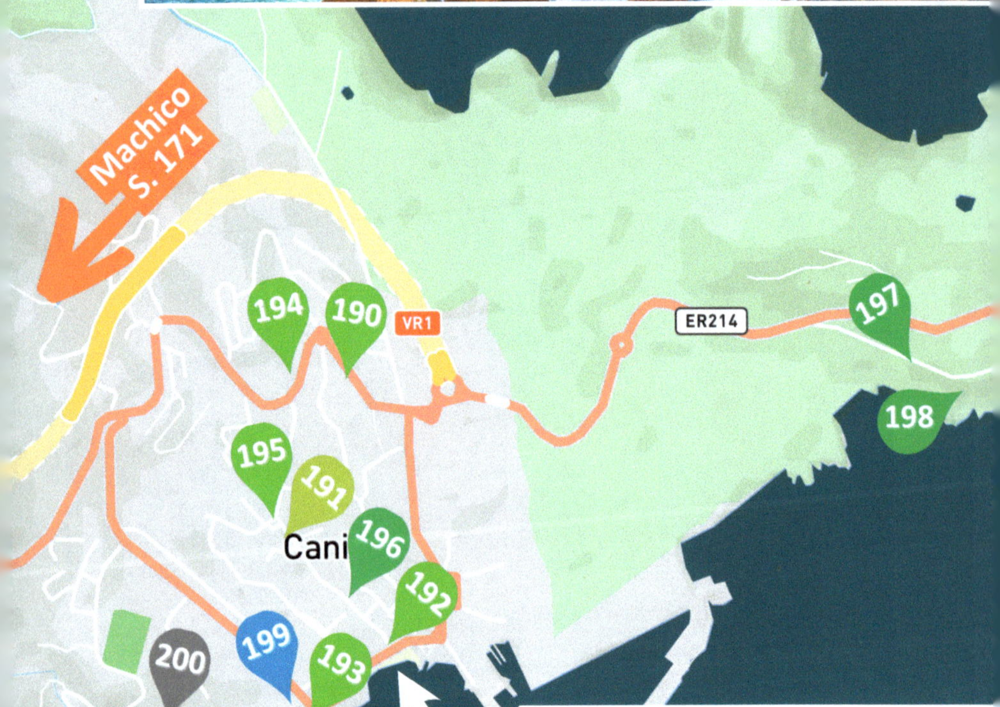
Machico
S. 171
VR1
ER214
194
190
197
198
195
191
196
192
199
193
200
Cani
Hotels
Gastronomie
Schwimmen
Sehenswürdigkeit
Wanderung
Ausblick/Wasserfall
Seilbahn

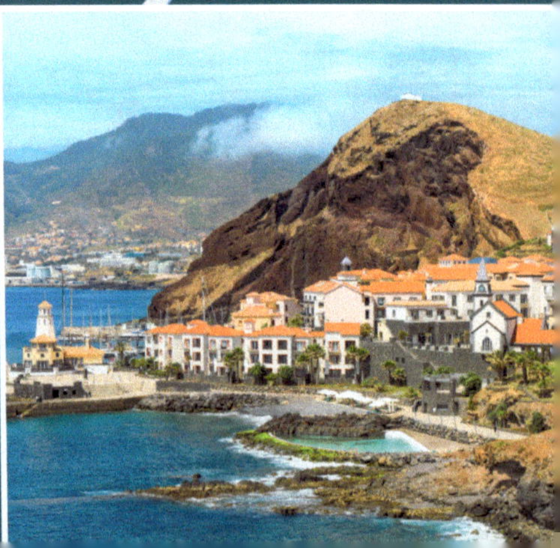

(190) Paladares da Terra
(191) Mange Tout Café
(192) Tasca do Samão
(193) Barraquinha da Pedradeira
(194) Bar Twelve's
(195) Restaurante Pizzaria Ancora
(196) Casas do Baleeiro
(197) Vila Cais da Gaivota
(198) FLH Luxury Villa Mar
(199) Museu da Baleia da Madeira
(200) Praia da Ribeira de Natal
(201) Prainha do Caniçal
(202) Miradouro da Ponta do Rosto
(203) Madeira Sea Emotions
(204) Miradouro Caniçal
(205) PR8 Vereda da Ponta de São Lourenço PR8

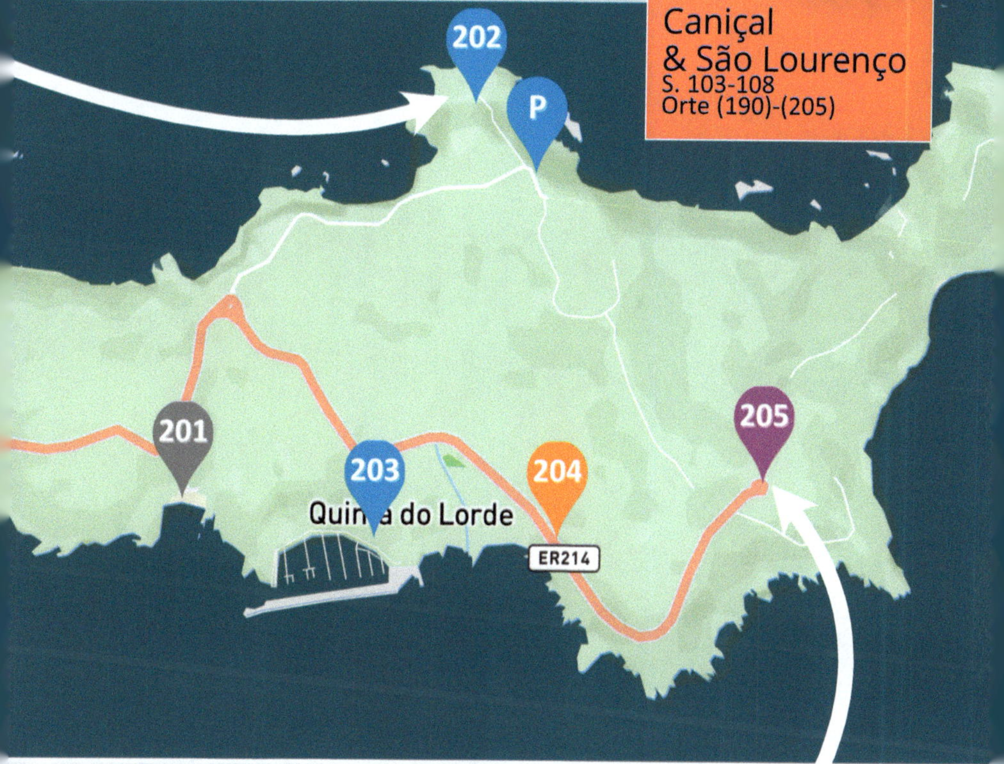

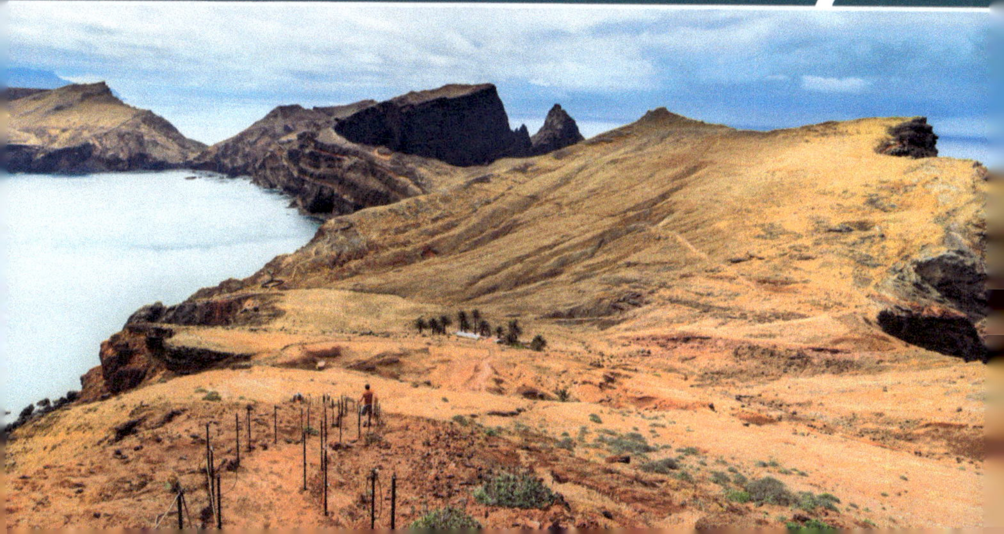

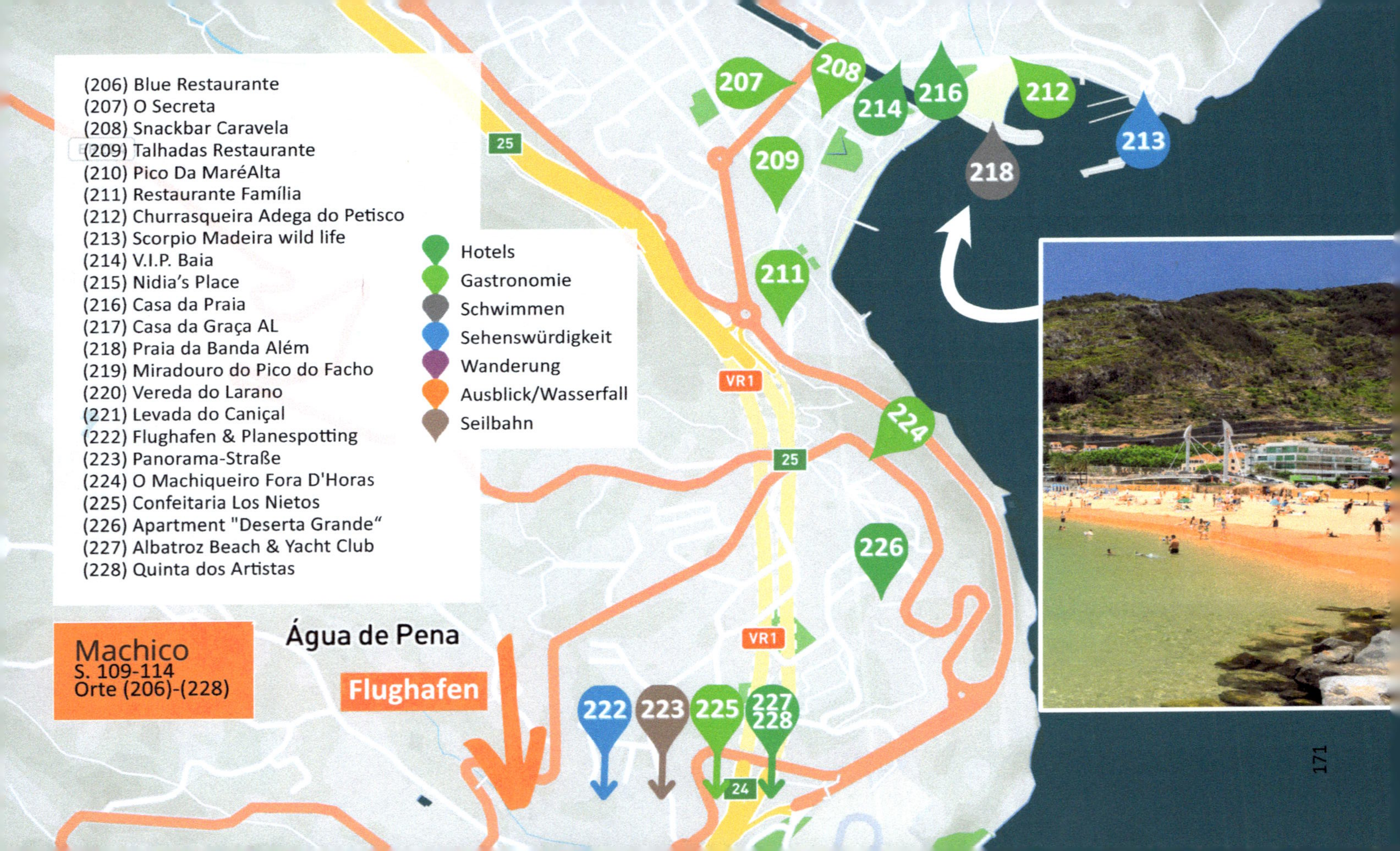
(206) Blue Restaurante
(207) O Secreta
(208) Snackbar Caravela
(209) Talhadas Restaurante
(210) Pico Da MaréAlta
(211) Restaurante Família
(212) Churrasqueira Adega do Petisco
(213) Scorpio Madeira wild life
(214) V.I.P. Baia
(215) Nidia's Place
(216) Casa da Praia
(217) Casa da Graça AL
(218) Praia da Banda Além
(219) Miradouro do Pico do Facho
(220) Vereda do Larano
(221) Levada do Caniçal
(222) Flughafen & Planespotting
(223) Panorama-Straße
(224) O Machiqueiro Fora D'Horas
(225) Confeitaria Los Nietos
(226) Apartment "Deserta Grande"
(227) Albatroz Beach & Yacht Club
(228) Quinta dos Artistas
Hotels
Gastronomie
Schwimmen
Sehenswürdigkeit
Wanderung
Ausblick/Wasserfall
Seilbahn
Machico
S. 109-114
Orte (206)-(228)
Água de Pena
Flughafen
25
VR1
24
207
208
214
216
212
213
218
209
211
224
226
222
223
225
227
228

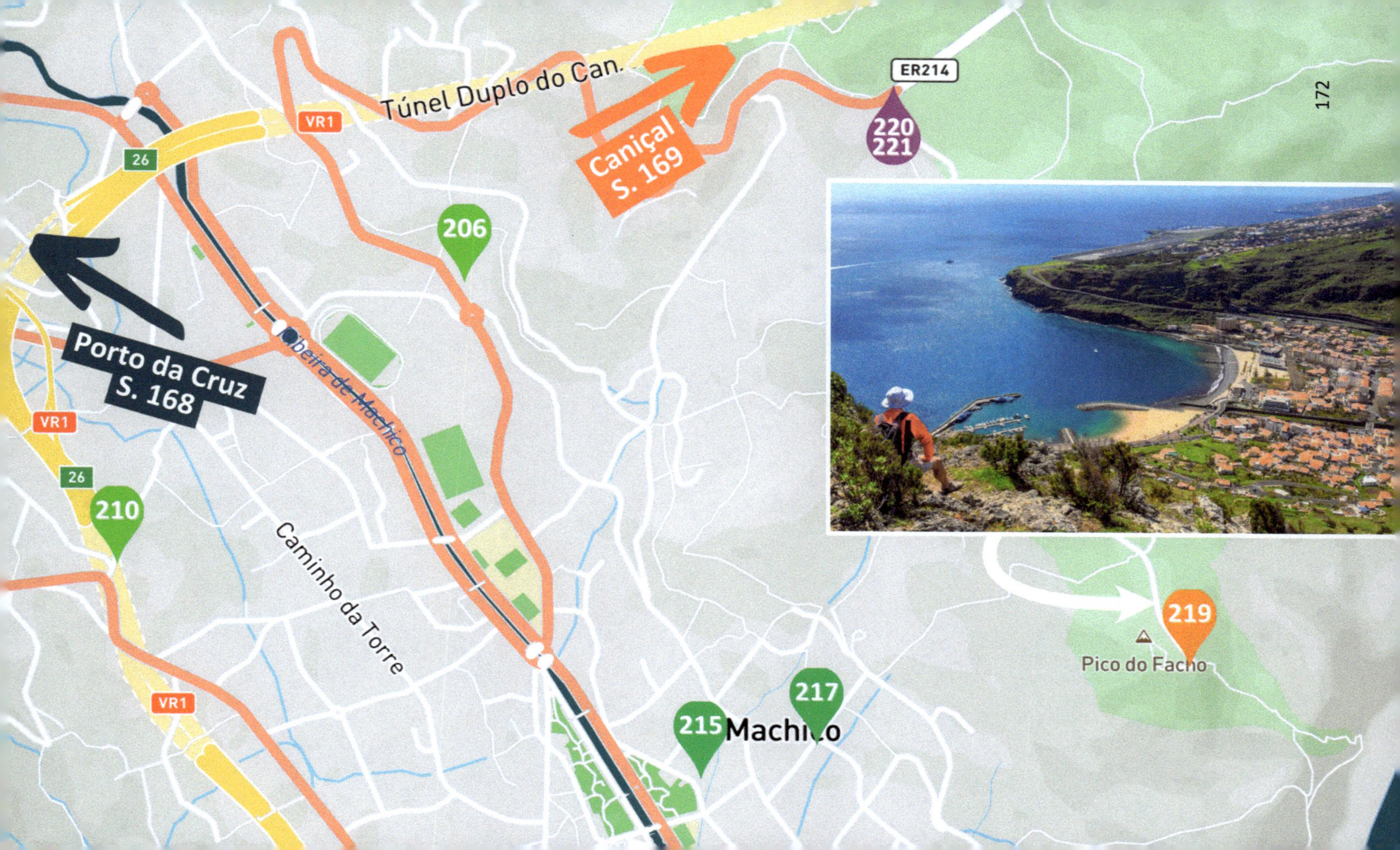
Túnel Duplo do Can.
VR1
26
ER214
Caniçal
S. 169
220
221
206
Porto da Cruz
S. 168
beira de Machico
210
Caminho da Torre
219
Pico do Facho
215
217
Machi o

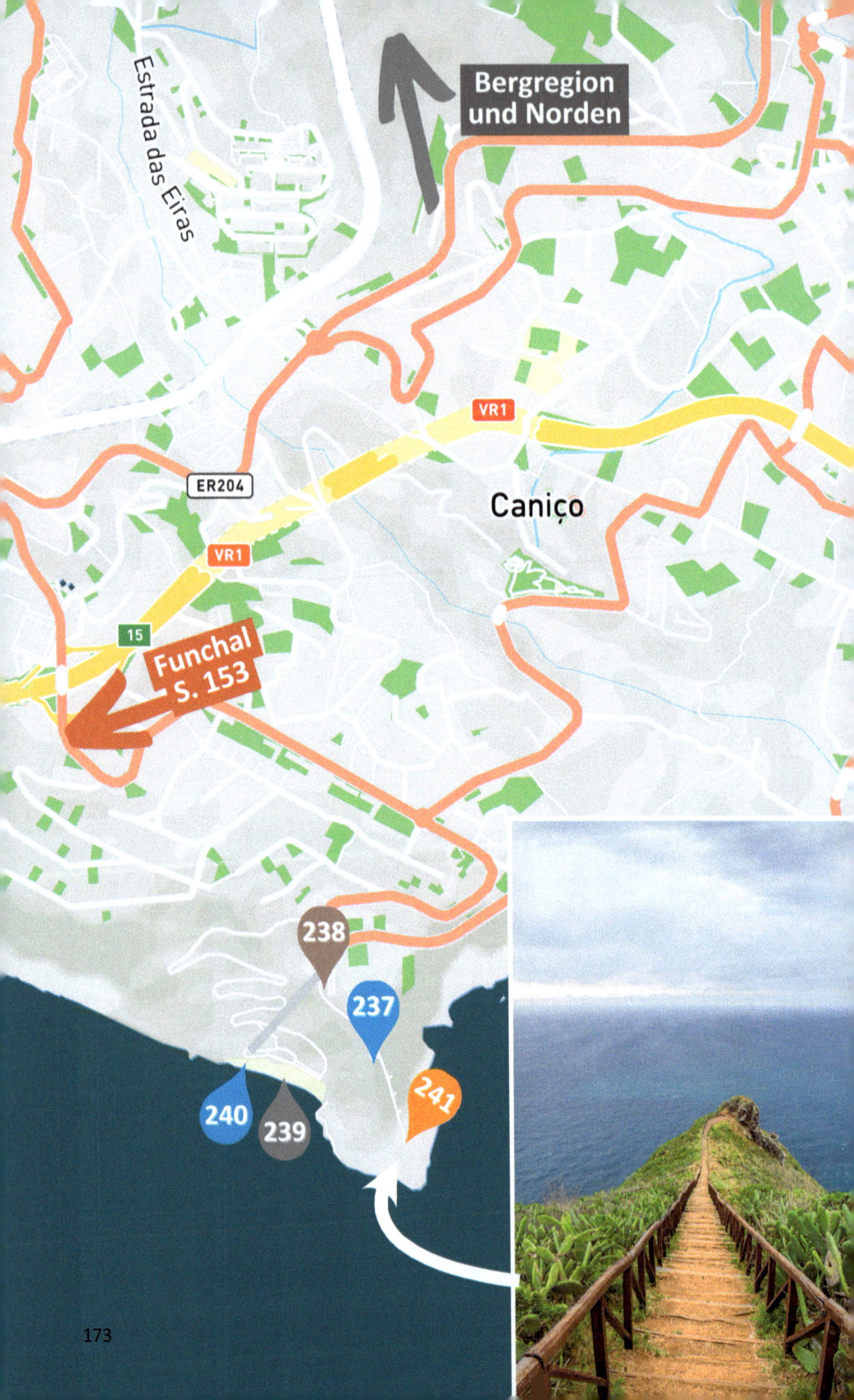

Estrada das Eiras
Bergregion
und Norden
VR1
ER204
Caniço
VR1
15
Funchal
S. 153
238
237
240
239
241

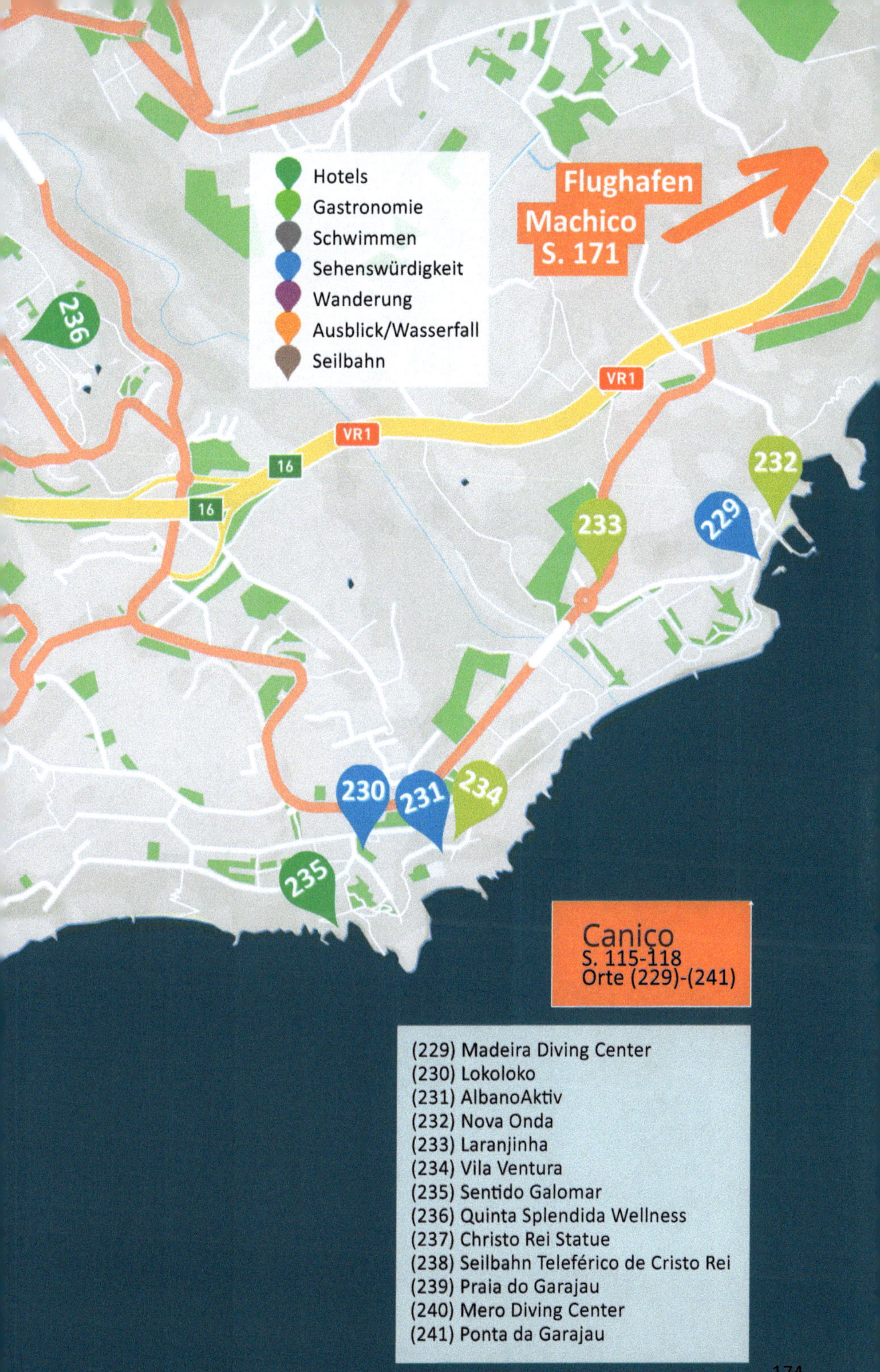
Hotels
Gastronomie
Schwimmen
Sehenswürdigkeit
Wanderung
Ausblick/Wasserfall
Seilbahn
Flughafen
Machico
S. 171
VR1
16
236
232
233
229
230
231
234
235
Caniço
S. 115-118
Orte (229)-(241)
(229) Madeira Diving Center
(230) Lokoloko
(231) AlbanoAktiv
(232) Nova Onda
(233) Laranjinha
(234) Vila Ventura
(235) Sentido Galomar
(236) Quinta Splendida Wellness
(237) Christo Rei Statue
(238) Seilbahn Teleférico de Cristo Rei
(239) Praia do Garajau
(240) Mero Diving Center
(241) Ponta da Garajau

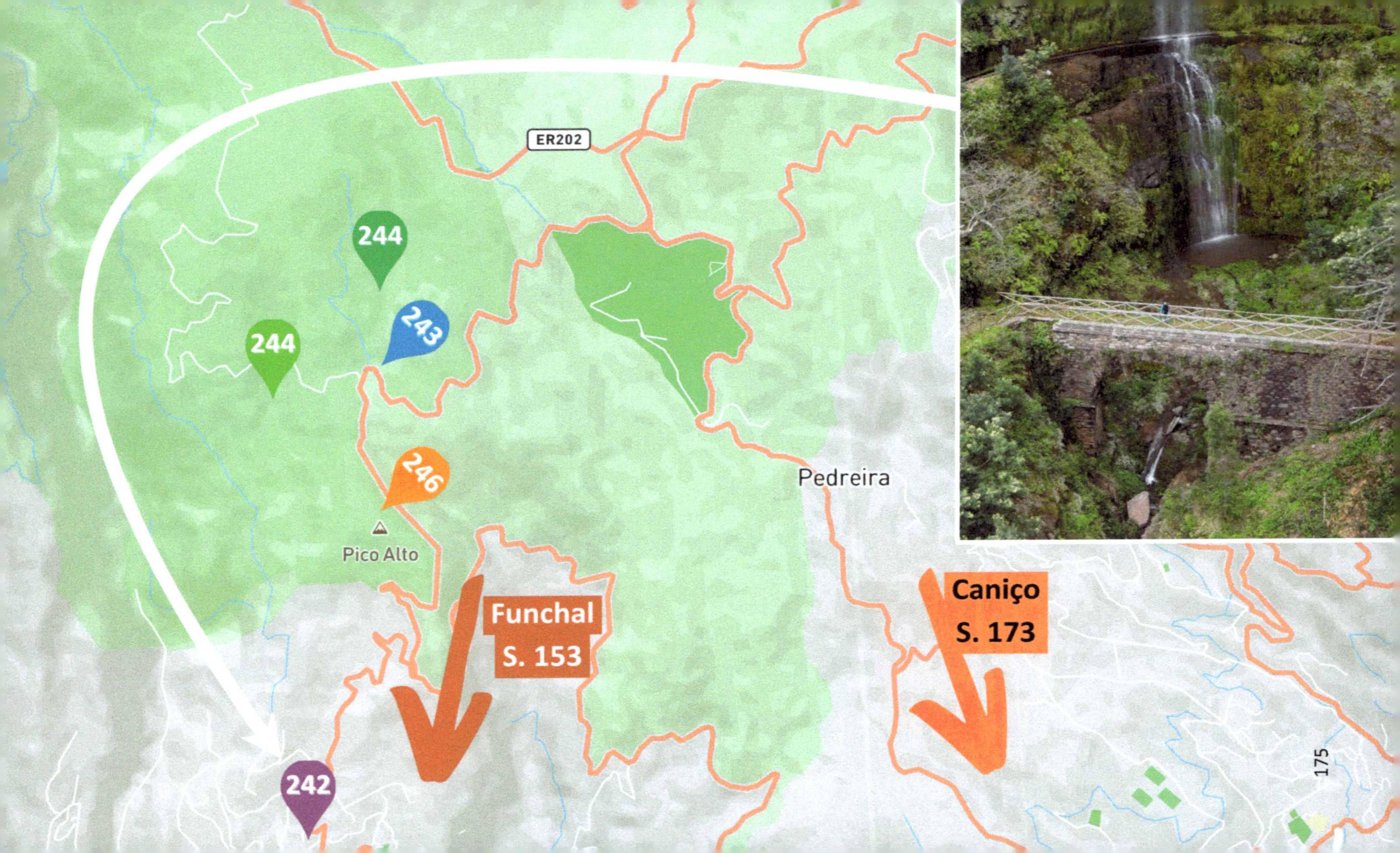

ER202
244
244
243
246
Pico Alto
242
Pedreira
Funchal
S. 153
Caniço
S. 173

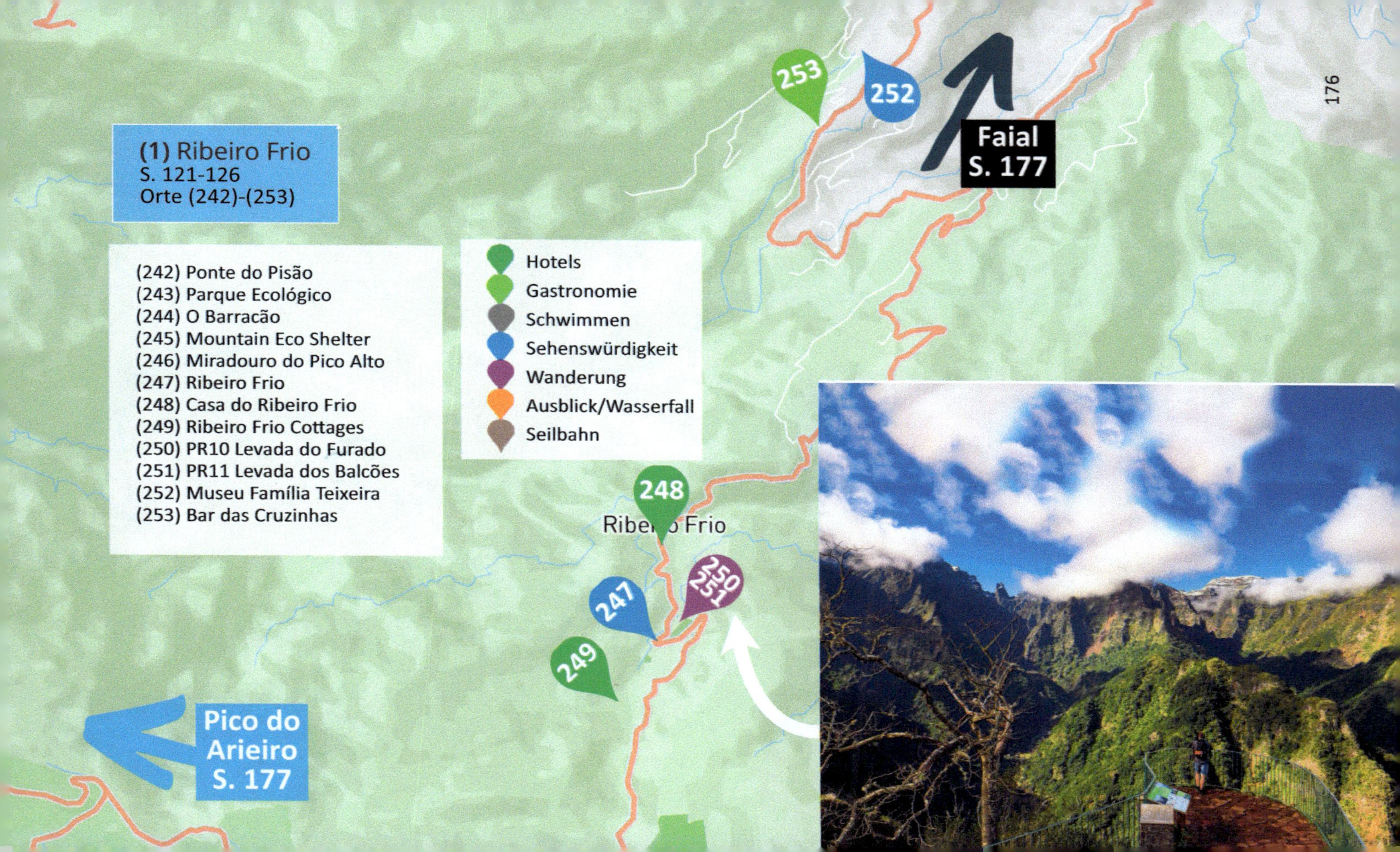

(1) Ribeiro Frio
S. 121-126
Orte (242)-(253)
(242) Ponte do Pisão
(243) Parque Ecológico
(244) O Barracão
(245) Mountain Eco Shelter
(246) Miradouro do Pico Alto
(247) Ribeiro Frio
(248) Casa do Ribeiro Frio
(249) Ribeiro Frio Cottages
(250) PR10 Levada do Furado
(251) PR11 Levada dos Balcões
(252) Museu Família Teixeira
(253) Bar das Cruzinhas
Hotels
Gastronomie
Schwimmen
Sehenswürdigkeit
Wanderung
Ausblick/Wasserfall
Seilbahn
253
252
Faial
S. 177
248
Ribeiro Frio
250
251
247
249
Pico do
Arieiro
S. 177

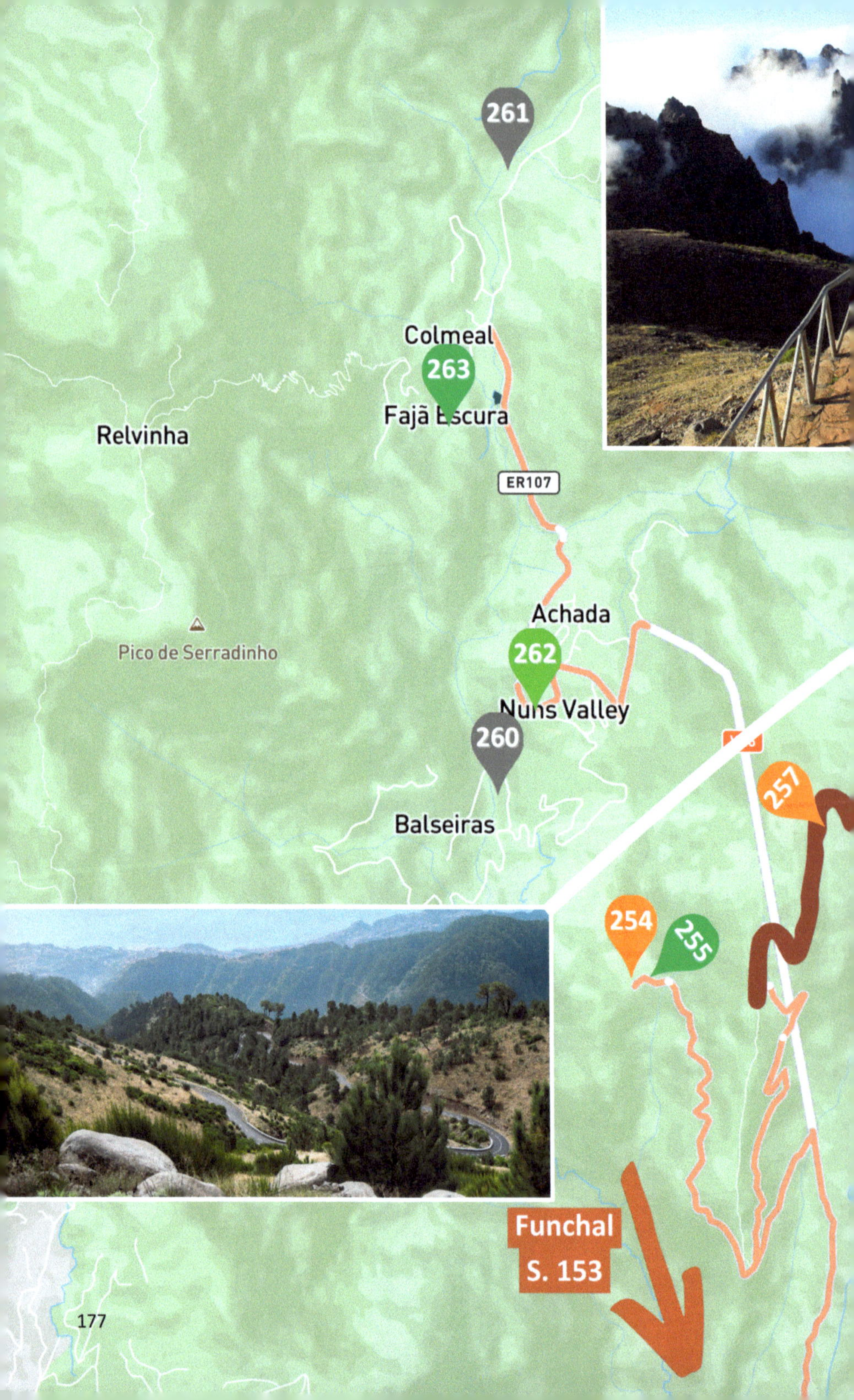
261
Colmeal
263
Fajã Escura
Relvinha
ER107
Achada
262
Pico de Serradinho
Nuns Valley
260
Balseiras
257
254
255
Funchal
S. 153

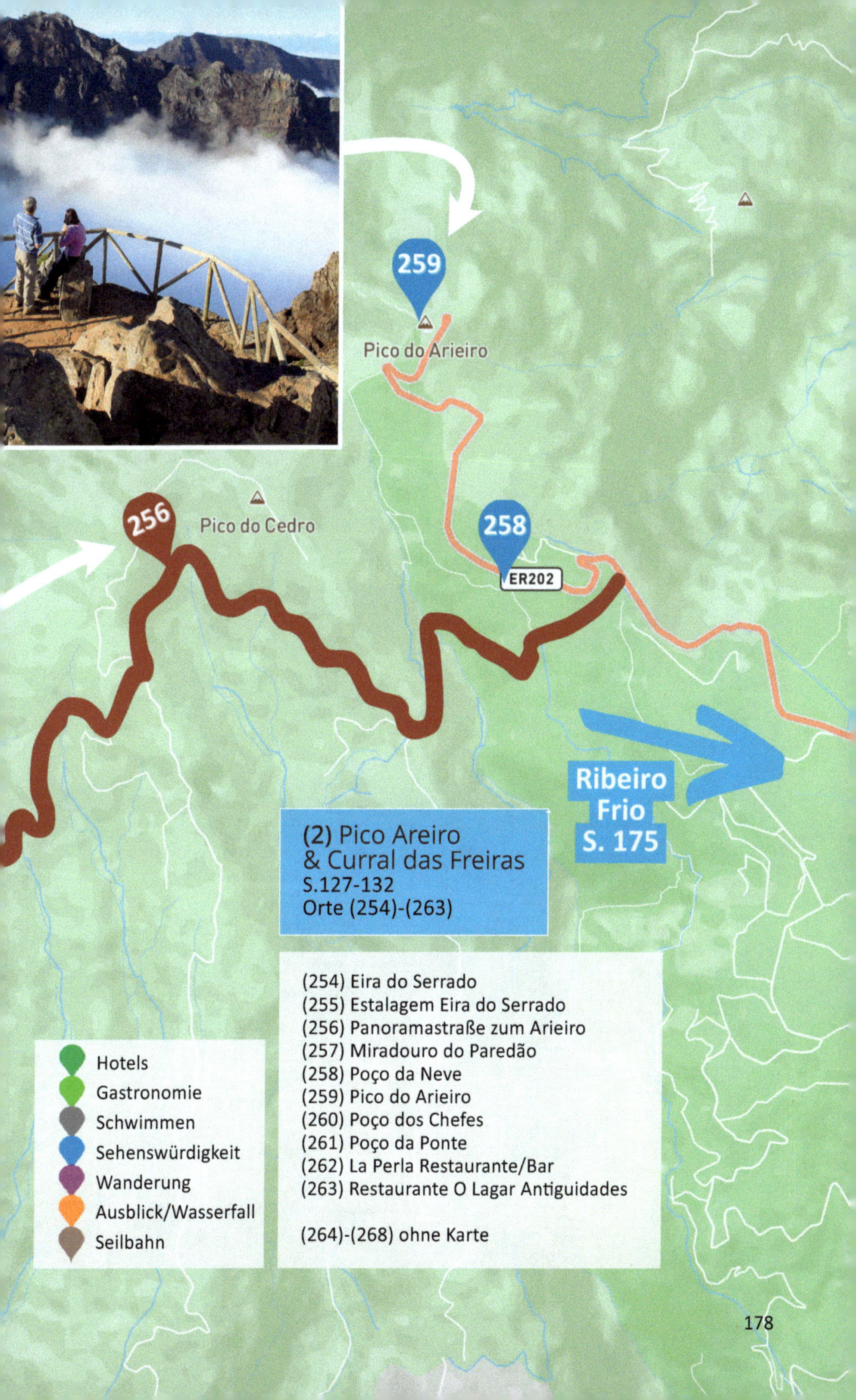
259
Pico do Arieiro
256
Pico do Cedro
258
ER202
Ribeiro
Frio
S. 175
(2) Pico Areiro
& Curral das Freiras
S.127-132
Orte (254)-(263)
(254) Eira do Serrado
(255) Estalagem Eira do Serrado
(256) Panoramastraße zum Arieiro
(257) Miradouro do Paredão
(258) Poço da Neve
(259) Pico do Arieiro
(260) Poço dos Chefes
(261) Poço da Ponte
(262) La Perla Restaurante/Bar
(263) Restaurante O Lagar Antiguidades
(264)-(268) ohne Karte
Hotels
Gastronomie
Schwimmen
Sehenswürdigkeit
Wanderung
Ausblick/Wasserfall
Seilbahn

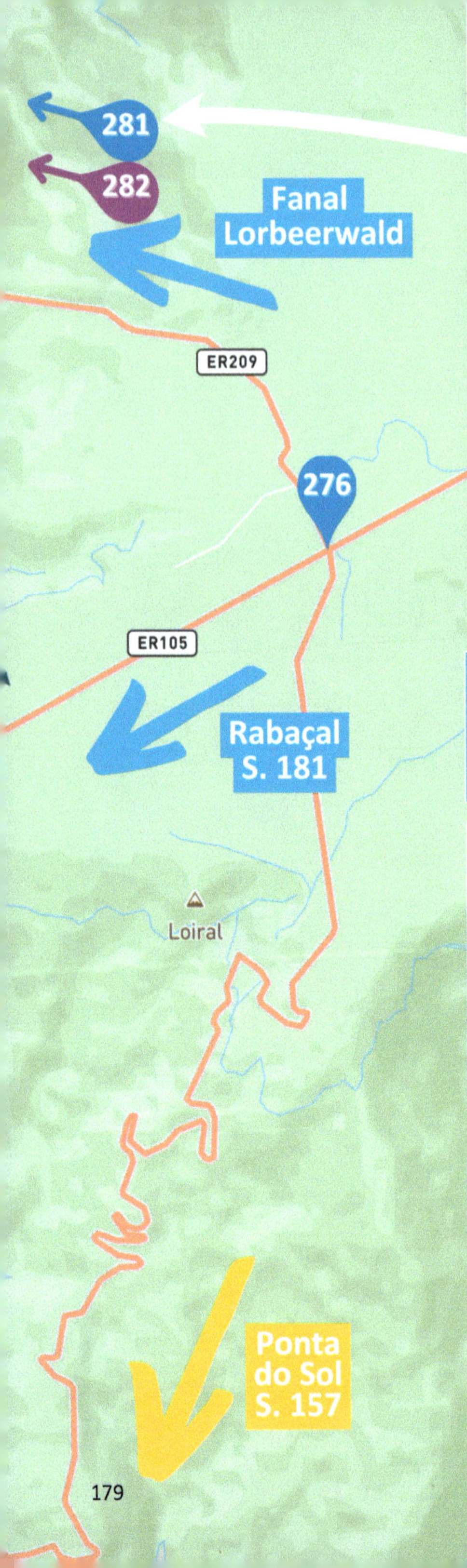

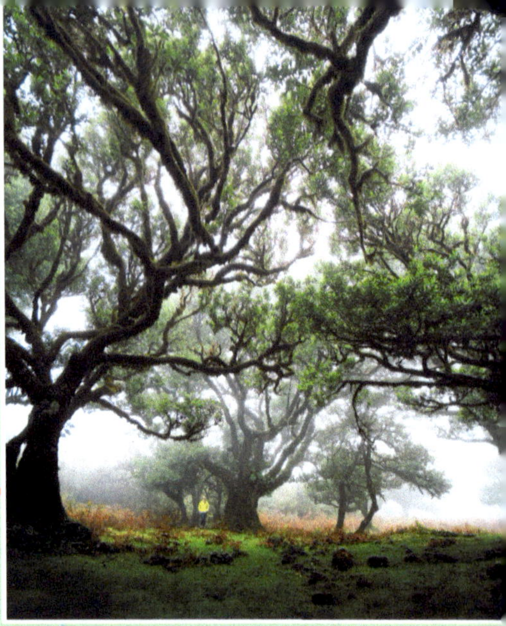

(4/5) Serra de Água
Paul da Serra
S. 137-142
Orte (269)-(276)

(269) Miradouro Terra Grande
(270) Miradouro da Encumeada
(271) Boca Da Encumeada
(272) Panoramastraße
(273) Miradouro o Lombo do Mouro
(274) Miradouro Molinas
(275) PR17 Bica da Cana
(276) Paúl da Serra

(281) Fanal Lorbeerwald
(282) PR14 Levada dos Cedros

- Hotels
- Gastronomie
- Schwimmen
- Sehenswürdigkeit
- Wanderung
- Ausblick/Wasserfall
- Seilbahn

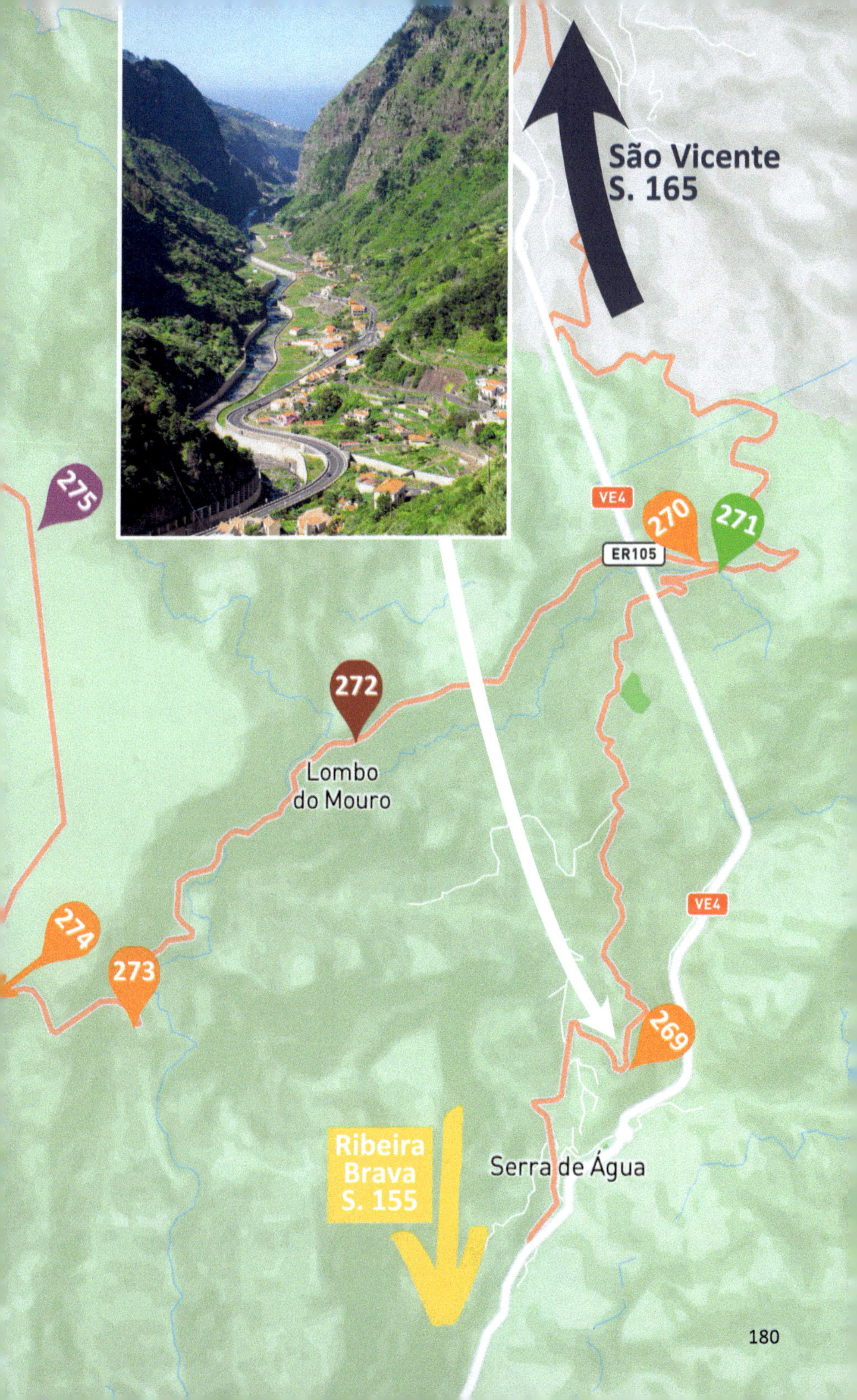
São Vicente
S. 165
275
VE4
270
271
ER105
272
Lombo
do Mouro
274
273
VE4
269
Ribeira
Brava
S. 155
Serra de Água

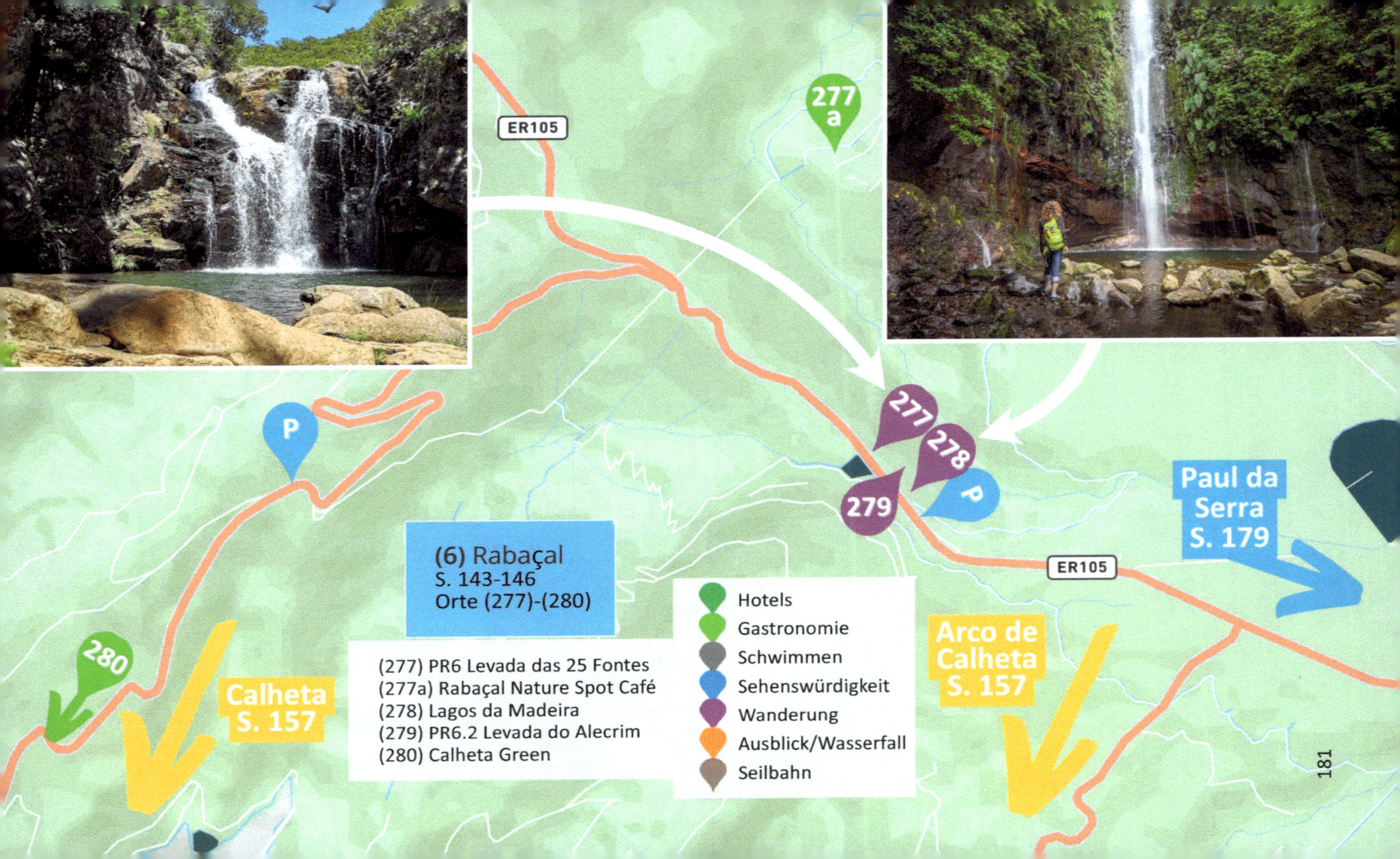
ER105
277 a
277
278
279
P
P
280
ER105
(6) Rabaçal
S. 143-146
Orte (277)-(280)
(277) PR6 Levada das 25 Fontes
(277a) Rabaçal Nature Spot Café
(278) Lagos da Madeira
(279) PR6.2 Levada do Alecrim
(280) Calheta Green
Hotels
Gastronomie
Schwimmen
Sehenswürdigkeit
Wanderung
Ausblick/Wasserfall
Seilbahn
Calheta
S. 157
Arco de
Calheta
S. 157
Paul da
Serra
S. 179

Danke!

Wir möchten uns ganz herzlich bei allen bedanken, die uns bei diesem Reiseführer unterstützt haben. Unser Dank geht an:

... alle, die uns Tipps geschickt haben

... alle Madeirer, die uns ihre Lieblingsplätze verraten haben

... alle Fotograf/innen, die die wunderschönen Bilder gemacht haben

... die Facebook-Gruppe „Madeira-Freunde", die eine super Community ist

... dich für den Kauf dieses Reiseführers

Ein besonderer Dank geht an:

@______duarte______

Kaum jemand hat Madeira so umfassend und beeindruckend portraitiert wie Duarte. Besonders seine Drohnen-Bilder sind atemberaubend und geben eine ganz neue Perspektive auf die Insel.

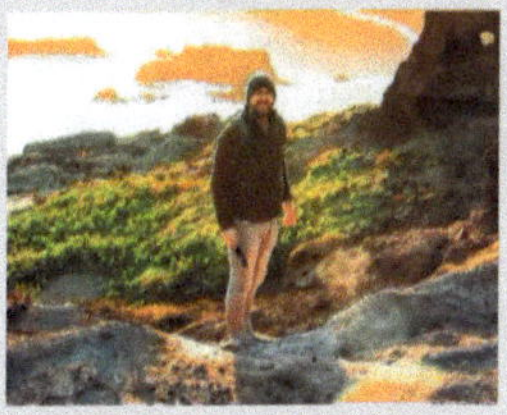

@view_of_lena

Lena ist vor einigen Jahren nach Paul do Mar ausgewandert und ist auf Madeira bestens vernetzt. Sie hat nicht nur einige Tipps parat, sondern gibt auch hervorragende Yoga-Stunden vor einer grandiosen Kulisse.

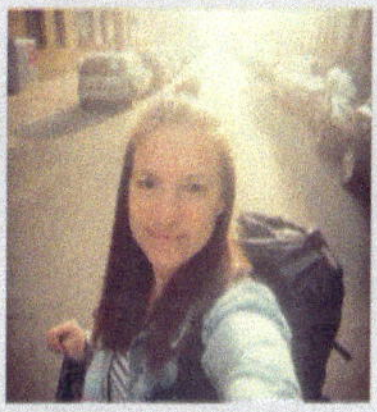

Sei ein Teil des Reiseführers!

In der heutigen Zeit ändert sich sehr schnell sehr viel. Besonders auf Madeira. Deswegen können wir keine Gewähr für die Korrektheit und Aktualität geben. Wenn du einen super Geheimtipp hast oder dir auffällt, dass wir etwas aktualisieren sollten, würden wir uns riesig über eine Nachricht freuen: mail@wedeson.de

Vielen Dank für die Unterstützung!

Stichwortverzeichnis

Bildnachweis

S.3/4/19/20 Canva , S. 28 www.3dfunart.com, S. 43/44 atlantisbeachcave.com,
S. 54 www.cantodasfontes.pt, S. 55 Lea-Sophie Hornberger _@sopherlle, S. 67 Casas da Levada
S.62/64/115 Lena Bremm @view_of_lena @yoga.lenadomar, S.85 Quinta d. Barbusano Winery
S. 86 Madeira Surf Center S. 115 lokoloko S. 116 Sentido Galomar, S. 123 Casa do Ribeiro Frio
S.7/8/31/40/41/48/57/58/66/69/70/76/77/87/88/89/95/96/119/128/130/135/136/141/147/
148 Timo Mette
S. 45/47/55/77/79/83/93/121/124/134/145/151 ______duarte______

Von wikimedia commons: S. 9 Sebastian from the EU, S. 10 Rijksmuseum, S. 10 Schönbrunn Palace, S. 28 Alberto-g-rovi, S. 139 H. Zell, S. 28 Joãofcf

Von Depositphotos:
S.5/6 Steffus, S. 9 Solovyova, S. 11 moonflash, S. 11 paulgrecaud, S. 13 finaldream,
S. 13 Anita_Bonita, S. 13 hopsalka, S. 14 kamchatka, S. 15 wjarek, S. 16 ronstik,
S. 17 anitasstudio, S. 18 -panya-, S. 18 nikiteev, S. 23 RicoK., S. 25 anitasstudio, S. 26 Steffus
, S. 28 Cebas1, S. 29 oliverhlavatyphotographie, S. 30 ArturBociarski, S. 30 kruwt,
S. 31 Syda_Productions, S. 31 mihtiander, S. 32 Steffus, S. 32 SusanneFritzsche, S. 32 Romaset
S. 33 encrier, S. 34 Kesu01, S. 34 urf, S. 35 KarepaStock, S. 35 kwasny222,
S. 36 studiof22byricardorocha, S.37 matfron, S. 39 Balate Dorin, S. 43 JoanDana,
S. 46 slavapolo, S. 49 teddiviscious, S. 50 Makaule, S. 50 cowii, S. 51 ronstik, S. 52 aaron007,
S. 53 lehmannw.hotmail.co.za, S. 54 SusaZoom, S. 59 8tik, S. 61 tharathiponsri@gmail.com,
S. 61 papandreos, S. 63 RadimRybaPhotography, S. 65 kornienkoalex, S. 66 Wirestock,
S. 68 Sopotniccy, S. 71 DaLiu, S. 71 cowii, S. 72 SimonDannhauer, S. 73 teelesswonder
, S. 74 aldorado, S. 75 Violin, S. 79 TTstudio, S. 80 ccat82, S. 81 compuinfoto, S. 81 AWP
, S. 82 SimonDannhauer, S. 84 Makaule, S. 84 wjarek, S. 84 kwasny222 , S. 85 Violin,
S. 88 perszing1982, S. 90 SimonDannhauer, S. 91 wjarek, S. 92 kwasny222, S. 92 paulasierra,
S. 93 kelifamily, S. 94 Umdash9, S. 96 oliverhlavatyphotographie, S. 97 wjarek, S. 97 Steffus
, S. 98 mimadeo, S. 98 packshot, S. 98 photography33, S. 99 nataliamylova,
S. 100 SimonDannhauer, S. 101 aldorado, S. 103 lena_serditova@mail.ru, S. 104 pkazmierczak,
S. 105/106 kwasny222, S. 107 Anita_Bonita, S. 108 prill, S. 108 unaihuizi@gmail.com,
S. 108 DaLiu, S. 110 DaLiu , S. 111 cristian.balate.yahoo.ro, S. 112 cowii, S. 113 lusia83,
S. 115 zavgsg, S. 115 Petrichuk , S. 117 Steffus, S. 118 kelifamily, S. 118 Anita_Bonita,
S. 122 aldorado, S. 125 miroslav_1 , S. 127 SimonDannhauer, S. 129 aldorado,
S. 130 Thomaspajot, S. 132 SimonDannhauer, S. 133 TTstudio, S. 134 kwasny222, S. 137 ccat82,
S. 138 wjarek, S. 139 hopsalka, S. 140 hopsalka, S. 143 Violin, S. 144 Steffus,
S. 146 SimonDannhauer, S. 149 teddiviscious

Alle Karten © OpenStreetMap und © Mapbox

Impressum

Reisekompass Publishing
Timo Mette
Georg-Reimann-Straße 25
30900 Wedemark
Deutschland

ISBN 978-3-00-074378-8

Umschlaggestaltung: Wolkenart - Marie Becker

Verantwortlich für den Druck: Amazon Distribution GmbH, Leipzig

Kontakt: mail@wedeson.de

Printed in Poland
by Amazon Fulfillment
Poland Sp. z o.o., Wrocław

54991024R00105